WESTEND

ANDREAS NÖLKE

LINKSPOPULÄR

Vorwärts handeln, statt rückwärts denken

WESTEND

Mehr über unsere Autoren und Bücher:
www.westendverlag.de

Die Deutsche Nationalbibliothek verzeichnet diese Publikation in
der Deutschen Nationalbibliografie; detaillierte bibliografische Daten
sind im Internet über http://dnb.d-nb.de abrufbar.

ISBN 978-3-86489-216-5
© Westend Verlag GmbH, Frankfurt/Main 2017
Umschlaggestaltung: pleasant_net, Büro für strategische Beeinflussung
Satz: Publikations Atelier, Dreieich
Druck und Bindung: CPI – Clausen & Bosse, Leck
Printed in Germany

Inhalt

1 Armut und Abstiegssorgen in Deutschland

Ausgangspunkt einer linkspopulären Position sind Sorgen um den weniger privilegierten Teil der deutschen Gesellschaft. Arme und Benachteiligte hat es in Deutschland immer schon gegeben, aber selten hatte man den Eindruck, dass ein Teil der Gesellschaft so gründlich abgehängt wurde und dass sich die Schere zwischen Arm und Reich so weit geöffnet hat wie heute. Die soziale Frage ist zurück auf der politischen Agenda. Nicht nur harte sozioökonomische Fakten in Bezug auf Armut und Ungleichheit sind hier zu nennen, sondern auch subjektive Abstiegsängste. Da über erstere bereits viel geschrieben wurde – von Pikettys historischen Analysen bis zu den jährlichen Armutsberichten des Paritätischen Wohlfahrtsverbandes – soll hier eine kurze Zusammenfassung der wichtigsten Entwicklungen genügen. Die subjektive Dimension hingegen wird bisher weniger breit thematisiert, ist aber in ihrer Bedeutung für die politischen Entwicklungen in unserer Gesellschaft kaum zu überschätzen. Die wachsenden Unterschiede zwischen Arm und Reich werden zumindest von der mittleren Generation inzwischen als größte Gefahr für die weitere Entwicklung Deutschlands gesehen, so die Allensbach-Umfrage »Generation Mitte 2016«.

Die Erosion mittlerer Löhne und Vermögen

Bei den objektiven sozioökonomischen Fakten ist zunächst das Auseinanderlaufen der Lohnentwicklung zu nennen. Während die Löhne der deutschen Gutverdiener in den frühen Neunzigerjahren knapp doppelt so hoch waren wie jene der Niedrigverdiener, beträgt dieses Verhältnis laut einer Studie des Instituts- für Arbeitsmarkt- und Berufsforschung (»Deutsche Geringverdiener im europäischen Vergleich«) im Jahr 2011 bereits das 2,7fache. Noch deutlicher ist die Entwicklung bei den DAX-Unternehmen – hier verdiente im Jahr 2014 ein Vorstand laut einer Erhebung der Hans-Böckler-Stiftung (»Manager to Work Pay Ratio«) im Durchschnitt rund 57 Mal so viel wie seine Angestellten – die allerdings im Vergleich zu den übrigen Werktätigen immer noch überdurchschnittlich gut verdienen.

Die allgemeine Betrachtung des »European Working Conditions Survey« zeigt im »European Jobs Monitor 2017« einen europaweiten Polarisierungstrend auf: ein Zuwachs an Beschäftigung findet sich vor allem bei den zwanzig Prozent am schlechtesten und bei den zwanzig Prozent am besten bezahlten Stellen, während die mittleren sechzig Prozent der Stellen eher abgebaut werden. Und nur bei dem besten Fünftel, also beispielsweise im IT-Sektor, findet der Stellenzuwachs auch in Form von unbefristeten Vollzeitstellen statt, während der Aufwuchs im unteren Fünftel ganz besonders von besonders belastenden Stellen in der Pflege getragen wird.

Mehrere Studien haben in den letzten Jahren das langfristige Schrumpfen der deutschen Einkommensmittelschicht dokumentiert. Sowohl das DIW (»Mittlere Einkommen in Deutschland und den USA«), als auch die Bertelsmann-Stiftung (»Mittelschicht unter Druck«) und das Institut Arbeit und Qualifikation/IAQ der Universität Duisburg-Essen (»Die Mittelschicht in Deutschland unter Druck«) haben dabei gezeigt, dass deren Anteil von etwa zwei Dritteln der Bevölkerung in den Neunzigerjahren inzwischen auf weniger als sechzig Prozent geschrumpft ist, eine neue Studie des Instituts für Makroökonomie und Konjunkturforschung (IMK) in der Hans-Böckler-Stiftung (»Was tun gegen die Ungleichheit?«) stellt ebenfalls eine Verringerung auf 56,4 Prozent in 2014 fest, ausgehend von 63,4 Prozent in 1991. Gleichzeitig ist der Anteil der Menschen in den unteren und untersten Einkommensschichten um etwa vier Millionen Menschen gewachsen.

Zudem ist die gesamte Lohnquote langfristig gesunken, die Arbeitnehmer werden nicht mehr am Produktivitätszuwachs der Wirtschaft angemessen beteiligt, jener begünstigt fast nur noch die Kapitaleigner. Während die Produktivität je geleisteter Arbeitsstunde von 1992 bis 2016 um 39 Prozent zugelegt hat, sind die realen Löhne der Arbeitnehmer gerade um 6,2 Prozent gestiegen, so eine Analyse des Querschuesse-Blogs («Deutschland: Reallohnindex Q4 2016«).

Der Anteil der Arbeitnehmerentgelte am Volkseinkommen lag zu Beginn der Achtzigerjahre bei knapp achtzig Prozent, heute beträgt er nach Angaben des Statistischen Jahrbuchs 2016 nur noch 68 Prozent. Während die Wirtschaft (moderat) wächst, sinkt das mittlere Realeinkommen der Arbeitnehmer, schon seit langem: zwischen 2000 und 2010 ist das deutsche Bruttoinlandsprodukt pro Kopf um 10,4 Prozent gewachsen, das Medianeinkommen ist dagegen um drei Prozent gesunken, im Vergleich der schlechteste Wert aller OECD-Länder, wie Werner Vontobel in seinem Beitrag »Der falsche Indikator« für »brand eins« bereits 2013 dokumentiert hat.

Nach einer 2017 veröffentlichten Studie des DIW (»Einkommensverteilung und Armutsrisiko«) haben vierzig Prozent der Deutschen heute ein geringeres Realeinkommen als 1999. Auch der offizielle »Armuts- und Reichtumsbericht 2017« der Bundesregierung stellt fest, dass die realen Bruttostundenlöhne der unteren vierzig Prozent der Arbeitnehmer im Jahr 2015 niedriger gewesen sind als 1995. Die regelmäßigen »Erfolgsmeldungen« beim Wachstum – insbesondere im Vergleich zu anderen Ländern der Eurozone – stehen in deutlichem Kontrast zu den Erfahrungen der meisten Arbeitnehmer. Es müssen wohl andere sein, die von diesem Wachstum profitieren. Die Aktionäre von Dax-Unternehmen zum Beispiel, deren jährliche Dividenden laut der »DSW-Dividendenstudie 2016« seit 2005 von fünfzehn auf dreißig Milliarden Euro verdoppelt wurden.

Generell »geht die Schere zwischen Arm und Reich weiter auseinander«, wie Markus Grabka von der Infrastruktureinrichtung Sozio-oekonomisches Panel (SOEP) im Interview mit dem DIW-Wochenbericht 4/2017 feststellt. Nach seinen Untersuchungen sind die verfügbaren Haushaltseinkommen nach Inflation der einkommensstärksten zehn Prozent von 1991 bis 2014 um 27 Prozent gestiegen, aber jene der mittleren Einkommensgruppen in diesen 25 Jahren nur um neun Prozent und jene der ärmsten zehn Prozent sind in diesem Vierteljahrhundert sogar um etwa acht Prozent gesunken.

Bei der Vermögensentwicklung haben besonders die mittleren Gruppen der deutschen Bevölkerung in den letzten Dekaden an Kaufkraft verloren. Nach Berechnungen des DIW (»Reale Vermögen in Deutschland«), die nicht nur die nominale Vermögensentwicklung, sondern die reale Entwicklung (also unter Einbeziehung der Kaufkraft) heranziehen, finden wir in der Periode 2002–2013 einen generellen Vermögensrückgang in Deutschland. Besonders ausgeprägt ist der Rückgang wiederum bei den mittleren sechzig Prozent.

Auch der Vermögensaufbau durch den Erwerb von Immobilien, die klassische Methode der Mittelschicht, wird immer schwieriger. Obwohl die Rahmenbedingungen für den Wohnungskauf seit einigen Jahren aufgrund des relativ stabilen Arbeitsmarkts und der sehr geringen Zinsen außerordentlich gut sind, stagniert nach Angaben des Instituts der deutschen Wirtschaft die Wohneigentumsquote in Deutschland. Nur sehr einkommensstarke Haushalte können bei den stark steigenden Immobilienpreisen in Großstädten vermehrt Wohneigentum bilden, mit rücklaufenden Eigentumsbildungsprozessen bei einkommensschwächeren Gruppen, denen dafür das Eigenkapital oder eine sichere berufliche Perspektive fehlt. Damit intensiviert sich aber das Problem der Vermögensungleichheit weiter, denn Länder mit einem hohen Anteil an Mieterhaushalten – wie Deutschland und Österreich – sind von letzterer besonders betroffen.

Insgesamt ist die Vermögensverteilung in Deutschland sehr ungleich, wie zuletzt auch selbst der Sachverständigenrat in seinem »Jahresgutachten 2016/2017« und der »Armuts- und Reichtumsbericht 2017« der Bundesregierung dokumentierten. Die obersten zehn Prozent der Vermögensbesitzer verfügen über mehr als fünfzig Prozent der Netto-Vermögen – und einen noch viel höheren Anteil an den Kapitaleinkünften, da sie im Kontrast zu anderen Bevölkerungsgruppen nur einen geringen Teil als niedrig verzinstes Barvermögen halten. Die untere Hälfte der Vermögensbesitzer verfügt nach dieser aktuellen Bestandsaufnahme gerade einmal über ein Prozent des Gesamtvermögens.

Nach einer Studie des DIW aus dem Jahr 2014 (»Anhaltend hohe Vermögensungleichheit in Deutschland«) liegt die Vermögensungleichheit in Deutschland – ausweislich des Gini-Koeffizienten – in Deutschland höher als in jedem anderen Land der Eurozone, nicht zuletzt eine Folge der zunehmend schwierigen Vermögensbildung durch Immobilienerwerb. Dabei unterliegt diesen Zahlen sogar noch eine konservative Schätzung, da sich Milliardäre und Multimillionäre an entsprechenden Umfragen in der Regel nicht beteiligen. Eine Studie des DIW aus dem Jahr 2015 (»Top-Vermögende«), die zusätzlich Informationen aus Quellen wie der Forbes-Liste einbezieht, schätzt, dass das reichste Prozent der deutschen Haushalte allein rund ein Drittel des Gesamtvermögens besitzt.

Den Mittelschichthaushalten, deren reale Vermögen in den letzten Jahren stagniert oder geschrumpft sind, geht es aber noch sehr gut im Vergleich zu der wachsenden Anzahl hoch überschuldeter Haushalte, also jenen, die über einen längeren Zeitraum ihre Schulden bei mehreren Gläubigern nicht zurückzahlen können. In den letzten zehn Jahren ist deren Anzahl von 1,6 Millionen auf zwei Millionen gestiegen. Das ist aber nur die Spitze des Eisbergs. Insgesamt sind nach Angaben der Wirtschaftsauskunftei Creditreform im »Schuldner Atlas Deutschland 2016« mehr als 6,8 Millionen Erwachsene überschuldet – können also kurzfristig ihre Rechnungen nicht bezahlen – was etwa jedem zehnten Deutschen über achtzehn Jahren entspricht. Diese Entwicklung nimmt seit Jahren trotz guter Konjunktur zu.

Potentiell bestünde natürlich die Möglichkeit, die zunehmende Spreizung zwischen Arm und Reich durch den Sozialstaat auszugleichen. In Deutschland findet sich aber nur eine begrenzte Egalisierung durch den Sozialstaat, auch wenn dieser ein durchaus hohes Umverteilungsvolumen hat. Viele seiner Leistungen verteilen allerdings eher innerhalb der Mittelklasse um, beispielsweise zwischen Eltern und Kinderlosen. Diese Umverteilung ist häufig auch gut begründet, hilft aber nicht beim Ausgleich der wachsenden sozialen Schieflage in Deutschland.

Bei essentiellen sozialen Leistungen, etwa der Altersvorsorge oder der Vorsorge gegen Krankheit, wird der kollektive, tendenziell egalitäre Schutz immer mehr in Richtung auf eine individuelle Vorsorge umgebaut, die sich die wohlhabenden Teile der Bevölkerung leisten können, die ärmeren aber nicht. Das alte Versprechen des Sozialstaats, dass man nach einem arbeitsreichen Leben im Alter und bei Krankheit gut abgesichert ist, gilt nur noch für einen vergleichsweise kleinen Teil der Bevölkerung.

Hinzu kommt seit den Hartz-Reformen, dass man nun viel schneller aus einer gesicherten beruflichen Stellung direkt in den Bereich der (vormaligen) Sozialhilfe abrutschen kann, selbst nach Jahrzehnten erfolgreicher Berufstätigkeit. Während Anfang der Neunzigerjahre noch über achtzig Prozent aller Erwerbslosen Leistungen vom Arbeitsamt erhielten, die sich an deren früheren Verdienst orientierten, gilt das heute nur noch für rund dreißig Prozent. Alle anderen befinden sich im Hartz-Fürsorgesystem. Und auch hier bekommen sie nur dann Leistungen, wenn sie ihr Vermögen aufgebraucht haben und ihr Partner nicht zu viel verdient, was von vielen Betroffenen zu Recht als ein massiver Angriff auf ihre Lebensleistung angesehen wird.

Nun könnte man möglicherweise ein zunehmendes Auseinanderlaufen bei den Löhnen und bei den Vermögen – und eine begrenzte Egalisierung durch den Sozialstaat – tolerieren, wenn es allen immer besser gehen würde. Dem ist aber nicht so. Es drängt sich vielmehr der Eindruck auf, dass Deutschland als Gesamtgesellschaft und Volkswirtschaft immer reicher wird, dass aber bei einem substantiellen Teil der Bevölkerung von diesen dynamischen Entwicklungen nichts ankommt.

Armut inmitten des Reichtums

Die sich langfristig vom Abstieg bedroht sehende untere Mittelklasse kann täglich sehen, wie es ihr ergeht, wenn der Abstieg da ist. Mitten in unserer reichen Gesellschaft hat sich Armut breitgemacht, von der – nach dem »Armutsbericht 2016: Zeit zu Handeln« des Paritätischen Wohlfahrtsverbands – etwa jeder Sechste bedroht ist. Substantielle Teile der Gesellschaft sehen sich ökonomisch abgehängt und haben keine Aussicht auf nachhaltige Besserung. Soziologische Analysen, etwa von Olaf Groh-Samberg und Florian R. Hertel (»Ende der Aufstiegsgesellschaft«) dokumentieren eine abnehmende Aufstiegsmobilität und damit eine Verfestigung von Armut. Oliver Nachtwey geht in seiner umfassenden, bei Suhrkamp erschienenen Analyse sogar so weit, von der Ablösung der sozialen Aufstiegsgesellschaft durch eine »Abstiegsgesellschaft« zu sprechen.

Frauen sind von diesen Entwicklungen stärker betroffen als Männer, Menschen mit Migrationshintergrund stärker als Alteingesessene. Zu den von Armut am stärksten gefährdeten Gruppen gehören alleinerziehende Mütter, die nach der Familiengründung ihren Beruf aufgegeben oder zumindest ihre Arbeitszeit deutlich reduziert haben, sowie besonders kinderreiche Familien.

Langfristig besonders gravierend ist die hohe Kinderarmut – knapp zwanzig Prozent der Jungen und Mädchen leben nach den Berechnungen des Wirtschafts- und Sozialwissenschaftlichen Instituts (WSI) der Hans-Böckler-Stiftung (»Kinderarmut in Deutschland 2015«) in armen oder armutsgefährdeten Familien – da diese mit schlechten Entwicklungschancen und geringen Aussichten auf einen guten Bildungsabschluss einhergeht. Auch private Nachhilfe leisten sich vor allem nur Eltern mit überdurchschnittlichem Einkommen, so eine weitere Studie im Auftrag der Hans-Böckler-Stiftung (»Außerschulische Nachhilfe«). Noch gravierender ist allerdings die Situation der etwa 600 000 Kinder (nach dem »Armuts- und Reichtumsbericht 2017« der Bundesregierung sind das »nur wenige«), die in Deutschland unter »erheblichen materiellen Entbehrungen leiden« – hier sprechen wir über Phänomene wie eine kalt bleibende Heizung, nicht einmal an jedem zweiten Tag eine vollwertige Mahlzeit oder das Fehlen einer Waschmaschine im Haushalt.

Überwiegend sind Menschen mit Teilzeitbeschäftigung von Armut betroffen, oft in befristeten Stellen, in einem Zeitarbeitsverhältnis, in geringfügiger Beschäftigung oder in einem Werkvertrag. Generell hat sich der Anteil unsicherer Jobs stark erhöht. Während in den Fünfzigern und Sechzigern solche atypischen Arbeitsverhältnisse eine vergleichsweise seltene Ausnahme waren, entwickeln sie sich inzwischen fast zur Norm. Nach Berechnungen des WSI (regionale Datenbank »Atypische Beschäftigung«) waren 2014 bereits rund 39 Prozent aller abhängig Beschäftigten in Befristung, Teilzeit, Leiharbeit oder Minijobs tätig. Selbst die deutlich restriktivere – und eher problematische – Berechnungsmethode des Statistischen Bundesamtes weist einen Anteil von über zwanzig Prozent atypischer Beschäftigung aus (Pressemitteilung vom 16.8. 2017). Bei den der Bundesanstalt für Arbeit gemeldeten offenen Stellen liegt ihr Anteil jedenfalls deutlich über fünfzig Prozent, der Großteil davon Leiharbeitsverhältnisse. Auch wenn man die Nachkriegsgesellschaft aufgrund ihres sozialen Konformismus bei weitem nicht überhöhen sollte, ist der mit diesen fragilen Arbeitsverhältnissen einhergehende Verlust an sozialer Sicherheit in historischer Perspektive enorm.

Besonders augenscheinlich ist diese Entwicklung in den letzten Jahrzehnten bei den Menschen, die im Niedriglohnsektor arbeiten, oft auch in geringfügigen Beschäftigungsverhältnissen. Dazu gehören beispielsweise jene, die im Supermarkt an der Kasse sitzen oder die Regale auffüllen, die ständig expandierenden Paketdienste, die Security-Leute, die Call-Center-Mitarbeiter, die Reinigungskräfte und Haushaltshilfen. Man leidet hier nicht nur unter dem geringen Lohn, sondern auch unter den sehr kurzfristigen Vertragsverhältnissen und natürlich unter den fehlenden Aufstiegsmöglichkeiten. Jederzeit kann der Job verloren gehen, denn es gibt eine große Reserve an »Hartzern«, die jederzeit einspringen können, da die Einstiegsschwelle gering ist. Es ist kein Wunder, dass in diesen Berufsgruppen die Arbeits- und Lebenszufriedenheit besonders gering ist.

Deutschland hat inzwischen den mit Abstand größten Niedriglohnsektor in West- und Nordeuropa. Als Niedriglohnempfänger werden von Eurostat alle jene Arbeitnehmer klassifiziert, deren Bruttoverdienst zwei Drittel oder weniger des nationalen medianen Bruttolohns beträgt. In Deutschland lag die Schwelle 2014 bei einem Bruttostundenlohn von 10,50 Euro. 22,5 Prozent der deutschen Arbeitnehmer erhielten diesen Stundenlohn oder weniger und befinden sich damit laut Eurostat im Niedriglohnsektor. Größere Niedriglohnsektoren finden sich nur noch an der osteuropäischen Peripherie, etwa in Polen, Rumänien und im Baltikum (22,2–25,8 Prozent). In Frankreich arbeiten nur 8,8 Prozent der Arbeitnehmer im Niedriglohnsektor, in Dänemark 8,6 Prozent, in Norwegen 8,3 Prozent, in Finnland 5,3 Prozent, in Belgien 3,8 Prozent und in Schweden 2,6 Prozent.

Die offizielle Arbeitslosenquote Deutschlands ist zwar im internationalen Vergleich niedrig, aber darunter finden sich sehr viele Dauerarbeitslose, denen inzwischen jede gesellschaftliche Perspektive fehlt. Nach einer Studie der Bertelsmann-Stiftung (»Long-term Unemployment in the EU«) sind in Deutschland zwei Drittel der Langzeitarbeitslosen bereits mehr als zwei Jahre ohne Arbeit (in Schweden und Österreich nur etwa vierzig Prozent). Nach Angaben der Eurostat-Statistiken über die Einkommensverteilung 2016 hat Deutschland unter allen 28 EU-Staaten mit 67,4 Prozent die mit Abstand höchste Quote an Armutsgefährdung unter den Arbeitslosen, etwa im Vergleich zu 36,3 Prozent in den Niederlanden oder 44,6 Prozent in Österreich. Mehr als ein Drittel der deutschen Arbeitslosen leiden nach der Definition der EU unter »erheblicher materieller Entbehrung« – sie können sich viele Alltagsgüter nicht mehr leisten – wiederum deutlich mehr als im EU-Durchschnitt (ein Viertel).

Die Hartz-Sozialreformen haben zudem viele Menschen gezwungen, jede Arbeit anzunehmen, auch wenn sie weit unter ihrem eigentlichen Qualifikationsniveau liegt und letzteres dauerhaft zu entwerten droht. Die ständige Drohung mit Sanktionen, also der Reduzierung von Zahlungen, die bereits ohne Reduzierung gerade einmal das Existenzminimum abdecken (bei Alleinstehenden derzeit 409 Euro im Monat), erleichtert die Situation keinesfalls, zumal diese Sanktionen schon bei geringfügigen Fristverstößen verhängt werden.

In diesem Kontext müssen auch die ständigen Jubelmeldungen der Bundesanstalt für Arbeit über steigende Beschäftigungszahlen und verringerte Arbeitslosigkeit erheblich relativiert werden. So liegt die »reale« Zahl der Arbeitslosen deutlich höher als die (im Mai 2017) offiziell ausgewiesenen 2,6 Millionen. Herausgerechnet werden aus der Arbeitslosenstatistik etwa alle jene, die zum Stichtag an einer arbeitsmarktpolitischen Maßnahme teilnehmen, krankgeschrieben sind oder als über 58jährige innerhalb der letzten zwölf Monate kein Jobangebot erhielten. Ohne diese Gruppen liegt die Arbeitslosigkeit – von der Bundesanstalt als »Unterbeschäftigung« ausgewiesen – bei 3,6 Millionen.

Auch die steigenden Beschäftigungszahlen sind bei näherer Betrachtung sehr problematisch. Hier kann durch die Aufspaltung einer Stelle in zwei Teilzeitstellen oder vier geringfügig Beschäftigte leicht eine deutliche Erhöhung stattfinden, ohne dass die insgesamt geleistete Arbeitszeit sich ändert. Obwohl unsere Statistiken seit 1991 4,7 Millionen zusätzliche Erwerbstätige zählen, liegt die Zahl der insgesamt geleisteten Arbeitsstunden 2016 unter dem damaligen Niveau, so eine Analyse des Querschuesse-Blogs (»Deutschland: ETR Q4 2016«). Bei einer statistischen Analyse von Stefan Sell (»Das deutsche Jobwunder ist schlechter als sein Ruf«) wird deutlich, dass die steigende Anzahl der Beschäftigten vor allem aus Teilzeitstellen und Selbstständigen (davon die meisten Solo-Selbständige) besteht, während die Anzahl der Normalarbeitnehmer noch immer unter jener von 1991 (dem Beginn der entsprechenden Erhebung des Statistischen Bundesamts) liegt. Und Teilzeitstellen und Solo-Selbständigkeit – im Regelfall mangels »richtiger« Stellen – sind bei der Struktur unseres Rentenversicherungssystems ein sicherer Weg in die Altersarmut.

Generell sind die Arbeitslosen daher nur eine relativ kleine Gruppe jener, die sich von der Wohlstandsentwicklung in unserer Gesellschaft abgehängt sehen. Es geht eben auch um viele Arbeiter und prekär Selbstständige. Um das Milieu der »kleinen Leute«, der Einzelhändler, der Krankenschwestern, der Polizisten, der Arbeiter und der Handwerker. Zumeist handelt es sich um mittlere und niedrige Bildungsabschlüsse. Auch wenn Armut bei Älteren leichter auffällt, geht es zunehmend auch um die Jüngeren, die im Vergleich zu früheren Generationen deutlich schlechter bezahlt werden, wenn sie keine besonders hochwertigen Bildungsabschlüsse (zum Beispiel ein stark nachgefragtes Studium) aufweisen.

Neben die schlechtere Bezahlung tritt der deutlich steigende Anteil befristeter Stellen, die zu permanenter Unsicherheit und Druck führen – im Gegensatz zu der früher üblichen Dauerbeschäftigung in Vollzeit. Die Anzahl der Leiharbeiter hat zudem 2015 mit fast einer Million einen neuen Höchststand erreicht, wie eine Analyse der Bundesagentur für Arbeit (»Aktuelle Entwicklungen der Zeitarbeit«) zeigt. Diese Arbeiter haben nicht nur deutlich geringere Löhne als die Kollegen, die neben ihnen am Fließband stehen und dieselbe Arbeit tun, sie sind in einem Wirtschaftsabschwung auch die Ersten, die entlassen werden. Gleichzeitig führt die Disziplinierung durch Befristung, Leiharbeit und andere Formen atypischer Beschäftigung – und natürlich die Drohung mit dem Hartz-System – dazu, dass viele Belegschaften sich nicht trauen, höhere Gehaltsforderungen zu stellen, was in vielen Fällen das Problem der zu geringen Löhne zu relativieren droht.

Das Problem geringer Löhne und schlechter Beschäftigungsverhältnisse betrifft aber nicht nur das Milieu der kleinen Leute und Arbeiter. Inzwischen gibt es auch viele junge Hochqualifizierte, die prekär beschäftigt sind. Dazu gehört die Kultur der befristeten Verträge an den deutschen Hochschulen, der Weiterbildungsbereich, in dem sozialversicherungspflichtige Anstellungen eher Ausnahmen sind und die vielen Selbständigen in kreativen Berufen, einschließlich der »freien Mitarbeiter« am Rande der großen Medienproduzenten. Selbst gute Bildungsabschlüsse schützen nicht mehr unbedingt vor sozialem Abstieg, im Gegenteil zu der Situation im 20. Jahrhundert, wo sie fast eine Garantie für sozialen Aufstieg darstellten. Zudem greift bei den (Schein-) Selbständigen der Mindestlohn nicht. Etwa ein Fünftel der zwei Millionen »Solounternehmer« erwirtschaftet laut Mikrozensus ein Nettomonatseinkommen von weniger als 900 Euro, also häufig einen Stundenlohn von gerade mal fünf Euro. Besonders niedrig sind die Stundenlöhne bei den – häufig akademisch qualifizierten – Klick-Arbeitern von Crowdsourcing-Unternehmen wie Clickworker und Crowd Guru.

Viele Jüngere hangeln sich von einem Zeitvertrag zum nächsten, ohne dass eine Festanstellung eine sichere Perspektive für eine Familiengründung bietet. Eine von Eric Seils für das WSI 2016 verfasste Studie zu »Jugend &befristeter Beschäftigung« dokumentiert, dass der Anteil befristeter Beschäftigungen gerade bei Jüngeren überproportional hoch ist – mehr als ein Viertel bei den 20- bis 24jährigen und ein Fünftel der 25- bis 29jährigen haben solche Anstellungen – und dass diese Anstellungen häufig schlecht bezahlt sind. Es ist daher nicht überraschend, dass befristet Beschäftigte laut dieser Studie deutlich seltener verheiratet sind und deutlich weniger Kinder haben, als Gleichaltrige in unbefristeter Anstellung.

Verglichen zu den formal wenig Qualifizierten ist die Situation bei den hochqualifiziert Prekären aber noch gut. Besonders in den großen Städten ist die sich ausbreitende Armut sofort augenscheinlich, nicht nur durch die seit Jahren zum Straßenbild gehörenden Flaschensammler. Abgesehen von den etwas höheren Lebenserhaltungskosten schlagen in den Großstädten besonders die in den letzten Jahren stark gestiegenen Mieten zu Buche. Wenn die Haushaltseinkommen in Relation zu den lokalen Lebenserhaltungskosten gesetzt werden, wird die Armut selbst in so reichen Städten wie München oder Frankfurt offenkundig. Besonders kritisch ist aber die Situation in den westdeutschen Großstädten wie jenen des Ruhrgebiets, in Bremen oder in Köln, wo nach diesem Maßstab inzwischen mehr als jeder Vierte in Armut lebt.

Durch die steigenden Mieten in den Zentren und den als attraktiv geltenden Stadtteilen dieser Großstädte findet zudem ein Prozess der räumlichen Segregation statt, bei der die ärmeren Bevölkerungsgruppen zunehmend in bestimmten Stadtvierteln an der Peripherie konzentriert werden. Mehr als vierzig Prozent der 13 000 Einwohner von Köln-Chorweiler leben von Hartz IV. Gravierend ist diese soziale Trennung vor allem im Schulsystem, bei dem etwa in den ärmsten Kölner Vierteln weniger als jeder fünfte Jugendliche ein Gymnasium besucht, in den reichsten Stadtteilen aber mehr als vier von fünf Jugendlichen. Die Extreme: laut dem Bildungsbericht der Stadt Köln 2012 lag die Übergangsquote von der Grundschule zum

Gymnasium in Lindenthal bei 88,8 Prozent, in Raderberg bei 12,7 Prozent. Die Segregation hat vor allem in Bezug auf Kindergärten und das Schulsystem negative Auswirkungen, da der Kontakt zu Kindern aus anderen sozialen Kontexten zunehmend seltener wird. Im Extremfall wird durch diese räumliche Trennung eine Tendenz zur Selbstaufgabe gefördert, da Kindern in ärmeren Vierteln das Vorbild beruflich erfolgreicher Eltern fehlt.

Deutlich ist auch, dass Menschen Migrationshintergrund überproportional oft von Armut betroffen sind. Das gilt für alle der oben genannten Entwicklungen, von den Einkommen über die Vermögen bis hin zur räumlichen Verteilung. Hinzu kommen spezifische Probleme. So besuchen in deutschen Großstädten fast drei Viertel der Kinder mit Migrationshintergrund Schulen mit einem Migrantenanteil von über fünfzig Prozent, während das bei Kindern ohne Migrationshintergrund für nicht einmal ein Fünftel gilt, wie die Studie »Segregation an deutschen Schulen« des Sachverständigenrates deutscher Stiftungen für Integration und Migration bereits 2013 dokumentiert hat. Die Armutsgefährdungsquote bei Menschen aus Einwandererfamilien bleibt laut Mikrozensus 2015 mit 21 Prozent selbst dann hoch, wenn sie Abitur haben – und damit höher als bei Hauptschulabsolventen ohne Migrationshintergrund (sechzehn Prozent).

Wenn wir die Situation der weniger Privilegierten in unserer Gesellschaft verbessern wollen, müssen wir also besonders bei Menschen mit Migrationshintergrund ansetzen. Das mag wie eine Selbstverständlichkeit klingen, aber wir werden sehen, dass sich gerade hier linkspopuläre Positionen von jenen der AfD diametral unterscheiden. Gerade viele hart arbeitende Menschen mit Vorfahren in der Türkei und anderswo haben es nicht verdient, wegen ihrer Herkunft oder ihres Glaubens von den Rechtspopulisten diskriminiert zu werden.

Alle diese sozialen Probleme waren bereits vor der jüngeren Flüchtlingswelle da, sie werden aber durch jene Entwicklung in absehbarer Zeit weiter intensiviert, insbesondere die Konkurrenz um Billigjobs, um Sozialtransfers und um bezahlbaren Wohnraum, vor allem in den größeren Städten. Die weniger Privilegierten spüren, dass eine neue Gruppe weniger Privilegierter hinzukommt, was sie – bei aller gebotenen und erlebten Solidarität – durchaus in berechtigte Sorge versetzen kann. Eine starke Zuwanderung führt zudem dazu, dass sich in jenen schlecht bezahlten Segmenten des Arbeitsmarktes, in denen die Neuankömmlingen in Konkurrenz zu den einheimischen Erwerbstätigen treten, kein Lohndruck aufbauen kann (also die Löhne durch Verknappung des Arbeitsangebots steigen), so Enzo Weber vom Institut für Arbeitsmarkt- und Berufsforschung (IAB). Legitime Eigeninteressen sollten daher nicht als »Sozialneid« diffamiert werden, auch wenn infamen Falschinformationen (»Warum hilft der Staat Flüchtlingen, aber nicht deutschen Familien und Kindern?«, Jürgen Elsässer) systematisch Aufklärung entgegen gesetzt werden muss.

Der Vergleich mit anderen Bevölkerungsgruppen irritiert besonders die Menschen in den ostdeutschen Bundesländern, in denen der Abstand zum Westen nun nicht mehr kleiner wird. Es entstehen zwar einige neue und gut bezahlte Industriearbeitsplätze, aber viele Arbeitsplätze insbesondere auf dem Land sind sehr schlecht bezahlt, zumal auch die Tarifbindung dort zurückgeht. Die Wiedervereinigung ist in dieser Hinsicht noch nicht abgeschlossen und viele Menschen fühlen sich hier benachteiligt, auch ein Grund für deren besonders skeptische Reaktion in Bezug auf die Aufnahme von Geflüchteten.

Subjektiver Druck und Abstiegssorgen

Neben der wachsenden Ungleichheit und der materiellen Armut machen sich bei vielen Menschen in Deutschland auch Gefühle von Überlastung und Überforderung bereit. Auch jene, die dauerhafte Jobs haben, stehen unter Druck. Sie leiden insbesondere unter einer dauerhaften Anspannung. Der Krankenstand in Deutschland hat drastisch zugenommen, berichtet die DAK Gesundheit (»Neuer Höchststand bei Krankmeldungen«). Mehr als jeder dritte Berufstätige wurde im ersten Halbjahr 2016 mindestens einmal krankgeschrieben, mehr als jemals zuvor in den letzten zwanzig Jahren. Im Vordergrund stehen dabei Stressfolgen wie Rückenschmerzen und psychische Erkrankungen. In der mittleren Generation sorgen sich inzwischen mehr als vierzig Prozent der Menschen darum, dass sie unter immer mehr Stress leiden, so die bereits zitierte Allensbach-Umfrage. Die Digitalisierung des Arbeitsalltags führt hier zu einer weiteren Verschärfung. Beschäftigte, die sehr viel mit digitalen Mitteln arbeiten, klagen über besonderen Zeitdruck, über zunehmende Arbeitsintensität, viele Überstunden und erzwungene, permanente Erreichbarkeit.

Ausgeprägte soziale Ungleichheit beeinträchtigt nicht nur die materielle Lebenssituation, sie hat auch massive Wirkungen auf die Lebenserwartung. Eine im Jahr 2014 veröffentlichte Studie des Robert Koch Instituts zeigt, dass der Unterschied in der Lebenserwartung zwischen den niedrigsten und den höchsten Einkommensgruppen bei Frauen gut acht Jahre und bei Männern fast elf Jahre beträgt. Wenn es um den Unterschied bei der gesunden Lebenserwartung geht (also um die Lebensjahre mit gutem oder sehr gutem Gesundheitszustand), beträgt der Unterschied sogar etwa dreizehn Jahre bei Frauen und vierzehn Jahre bei Männern.

Der starke Anstieg von Mieten und Immobilienpreisen führt zudem dazu, dass Menschen aus unteren und mittleren Lohngruppen, etwa bei der Polizei oder in vielen Dienstleistungsberufen, dazu gezwungen werden, täglich über weite Entfernungen in Städte wie Frankfurt oder Düsseldorf zu pendeln, was auf Dauer zu starkem Stress oder gar zu einem Burnout führt, vor allem wenn es auch noch mit Schichtarbeit verbunden ist. Generell hat die Zunahme von Mieten und Immobilienpreisen inzwischen dazu geführt, dass viele junge Familien aus unteren und mittleren Einkommensgruppen Großstädte gegen ihren Willen verlassen haben. Diese Menschen sind überwiegend nicht aus den Städten abgewandert, weil sie das Landleben so sehr schätzen, sondern weil sie in den – für sie im Prinzip weiterhin sehr attraktiven – Städten für sich und ihre Familien keine Zukunft mehr sehen. Kinderlärm wird in den großstädtischen Neubauvierteln damit immer seltener.

Auf dem Land ist die sozio-ökonomische Krise nicht so präsent wie in den großen Städten, doch kämpft man hier oft mit anderen Problemen, insbesondere der sich ausdünnenden Infrastruktur. Die Jungen und formal gut Gebildeten ziehen oft weg, der Anreiz zur wirtschaftlichen Neuansiedlung geht zurück, die Bevölkerung überaltert. Während die wirtschaftliche Dynamik den Ballungsräumen und einzelnen Mittelstädten zugutekommt (vor allem wenn letztere der Standort von erfolgreichen mittelständischen Unternehmen sind), fühlen sich viele Menschen, die in Kleinstädten leben, von dieser Entwicklung bedroht, von den aussterbenden Dörfern in peripherer Lage ganz zu schweigen. Besonders in Ostdeutschland kann diese Entwicklung extreme Züge annehmen, wie beispielsweise die AfD-Wahlergebnisse in Vorpommern zeigen.

Das Problem der zunehmenden Belastung gilt jedoch ebenso für die berufstätigen Landbewohner wie für die Städter. Besonders ausgeprägt ist die Belastung in Berufen wie der Altenpflege. Hier sind die Arbeitsbedingungen in vielen Heimen so problematisch, dass tausende Pfleger vorzeitig ihren Beruf aufgeben, weil sie ausgebrannt sind. Pfleger und Pflegerinnen sind stärker von Berufsleiden wie Schlafstörungen und Rückenleiden betroffen als andere Berufe, der Krankenstand ist nach einer Studie des Wissenschaftlichen Instituts der AOK (»Fehlzeiten-Report 2015«) hier besonders hoch. Zudem ist der Lohn so niedrig – Altenpfleger verdienen ein Fünftel weniger als der durchschnittliche deutsche Arbeitnehmer – und die Anforderungen an qualifizierte Kräfte so hoch, dass viele tausend Stellen unbesetzt bleiben. In keiner anderen Branche klaffen eine hohe Zahl freier Stellen und eine geringe Zahl geeigneter Bewerber so weit auseinander.

Zu diesen mehr oder weniger direkt mit dem Arbeitsalltag verbundenen körperlichen und psychischen Belastungen kommt bei vielen Menschen zusätzlich das Gefühl, unter geringen sozialen Aufstiegsmöglichkeiten zu leiden. Das gilt insbesondere im Vergleich zur Generation der Älteren, die noch mit einer relativen Sicherheit davon ausgehen konnten, dass es ihren Kindern besser geht als ihnen selbst. Diese Sicherheit ist vorbei, im Gegenteil, viele Eltern müssen damit rechnen, dass es ihren Kindern später einmal weniger gut gehen wird als ihnen selbst. Der »Armuts- und Reichtumsbericht 2017 der Bundesregierung« dokumentiert, dass diese Befürchtungen eine materielle Grundlage haben. Vor allem bei den um das Jahr 1960 geborenen Menschen sei es »häufiger gelungen, einen niedrigeren beruflichen oder Bildungsstatus der Elterngeneration zu überwinden und einen Aufstieg mindestens in den mittleren Status zu erreichen«. Im direkten Vergleich dazu ist diese Aufstiegswahrscheinlichkeit bei den zwischen 1970 und 1986 geborenen Bürgern nur noch etwa halb so hoch. Auf sozialen Aufstieg als Mittel zur Bekämpfung von Ungleichheit zu setzen, ist unter diesen Umständen nicht (mehr) möglich.

Der Eindruck eines sozialen Abstiegs ist also nicht rein subjektiv, er stützt sich auch auf reale sozio-ökonomische Entwicklungen, nicht nur in Deutschland. Die McKinsey-Studie »Poorer than their parents?« hat gezeigt, dass rund zwei Drittel der Menschen in den westlichen Industriegesellschaften in den letzten zehn Jahren stagnierende oder sinkende Realeinkommen aufweisen. Das ist eine neue Entwicklung gegenüber den ersten sechs Jahrzehnten nach dem Zweiten Weltkrieg, bei denen es nur im Kontext der Ölkrisen Mitte der Siebzigerjahre einen kleinen Einbruch gab. Selbst Steuersystem und Sozialtransfers gleichen diese Entwicklung nicht aus. Zunehmende Ungleichheit und verringerte Aufstiegsmöglichkeiten führen auch dazu, dass ein Teil der Bevölkerung den Glauben in die Möglichkeit einer durchgreifenden Verbesserung der eigenen Lebenssituation verliert. Die Resignation dieser Menschen führt oftmals dazu, dass sie auf weitere Bildungsanstrengungen verzichten, womit sie sich und der Gesellschaft bleibenden Schaden zufügen – sich selbst durch ein geringeres Einkommen, der Gesellschaft durch das Fehlen qualifizierter Arbeitskräfte.

Besonders unter Druck sehen sich Menschen in den mittleren Qualifikationsniveaus, die sich angesichts der ungünstigen Jobentwicklung in diesem Bereich – insbesondere durch Automatisierung – sorgen, in Zukunft in weniger qualifizierte Beschäftigung absteigen zu müssen. Auch der starke Anstieg des Bevölkerungsanteils mit hohem formalem Bildungsstandard (Abitur, Hochschulstudium) und dessen zunehmende Dominanz in Politik und Wirtschaft trägt zur pessimistischen Zukunftsperspektive in dieser Gruppe mit formal geringerer Qualifikation bei. Extrem wird der Leistungsdruck in Unternehmen, wo Leiharbeiter und Stammbelegschaft nebeneinander am Band stehen. Die kurzfristig Beschäftigten wollen demonstrieren, dass sie besonders leistungsbereit sind und treiben damit den Akkord hoch, wie der Arbeitssoziologe Klaus Dörre bei der Forschung in einem Werk der Elektronikindustrie festgestellt hat, während die Stammbelegschaft durch die Leiharbeiter vor Augen hat, welches Schicksal ihnen in der nächsten Rezession drohen könnte (»Die Renaissance der Klassengesellschaft«, Interview mit den Nachdenkseiten).

Insgesamt ist in Deutschland im Vergleich zu den frühen 2000er Jahren die Sorge um den sozialen Abstieg aufgrund der verringerten Arbeitslosigkeit jüngst zwar etwas zurückgegangen, besonders bei der mittleren Mittelschicht und der Oberschicht, erfasst aber heute immer noch mehr als vierzig Prozent der Bevölkerung, bei den ungelernten Arbeitern fast fünfzig Prozent, so der Soziologe Holger Lengfeld (»Uns geht es deutlich besser«, Interview mit Zeit Online 2016). Für die unteren Mittelschichten ist allerdings die Furcht vor Arbeitslosigkeit oder gar »Hartz« weitaus gravierender als für die untersten beruflichen Schichten. Dort hat man sich mit der Erfahrung, dass man mal arbeitslos wird und dann möglicherweise nur Sozialhilfe/Hartz IV erhält, grundsätzlich arrangiert, sie gehört inzwischen zu den »normalen« Entwicklungen. Aber für jene Angehörigen der Mittelschicht, denen diese Erfahrung droht oder gar widerfährt, ist das traumatisch, weil man damit keine Erfahrung und auch in seinem Umfeld keine Vergleichsfälle hat.

Unter den Abstiegssorgen ist jene nach der Armut im Alter besonders ausgeprägt. Auch wenn es der aktuellen Seniorengeneration überwiegend vergleichsweise gut geht – so etwa das Fazit der 2017 veröffentlichten »Generali Altersstudie« des Allensbach-Instituts – ist die Perspektive für die heute zu Beginn oder in der Mitte des Berufslebens stehenden Generationen weit weniger positiv. Die demographische Entwicklung, kombiniert mit den Rentenreformen, führt dazu, dass viele Menschen davon ausgehen, im Alter ihren Lebensstandard drastisch einschränken zu müssen. Dazu beigetragen hat nicht zuletzt der bereits laufende Prozess einer Anhebung der Altersgrenze für den Rentenbezug auf 67 Jahre sowie die aktuellen Diskussionen zur weiteren Anhebung auf siebzig Jahre. Viele Arbeitnehmer gehen davon aus, nicht so lange durchhalten zu können. Frührentnern droht jedoch häufig die Altersarmut. So waren nach einer Studie des Deutschen Instituts für Altersvorsorge 2013 (»Altersarmut – heute und in der Zukunft«) zwanzig Prozent aller Rentner »relativ arm« – Bezüge unter sechzig Prozent des Medianeinkommens – während bei Frührentnern der Anteil mit 39 Prozent fast doppelt so hoch lag.

In der mittleren Generation von dreißig bis 59 Jahren äußern inzwischen sechzig Prozent der Deutschen die Befürchtung, im Alter unter deutlichen Einschränkungen zu leiden, so die oben zitierte Allensbach-Umfrage zur »Generation Mitte«, häufig verbunden mit der Sorge um Arbeitslosigkeit und die Entwertung der eigenen Ersparnisse. Letztere drohen ja sowieso nicht auszureichen, um gegebenenfalls eine Pflege zu finanzieren. Eine langfristige Lebensplanung fällt so schwer. Und der Prozess der Anstieg der Armut bei Rentnern hat bereits begonnen. Deren Armutsrisikoquote stieg zwischen 2005 und 2015 von 10,7 auf 15,9 Prozent und liegt damit inzwischen über der Armutsrisikoquote der Gesamtgesellschaft von 14,7 Prozent, nach Angaben des »Armutsberichts 2017« des Paritätischen Wohlfahrtsverbandes. Die Anzahl der Menschen, die auch im Ruhestand noch arbeiten müssen, steigt zunehmend, für 37 Prozent der Erwerbstätigen zwischen 65 und 74 ist inzwischen die Arbeit – nicht die Rente – die wichtigste Quelle des Lebensunterhaltes, so das Statistische Bundesamt (Pressemitteilung vom 12.7. 2017).

Bei einer Fortsetzung der heutigen Rentenpolitik wird es auch für qualifizierte Beschäftigte mit mittlerem Einkommen – also beispielsweise tariflich bezahlte Alten- oder Krankenpfleger – nur noch mit großer Mühe möglich sein, einen über der Grundsicherung (Sozialhilfe) liegenden Rentenanspruch zu erwerben. Nach Berechnungen des WSI (»Das Rentenniveau in der Diskussion«) wären dafür beim für 2045 prognostizierten Rentenniveau von 42 Prozent etwa 29 Beitragsjahre bei Vollzeit notwendig. Viele Beschäftigte werden aber nicht nach Tarif bezahlt und gerade Frauen kommen häufig nicht auf eine solche Versicherungsdauer. Noch schwieriger ist laut dieser Studie der Erwerb einer Rente über der Grundsicherheitsschwelle für Beschäftigte im Niedriglohnsektor, hier wäre selbst bei 45 Beitragsjahren und Vollzeittätigkeit ein Stundenlohn von mindestens dreizehn Euro notwendig, deutlich mehr als der heutige Mindestlohn. Nach einer Studie des Pestel-Instituts für Verdi (»Rentenerwartungen aus sozialversicherungspflichtiger Beschäftigung«) müssen selbst Menschen mit einem Bruttoeinkommen von 2500 Euro monatlich – also etwa jeder Zweite – und vierzig Beitragsjahren bei den aktuellen Regeln mit einem Rentenanspruch auf Grundsicherungsniveau rechnen. Wenn aber ohnehin im Alter allenfalls eine (steuerfinanzierte) Grundsicherung erreicht werden kann, entfällt die zentrale Legitimation des deutschen Alterssicherungssystems, bei der das langfristige Bezahlen von Versicherungsbeiträgen im Alter mit einer auskömmlichen Rentenleistung belohnt wird.

Besonders irritierend ist für die von Armut oder Abstiegsangst geprägten Menschen, dass sie permanent von der guten Wirtschaftsentwicklung in Deutschland hören, zugleich jedoch den Eindruck haben, dass bei ihnen individuell nichts davon ankommt. Auch diese Eindrücke sind nicht unbegründet, wie die Studien von Branko Milanovic (»Die ungleiche Welt«) zur globalen Einkommensentwicklung zwischen 1998 und 2008 zeigen. Dabei wird deutlich, dass die Armen, die Mittelschicht und die Reichen in Schwellenländern deutlich gewonnen haben, genauso wie die Reichen in den Industrieländern. Der Verlierer ist nach Milanovic die untere Mittelschicht in Ländern wie Deutschland, Japan und den Vereinigten Staaten, die insbesondere gegenüber den Reichen ihrer Länder und gegenüber der Mittelschicht der Schwellenländer an Boden verloren haben. Seit der Wahl von Präsident Trump ist diese Entwicklung – zumindest für den Fall der USA – auch einem weiteren Publikum bekannt. Trump ist es gelungen, die Wut der unteren US-Mittelschicht über ihren sozialen Abstieg für seine Wahlkampagne zu instrumentalisieren.

Drohende Wirtschaftskrisen und Zukunftsangst

Sowohl die schwierige soziale Situation, als auch die individuellen Abstiegssorgen werden noch dadurch intensiviert, dass die meisten Wirtschaftsbeobachter keine Trendwende hin zu einem massiven und auch die breite Masse der Bevölkerung erfassenden Wachstum erwarten. Im Gegenteil, viel prominenter sind Theorien der »secular stagnation«, also dauerhaft niedriger Wachstumsraten, bei denen McKinsey in der o.g. Studie sogar bei achtzig Prozent der Bevölkerung mit Einkommensstagnation rechnet. Andere heben hingegen die aktuellen Automatisierungswellen hervor, nach deren Vollendung auch Qualifizierte ihre Ersetzung durch Computer und Roboter zu erwarten haben, falls ihre Tätigkeiten zum Großteil aus Routinearbeiten bestehen. Generell befürchten auch viele, die heute noch einen sicheren Job haben (oder sich gerade für einen solchen Job zu qualifizieren suchen), diesen in der Zukunft zu verlieren. Und nach den Erfahrungen der letzten Jahrzehnte ist das Vertrauen in die Fähigkeit der ökonomischen und politischen Eliten, diese Prozesse sozialverträglich zu managen, äußerst gering ausgeprägt.

Diese Befürchtungen sind nicht unbegründet, auch jenseits noch recht vager Spekulationen über die langfristigen Auswirkungen von secular stagnation und Automatisierungswellen. Auch mittelfristig ist mit erheblichen wirtschaftlichen Turbulenzen zu rechnen, wovon Deutschland mit seiner Exportabhängigkeit immer ganz besonders getroffen wird. Nicht nur in den großen Schwellenländern wie China und Indien steht Protektionismus wieder höher im Kurs, der für Jahrzehnte unumkehrbar erscheinende Prozess der Globalisierung stagniert, wie die jüngsten Daten im Güterhandel zeigen. Die Präsidentschaft von Donald Trump erhöht die Wahrscheinlichkeit protektionistischer Maßnahmen noch weiter (in diesem Fall durch die USA), was sich ebenfalls auf die deutsche Exportwirtschaft negativ auswirken dürfte.

Die Finanzkrise hat auch bei breiten Bevölkerungsgruppen das generelle Vertrauen in die Wohltaten der Globalisierung allgemein und die Stabilität des Bankensystems im Besonderen erschüttert.

Hinzu kam seit der Eurokrise, beginnend mit dem Fall Zyperns, der Glaube in die Sicherheit der eigenen Spareinlagen. Die im weiteren Verlauf der Eurokrise zur Stabilisierung der Eurozone notwendige Niedrigzinspolitik der EZB verunsichert zudem viele Menschen, die mit traditionellen Sparformen wie Sparbüchern und Lebensversicherungen für ihren Lebensabend vorsorgen wollen.

Gravierende wirtschaftliche Krisen müssen nicht unbedingt von den Finanzmärkten ausgelöst werden, sondern können auch andere Ursachen haben. Dazu gehört insbesondere eine Reihe von politischen Großrisiken. Diese müssen auch nicht hypothetisch bleiben, wie jüngst der Brexit gezeigt hat. Besonders besorgniserregend sind für viele Menschen die Spannungen mit mächtigen Staaten in Deutschlands Nachbarschaft, jüngst insbesondere mit Russland und der Türkei. Knapp die Hälfte der Deutschen in der mittleren Generation (30 bis 59 Jahre) befürchtet laut der bereits genannten Allensbach-Umfrage, dass Deutschland in einen Krieg hineingezogen wird. Auch die Krisen in großen Teilen der Europäischen Union, die Zerrissenheit in den Vereinigten Staaten, die wirtschaftliche Stagnation in Japan und die Diskussion über eine Kreditblase in China stimmen nicht unbedingt optimistisch.

Hinzu kommt, dass die üblichen Rettungsmechanismen nicht mehr sehr vertrauenswürdig sind. Traditionell greift der Staat in einer Krisensituation durch eine deutliche Ausweitung seiner Ausgaben ein, um die Wirtschaft nicht völlig abstürzen zu lassen. Seit der globalen Finanzkrise ist aber in den meisten Staaten das Maß öffentlicher Verschuldung deutlich gestiegen. Deutschland gehört zwar zu den wenigen Ländern, die diesem Trend entgegensteuern konnten, befindet sich historisch gesehen aber auch noch auf einem relativ hohen Stand und kann in einem Krisenfall wenig dagegenhalten, angesichts der inzwischen im Grundgesetz verankerten Verschuldungsgrenze.

Auch die Ersatzstrategie der EZB, die Ankurbelung der Wirtschaft durch eine expansive Geldpolitik, hat inzwischen ihr Pulver verschossen, ohne auf einen soliden Wachstumspfad zu führen, ganz abgesehen davon, dass sie durch Niedrigzinsen dazu führte, dass lange etablierte Modelle des Vermögensaufbaus für mittlere Bevölkerungsschichten nicht mehr funktionieren. Zudem hat sie die Vermögensungleichheit deutlich intensiviert, vor allem durch die starken Kursgewinne für Aktien und Anleihen sowie die steigenden Immobilienpreise. So hat die lose Geldpolitik der EZB laut ihrem Jahresbericht 2016 zwischen 2014 und 2016 beim reichsten Fünftel der Eurozone zu einem Vermögenszuwachs von fast dreißig Prozent geführt, während die unteren zwei Fünftel nicht einmal einen Zuwachs von 5 Prozent erreicht haben.

Während die meisten anderen Industriestaaten die Möglichkeit haben, wirtschaftliche Einbrüche durch eine Stimulierung der nationalen Wirtschaft relativ leicht zu kompensieren, ist die deutsche Wirtschaft viel stärker davon abhängig, was in anderen Ökonomien passiert. Bei einer Abschwächung der Exporte droht ein massiver Rückgang der Wirtschaftsleistung. Daraus ergibt sich ein Gefühl des Ausgeliefertseins, mit begrenzten Möglichkeiten, das eigene Schicksal zu meistern.

Deutschland muss zusätzlich damit rechnen, dass andere Länder die extremen deutschen Exporterfolge auf Dauer nicht tolerieren werden. Präsident Trump hat neben den chinesischen Exportüberschüssen inzwischen auch jene Deutschlands im Visier. Wenn Deutschland sein Wirtschaftsmodell nicht grundlegend ändert – insbesondere durch eine starke Anhebung von Binnennachfrage und Importen – drohen mittelfristig empfindliche Sanktionen durch die USA. In diesem Zusammenhang ist es kein Zufall, dass selbst BDI-Präsident Kempf im September 2017 nach einer USA-Reise die hohen deutschen Exportüberschüsse kritisierte. Auch der Brexit gefährdet die Absatzchancen der deutschen Exportindustrie – nach den USA ist Großbritannien immerhin der wichtigste Absatzmarkt der deutschen Autoexporte.

Wesentlich gravierender und naheliegender sind aber die Ungleichgewichte in der Eurozone: Deutschland verdient einen großen Teil seiner Exporterfolge der Existenz der Eurozone. Das gilt einerseits für die niedrige Bewertung seiner Währung – der Euro ist viel schwächer als es die DM je war – und andererseits für das Niederkonkurrieren der Wirtschaft in anderen Mitgliedsstaaten (mehr dazu in Kapitel 6). Angesichts der dauerhaften wirtschaftlichen Stagnation in Südeuropa und Frankreich muss man davon ausgehen, dass diese Situation langfristig nicht stabil ist und ein Auseinanderbrechen der Eurozone die deutschen Exporte massiv beeinträchtigen würde.

Ein weiteres Großrisiko für die deutsche Exportökonomie ist jüngst in der Dieselkrise offenkundig geworden. Die Autoindustrie nimmt eine zentrale Rolle in der deutschen Ökonomie ein, sie ist hier ähnlich systemrelevant wie in anderen Ländern (zum Beispiel Großbritannien) der Finanzsektor. Mehr als ein Drittel der Aufwendungen für Forschung und Entwicklung in Deutschland entfallen auf diesen Sektor, mit deutlich höheren Steigerungsraten als in allen anderen Industriebranchen, so die Studie »Forschung und Entwicklung in der Wirtschaft« des Stifterverbands der Deutschen Wirtschaft 2017. Die deutsche KfZ-Industrie beruht zentral auf der Produktion von Autos mit Verbrennungsmotoren, nicht nur dem Dieselantrieb. Die Ankündigung mehrerer Staaten (zum Beispiel Frankreichs und Großbritanniens), in absehbarer Zeit den Verkauf von Autos mit Verbrennungsmotoren zu verbieten, bedroht den Fortbestand dieses zentralen deutschen Wirtschaftssektors, zumal die Produktion von Elektroautos eine ganz andere Expertise erfordert und die deutsche Industrie hier nicht einmal ansatzweise jene internationale Führungsrolle beanspruchen kann, die sie in der konventionellen Fahrzeugproduktion einnimmt. Bereits jetzt bricht der Absatz von Diesel-Neuwagen massiv ein, ein erster Vorbote für die massive Herausforderung, die der deutschen Wirtschaft hier bevorsteht. Angesichts dieser Konstellation mit einer Vielzahl von drohenden und schwelenden Krisen kann man jene Teile der deutschen Bevölkerung, die mit einer Eintrübung der wirtschaftlichen Situation und einem weiteren wirtschaftlichen Abstieg rechnen, durchaus verstehen. Der deutschen Wirtschaft geht es zwar derzeit besser als den Ökonomien von Deutschlands Nachbarländern, aber es gibt begründete Befürchtungen, dass diese Situation nicht dauerhaft stabil ist.

Die Schmähungen der Abgehängten durch das liberale Bürgertum in der Flüchtlingskrise

Die bereits skizzierten Probleme – wachsende Ungleichheit, verfestigte Armut, zunehmende Abstiegsängste und Sorgen über die Stabilität des wirtschaftlichen Modells – sind langfristige Entwicklungen, sie haben sich schleichend ausgebreitet. Um das entsprechende Unbehagen jedoch politisch virulent werden zu lassen, war ein Katalysator notwendig. In Deutschland war das die Flüchtlingskrise 2015/2016 und insbesondere die Art und Weise, wie das liberale Bürgertum in dieser Situation mit den Sorgen der mittleren und unteren Bevölkerungsgruppen umgesprungen ist.

Jene Menschen, die Angst vor dem sozialen Abstieg haben und sich hart abstrampeln, um ihre Stellung in der Gesellschaft zu halten, haben nur begrenzt Verständnis dafür, dass mit den Geflüchteten potentielle Konkurrenten vom liberalen Bürgertum begeistert aufgenommen werden, während man selbst allenfalls mit Ressentiments belegt wird. Eine solche »Willkommenskultur« hätten sich die ärmeren Menschen in unserer Gesellschaft auch sehr gewünscht. Sie ahnen, dass diese vorgeblich großzügige Geste dazu dienen soll, die persönliche Bilanz der Bundeskanzlerin zu schmücken und dieser neue politische Optionen zu verschaffen, während sie selbst in Zukunft die Rechnung für diese Geste bezahlen sollen, durch höhere Mieten, niedrigere Sozialleistungen oder noch stärkere Zugeständnisse bei der Jobsuche. Es ärgert sie, wenn jetzt für große öffentliche Leistungen Geld da ist, wo man ihnen doch seit Jahren gepredigt hat, dass der Staat den Gürtel enger schnallen müsse. Selfies macht Angela Merkel aber nur mit Flüchtlingen, nicht mit Hartz IV-Empfängern.

Es hilft in der Folge überhaupt nicht, wenn die durchaus legitimen Probleme und Sorgen der weniger privilegierten Bevölkerungsschichten durch das liberale Bürgertum – und leider auch durch viele Repräsentanten der Linken – als dumpfer Neid oder als »postfaktisch« verunglimpft werden. Besorgte Menschen werden vielmehr dummen engstirnigen Rassisten gleichgestellt, die eine völlig irrationale Haltung zu den glänzenden Perspektiven einnehmen würden, die eine verstärkte Migration mit sich bringe. Losgelöst von den Fakten ist diese Haltung aber gar nicht.

Studien zu den früheren ökonomischen Wirkungen der Zuwanderung von wenig qualifizierten Arbeitskräften – und darum handelt es sich beim Großteil der Flüchtlinge, wie in der Studie »Integration von Asylberechtigten und anerkannten Flüchtlingen« des Bundesamts für Migration und Flüchtlinge erhoben – zeigen sehr deutlich die negativen Effekte für die ansässige Bevölkerung in demselben Qualifikationsniveau. Besonders gründlich sind die Wirkungen von George Borjas für den Fall der »Mariel-Bootskrise« untersucht worden, bei der 125 000 kubanische Bootsflüchtlingen in kurzer Zeit in den Arbeitsmarkt Süd-Floridas integriert werden mussten – mit massiven negativen Konsequenzen für die Löhne der ähnlich qualifizierten einheimische Bevölkerung (»The Wage Impact of the Marielitos: A Reappraisal«). Zu ähnlichen Ergebnissen kommt auch eine breit angelegte Studie der National Academies of Sciences, Engineering and Medicine (»The Economic and Fiscal Consequences of Immigration«, 2016). Während die negative Auswirkungen von Immigration auf die allgemeine Lohnhöhe in den USA sehr gering sind, gibt es zwei Gruppen, die in dieser Hinsicht eindeutig negativ betroffen sind – Immigranten aus früheren Einwanderungswellen und Einheimische mit einem ähnlichen Qualifikationsprofil wie jene neuen Immigranten.

Systematisch dokumentiert wurden diese Effekte in Europa auch am Beispiel der osteuropäischen Arbeitsmigration nach Österreich – nach der Arbeitsmarktöffnung für Menschen aus osteuropäischen EU-Beitrittsländern im Mai 2011 – von Johannes Schweighofer, Abteilungsleiter in Österreichs Arbeitsministerium (»Verdrängungsprozesse am österreichischen Arbeitsmarkt«). Die Zuwanderer sind bereit, für geringere Löhne – oder sogar schwarz – zu arbeiten, so dass die ansässigen Arbeitskräfte Lohn- oder gar Jobeinbußen hinnehmen mussten, insbesondere auf dem Bau, im Hotelgewerbe, in der Gastronomie und in anderen einfachen Dienstleistungen. Die nachteiligen Effekte sind umso größer, je mehr Arbeiter in kurzer

Zeit einwandern und je schlechter das Ausbildungsniveau der Zuwanderer ist, da letztere Druck auf ein ohnehin schon besonders problematisches Arbeitsmarktsegment ausüben.

Glänzende Perspektiven bringt eine verstärkte Migration vielleicht für Teile des Bürgertums (etwa in Form noch billigerer Arbeitskräfte), aber kaum für die schwächeren Gruppen unserer Gesellschaft. Jenen wird dafür vorgeworfen, sich »erschöpft vor zu viel Freiheit und Modernisierung, in die Nestwärme der nationalen Heimat und des Sozialstaats zurückziehen [zu] wollen[...], weil sie weder die Disziplin noch die federleichte kulturelle Souveränität besitzen, um sich in der Zukunft des globalen Wettbewerbs und der toleranten Multikulturalität zurechtzufinden«, treffend ironisiert von Johannes Simon (»Wenn das Volk zum Problem wird – Liberalismus als Ideologie der Eliten«, Annotazioni.de).

Deutlich wird hier auch, dass das aktuelle Migrationsthema auch als Symbol steht für ein breiteres – und auch diffuseres – Ungemach mit der Globalisierung und der modernen Politik allgemein. Es zeigt die klaffende Lücke zwischen denen, die sich in der globalisierten Welt wohl fühlen und jenen, die sich hier außen vor fühlen. Es zeigt die Entfremdung zwischen jenen, die sich von den an der Macht stehenden technokratischen Regierungen gut vertreten fühlen und jenen, die den Eindruck haben, dass diese Regierungen – und die sie tragenden Parteien – weit weg sind von ihren Sorgen und Nöten.

Verschärft wird das zunehmende Unbehagen dann noch durch die ganz große Koalition aller im Bundestag vertretenen Parteien (inzwischen mit Ausnahme der AfD und der CSU), der Gewerkschaften, Kirchen und Wohlfahrtsverbände, der öffentlich-rechtlichen Medien und der meisten Zeitungen in Fragen der Flüchtlingspolitik, die abweichende Positionen als moralisch verwerflich darstellt. Irgendwann löst sich dieses Ungemach dann auch vom konkreten Anlass der großen Anzahl der in Deutschland aufgenommenen Geflüchteten und verwandelt sich in eine allgemeine Aversion gegen die Eliten, es wird zur Hauptmotivation politischen Handelns.

Diese Entwicklung ist nicht auf Deutschland beschränkt. Noch deutlicher war sie in den beiden großen Volksentscheidungen, die

2016 das kosmopolitische Lager erschüttert haben. Sowohl bei Brexit als auch bei der Trump-Wahl ging es um Abneigung gegen Migration – die osteuropäischen Arbeitsmigranten im Falle des Brexits und die mexikanischen Arbeitsmigranten im Falle von Trump. In beiden Fällen waren die Migranten zwar ein wichtiges Thema, aber zur Erklärung der Massivität der entsprechenden politischen Reaktion kaum ausreichend. Es ging in beiden Fällen auch darum, den besser Gestellten in den jeweiligen Gesellschaften deutlich zu signalisieren, dass man genug hat von ihrer Ignoranz und Überheblichkeit gegenüber den Sorgen der weniger Privilegierten, von der »überschießenden Moral des Kosmopolitismus«, so Wolfgang Merkel (»Trump und die Demokratie«, im ipg-journal).

Der Dominanz des liberalen Bürgertums und seiner Werte in den qualitätsorientierten Medien entsprechend hat sich ein Großteil der Verbitterung inzwischen auch gegen diese Medien gewendet. Wegen dieser Dominanz und dem Mangel an selbstkritischer Reflektion – im öffentlich-rechtlichen Fernsehen genauso wie in der Qualitätspresse – konnte sich die Mär von der »Lügenpresse« verbreiten. Teile der Bevölkerung sahen sich hier – insbesondere im Kontext mit der Berichterstattung über die Aufnahme einer großen Anzahl von Geflüchteten im Jahr 2015 – nicht repräsentiert, sondern zum Schweigen gebracht oder gar verunglimpft. Siebzig Prozent der Deutschen vertrauen den Medien nicht mehr, so eine Ipsos-Umfage 2016 (»Wenig Vertrauen in Parteien, Regierung und Medien«).

Die Bezeichnung Lügenpresse ist natürlich falsch und für die betroffenen Journalisten diffamierend, zumal diese durch Stellenabbau, Beschleunigung der Arbeitsprozesse und die Konzentration der Medieneigentümer ohnehin stark unter Druck stehen. Es gab aber im Herbst 2015 und Frühjahr 2016 in der Tat einen erstaunlich homogenen Mainstream in der Berichterstattung der großen Leitmedien, der in seiner Argumentation ausgesprochen regierungsnah und migrationsfreundlich war, mit sehr begrenztem Verständnis für die Sorgen weniger privilegierter Bevölkerungsgruppen in Deutschland. Eine umfassende Studie der Otto Brenner Stiftung (»Die Flüchtlingskrise in den Medien«) hat mehr als 30 000 Medienberichte zwischen Februar 2015 und März 2016 ausgewertet und dabei einen sehr starken flüchtlingsfreundlichen Gleichklang festgestellt. So ist beispielsweise in 83 Prozent der Beiträge in Tageszeitungen ein positives Leitbild von »Willkommenskultur« gezeichnet worden. Zum einen erklärt sich diese Homogenität aus den fortwährenden Einsparungen im Journalismus, die nur noch selten eine gründliche Recherche und eigenständige Meinungsbildung erlauben und stattdessen häufig zum Rückgriff auf die Meinungen der anderen Medien (»Ko-orientierung der Journalisten« nennen das die Kommunikationswissenschaften) und der Nachrichtenagenturen zwingen. Zum anderen liegt diese Homogenität auch am bürgerlichen Hintergrund der meisten Journalisten, denen es daher nicht leicht fällt, sich in die Situation der ärmeren und formal weniger gebildeten Bevölkerungsgruppen zu versetzen. Norbert Bolz bezeichnet den Journalismus daher inzwischen als »die größte und dichteste Echokammer« (Interview auf Telepolis).

Bei Teilen der Bevölkerung verstärkte die Berichterstattung zur Flüchtlingskrise jedenfalls gravierende Sorgen um die Glaubwürdigkeit der Medien, die zuvor insbesondere im Kontext der Eurokrise und der Vorkommnisse in der Ukraine entstanden waren. In Bezug auf die Berichterstattung über letztere wurde ja beispielsweise die ARD auch massiv von ihrem Programmbeirat in Bezug auf eine einseitige Darstellung gerügt. Recht viele Menschen entwickeln zunehmend den Eindruck, dass die »vierte Gewalt« in Deutschland ihre Rolle im System der »checks und balances« nicht mehr ernst nimmt und unter zu wenig Distanz zu den politischen und ökonomischen Eliten leidet. Und damit sind nicht nur die Spitzenverdiener der Talkshow-Branche gemeint, die aus naheliegenden Gründen besondere Sympathien für die Vertreter der Steuersenkungsparteien CDU und FDP entwickeln, was sie ja mitunter auch schamlos in ihren Sendungen demonstrieren (man denke etwa an das peinliche Hofieren von Christian Lindner durch Frank Plasberg am NRW-Wahlabend).

In den Leitmedien findet sich insbesondere ein großstädtisch-kosmopolitischer Diskurs, der sich zum Teil deutlich von der Lebenswirklichkeit auf dem Land auseinanderentwickelt hat, auch wenn

diese soziokulturelle Kluft bei uns bei weitem noch nicht so ausgeprägt ist wie in den USA oder in England. Wohin eine Vertiefung einer solchen Kluft führen kann, haben wir aber beim Brexit gesehen
und insbesondere beim Erfolg der Trump-Wahlkampagne, der von
den meisten Journalisten weder vorausgesehen, noch verstanden
wurde. Auch in den Ländern, in denen sich in letzter Zeit zunehmend rechtspopulistische oder sogar autokratische Regime etablieren konnten, wie Polen, Ungarn, Russland und die Türkei, stützen
sich die Regierungen auf eine relativ breite Zustimmung der formal
weniger gebildeten Bevölkerung in ländlichen Regionen, während
die liberalen Eliten in den metropolitanen Zentren und Medien diesen Regimen sehr skeptisch gegenüber stehen.

Die Abschätzigkeit großer Teile des Bürgertums gegenüber den
armen Alteingesessenen ist in Deutschland allerdings nicht erst im
Kontext der Flüchtlingskrise entstanden, sondern bereits früher, im
»Unterschichtsdiskurs« der Neunzigerjahre, bei dem das Bürgertum
die sozial Schwachen bereits ob ihrer »Bildungsferne« und ihrer
Schwierigkeiten bei der Integration in den Arbeitsmarkt geschmäht
hatte. Im Gegensatz zur alten Arbeiterklasse, der wenigstens bürgerliche Grundnormen zugebilligt wurde, nämlich hart zu arbeiten,
auch am sozialen Aufstieg, wurde der »Unterschicht« nachgesagt,
dass sie gar nicht arbeitswillig sei und ohnehin den ganzen Tag nur
auf dem Sofa liegen würde. Dieser Diskurs war nicht zuletzt gut
dazu geeignet, um im Rahmen der Hartz-Reformen Grundnormen
des Sozialstaats aufzukündigen, denn mit diesen Menschen sei ja
ohnehin kein Staat zu machen. Irritierend ist er nicht zuletzt durch
den dabei durchschimmernden Ekel der Bessergestellten in Bezug
auf formal weniger gebildete Bevölkerungsgruppen, der sich nun
auch wieder in der Flüchtlingsdebatte artikulierte.

Wir können klar festhalten: Die Flüchtlinge sind nicht die Ursache
für die schwierige soziale Situation großer Teile der Bevölkerung in
Deutschland. Dafür sind sie zum einen noch gar nicht lange genug
da, viele ja erst seit Herbst 2015. Und zum anderen fallen alle potentiellen Probleme, die mit dem Zuzug der Flüchtlinge auftreten,
relativ wenig ins Gewicht, verglichen mit den oben geschilderten,

viel längerfristigen Entwicklungen. Zudem ist der Protest gegen die Flüchtlinge gerade dort besonders ausgeprägt, wo diese Menschen bisher kaum zur Last fallen, etwa im ländlichen Ostdeutschland. Und unter gar keinen Umständen ist es vertretbar, gegenüber den Neuankömmlingen Mitmenschlichkeit zu verweigern oder gar gewalttätig zu werden. Aber die Flüchtlinge haben mit großer Wahrscheinlichkeit in absehbarer Zeit negative Auswirkungen auf die sozioökonomische Situation der schwächeren Schichten unserer Gesellschaft. Diese Menschen ahnen, dass ihnen massive Konkurrenz um knappe staatliche Ressourcen heranwächst, um billige Wohnungen und Jobs für formal weniger Qualifizierte.

Die Flüchtlinge sind ein zentrales Symbol, der sprichwörtliche Tropfen, der das Fass zum Überlaufen bringt, zumal wegen der Art und Weise, wie im Jahr 2015 die Entscheidung zu einer großzügigen Aufnahme getroffen und wie in dieser Situation mit den Bedenken großer Bevölkerungsgruppen umgegangen wurde. In der Haushaltsbefragung des SOEP ist jedenfalls der Anteil der Menschen, die sich über Zuwanderung »große Sorgen« machen, in den letzten Jahren sehr stark gestiegen, im Jahr 2016 lag er auf einem Höchststand von 49 Prozent.

Es ist in diesem Kontext kein Wunder, dass sich viele derjenigen, die sich politisch nicht nur ignoriert, sondern zudem auch verunglimpft sehen, entschlossen haben, mit der Wahl der AfD ein starkes politisches Signal zu senden. Durch die Aufregung des liberalen Bürgertums über den Aufstieg der AfD kann wenigstens etwas Stolz und Selbstachtung empfunden werden, auch wenn die meisten Wähler sich durchaus bewusst sind, was für eine hochproblematische Partei sie damit wählen. Für die analoge Wahlentscheidung zugunsten des Front National in Frankreich spricht Didier Eribon in seinem Buch *Rückkehr nach Reims* von »einer Art politischen Notwehr der unteren Schichten«. Damit werden die gesellschaftlichen Spannungen allerdings nur noch schlimmer, denn Kräfte wie Front National, AfD und Pegida nutzten die Situation aus, um ihrerseits die Aggressionen der Zukurzgekommenen gezielt auf Migranten zu richten. Eine andere Möglichkeit für die Artikulation der Frustration gab es zumindest

2015/2016 nicht, denn alle Parteien – einschließlich der Linkspartei – hatten sich auf eine enthusiastische Aufnahme der Flüchtlinge eingestellt, bis der Diskurs sich unter anderem nach den Vorkommnissen von Köln langsam änderte.

Die gesellschaftliche Basis dieses Signals sind nicht nur, oder sogar eher weniger, die Ärmsten der Armen. Es ist eher das kleine Bürgertum, das gegen seinen sozialen Abstieg kämpft, mit viel Mühe seine Mieterhöhungen bezahlt und nun befürchtet, dass die Einwanderer den Wettbewerb auf dem Wohnungs- und Arbeitsmarkt sowie insbesondere um bereits verknappte Sozialleistungen noch weiter intensivieren. Das wird auch in der sozialen Basis der AfD-Wählerschaft deutlich, die sich zu einem nicht geringen Teil aus einer mittleren Generation zusammensetzt, die noch mitten im Berufsleben steht und eher von Abstiegsängsten, als von direkter Not motiviert ist. Hier gibt es dann auch einen deutlichen Unterschied zum »Prekariat«, also denjenigen, die wirklich hart von Armut betroffen sind, die es aber ganz aufgegeben haben, sich politisch oder gesellschaftlich zu engagieren und auch weiterhin nicht zur Wahl gehen.

2 Die Krise progressiver Politik

Eigentlich sollte man annehmen, dass das im ersten Kapitel geschilderte Armutsproblem, die gravierende Ungleichheit und die zunehmenden sozialen Abstiegsängste dazu führen, dass progressive Parteien wie die Linkspartei einen Wahlsieg nach dem anderen einfahren. Das ist aber nicht so. Im Gegenteil, wir sehen mit dem Aufstieg der AfD und den Wahlniederlagen von SPD und Linkspartei de facto einen Rechtsruck der deutschen Parteienlandschaft. Während die Parteien links der Union (Linkspartei, SPD und Grüne) im alten Bundestag noch eine knappe Mehrheit der Mandate besaßen (320 von 630), ist ihr Anteil im neuen Bundestag auf gut vierzig Prozent gesunken (289 von 709). Die Schwächung linker Parteien durch die AfD wird nämlich noch dadurch verschärft, dass das Schreckgespenst des Rechtspopulismus zu einer Mobilisierung des Bürgertums für Parteien führt, die sich zumeist nicht nur gegen Intoleranz und Rassismus wenden, sondern – zumindest implizit – auch für den wirtschaftlichen Liberalismus (FDP und Grüne).

Nun sind progressive oder linke Parteien kein Selbstzweck, zumal es gute Gründe geben mag, warum sich die Wähler von ihnen abgewendet haben. Wenn aber die soziale Lage der ärmeren Bevölkerungsgruppen der Dreh- und Angelpunkt der Politik sein soll, führt an der Mobilisierung von Mehrheiten für progressive Politik, also für sozialen Ausgleich, kein Weg vorbei. Insofern sollte allen Menschen mit einem Grundinteresse an diesem sozialem Ausgleich der Rechtsruck im politischen System nicht egal sein, selbst wenn sie individuellen Parteien im linken Spektrum skeptisch gegenüberstehen.

Spätestens die Wahlen in den USA, Frankreich und den Niederlanden, aber auch die Bundestagswahl haben deutlich gemacht, dass viele linksliberale Parteien nicht mehr in der Lage sind, ausreichend große Teile der unteren sozialen Schichten und der unteren Mittelschichten davon zu überzeugen, ihre Stimme im Parteiensystem darzustellen. Rechtspopulistische Politiker füllen zumindest teilweise diese Lücke und können so auf Dauer dafür sorgen, dass progressive Mehrheiten nicht mehr zustande kommen.

In Deutschland ist der Rechtspopulismus noch nicht so stark wie in den USA, Großbritannien, Frankreich oder Österreich, aber das mag auch nur an der noch vergleichsweise guten Wirtschaftsentwicklung und der historisch bedingten höheren Sensibilität gegenüber diesem Thema liegen. Eine fundamentale Krise der deutschen Exportökonomie oder ein terroristisches Attentat mit vielen Opfern könnte potentiell auch in Deutschland zu einem weiteren Aufstieg des Rechtspopulismus führen. Die neue Schwärmerei seitens der kosmopolitischen Eliten – »the world just might need an extra dash of Deutschland« (Tyler Brûlé, Financial Times, 11.11. 2016) – könnte sich daher rasch als vorschnell herausstellen.

Die Krise progressiver Politik reicht aber noch viel weiter als die Erosion hypothetischer Mehrheiten für linke Politik in Bundestag und Länderparlamenten. Besonders gravierend ist hier die generelle Wahlabstinenz großer Teile der ärmsten Bevölkerungsgruppen. Bei der letzten Landtagswahl in Sachsen-Anhalt haben nicht nur mehr als 24 Prozent der Wähler die AfD gewählt, sondern auch knapp vierzig Prozent der Wahlberechtigten gar nicht an der Wahl teilgenommen. Trotz steigender Wählerzahlen, wohl vor allen Dingen ein Verdienst der AfD, war die Gruppe der Nichtwähler bei allen Landtagswahlen 2016 immer noch größer als die Wähler der jeweils größten Partei.

Kern der Krise progressiver Politik ist die Apathie der untersten Gruppen der Bevölkerung, die nicht mehr gegen ihr Schicksal aufbegehren, sondern sich eher aus der Politik völlig zurückziehen. Damit wird die politische Basis für progressive Politik auch langfristig deutlich geschwächt. Zudem ist natürlich der Aufstieg rechtspopulistischer Parteien eine besondere Herausforderung und führt angesichts der bisherigen Hilflosigkeit im Umgang mit der AfD womöglich dazu, dass progressive Politik auf viele Jahre keine politischen Mehrheiten sehen wird, wenn es uns nicht gelingt, die weniger privilegierten Gruppen der Gesellschaft durch eine linkspopuläre Option wieder in die Politik einzubinden. Schließlich können sich die aktuellen Entwicklungen auch zu einer generellen Krise unseres politischen Systems potenzieren, wie die zunehmende Schärfe mancher politischer Auseinandersetzungen illustriert.

Politische Apathie der weniger Privilegierten als langfristige Gefährdung der Demokratie

Auch wenn der Aufstieg der AfD weitaus mehr Aufmerksamkeit gefunden hat, ist die zunehmend geringe Wahlbeteiligung der weniger Privilegierten im politischen System das gravierendere Problem. Die Ärmsten gehen gar nicht mehr zur Wahl, insbesondere bei Kommunal-, Landtags- und Europawahlen. Man kann dann kaum noch von einer funktionierenden Demokratie sprechen. Eine niedrige Wahlbeteiligung allein ist für diese schon ein Problem, aber wenn die Nichtwähler sich in bestimmten Bevölkerungsgruppen konzentrieren, sollten bei uns alle Alarmglocken schrillen.

Der Zusammenhang zwischen niedrigem Einkommen, niedriger Bildung und niedriger Wahlbeteiligung ist statistisch sehr deutlich. Sehr anschaulich wird er im Vergleich zwischen reichen und armen Stadtvierteln in Großstädten wie Berlin, Frankfurt, Hamburg oder Köln, wie sie insbesondere der Osnabrücker Politikwissenschaftler Armin Schäfer untersucht und unter anderem in einem Beitrag für das Magazin Mitbestimmung dokumentiert hat («Politische Parallelwelten: Wo die Nichtwähler wohnen»). Während in reichen Stadtvierteln wie Köln-Marienburg oder Hamburg-Blankenese die Wahlbeteiligung durchgehend über achtzig Prozent liegt, sinkt sie in Vierteln wie Köln-Chorweiler oder Berlin-Neukölln bei Bundestagswahlen auf etwa fünfzig Prozent, bei Kommunalwahlen auf etwa ein Drittel und bei Europawahlen sogar auf nur ein Viertel. Selbst wenn die Wahlbeteiligung allgemein steigt, wie zwischen den nordrhein-westfälischen Landtagswahlen 2012 und 2017, wächst der Unterschied in der Beteiligung zwischen den armen und reichen Vierteln noch. So sind in Köln-Chorweiler nun 32 (statt 29) Prozent der Berechtigten wählen gegangen, in Köln-Hahnwald hingegen sogar 82 (statt 76) Prozent.

Bestätigt werden diese Ergebnisse von einer Studie des DIW (»Wählerstruktur im Wandel«), die das Wahlverhalten mit dem sozio-ökonomischen Status der Wähler verknüpft. Hier zeigt sich, dass Nichtwähler die deutlich niedrigsten Einkommen haben, gefolgt von den Wählern der Linken und der AfD (während FDP-Wähler die deutlich höchsten Einkommen verzeichnen). Nichtwähler haben doppelt so oft keine Berufsausbildung und keinen Hochschulabschluss wie der gesellschaftliche Durchschnitt. Auch in der langfristigen Einkommensentwicklung der letzten fünfzehn Jahre zeichnen sich nach dieser Studie Nichtwähler mit der schlechtesten Bilanz aus.

Deutlich festgehalten werden muss hier auch, dass bei der niedrigen Wahlbeteiligung in armen Vierteln deutscher Großstädte überproportional viele Menschen betroffen sind, deren Eltern oder Großeltern aus anderen Ländern zugewandert sind, insbesondere aus der Türkei. Politische Kräfte, die sich um eine funktionierende Demokratie in Deutschland sorgen, müssen sich gerade auch um diese türkischstämmigen Menschen kümmern und sie zur demokratischen Beteiligung an unserem Gemeinwesen bringen. Rechtspopulistische Parteien wie die AfD sind da angesichts ihrer Islamfeindschaft mit Sicherheit nicht die Lösung. Aber auch die Reaktion mancher Teile der Politik, die im Kontext der Abstimmung über das Verfassungsreferendum in der Türkei pauschal zur Abschaffung des Doppelpasses aufriefen, ist hier kontraproduktiv, zumal ja gerade einmal vierzehn Prozent der Deutschtürken für die Verfassungsreform gestimmt haben. Nur ein Teil der 2,9 Millionen Deutschtürken ist in der Türkei wahlberechtigt, von diesen Wahlberechtigten hat weniger als die Hälfte am Referendum teilgenommen und mit »Ja« haben nur 416 000 gestimmt (Canan Topcu, »Dieses Votum sagt nicht, was alle Deutschtürken denken«, Zeit Online). Anstatt unsere deutschtürkischen Mitbürger pauschal als demokratiefern abzuqualifizieren, sollten wir sie vielmehr zu einer stärkeren Beteiligung an unserem politischen Prozess ermuntern.

Die geringe Wahlbeteiligung der weniger Privilegierten der deutschen Gesellschaft führt zu einem Teufelskreis. Da den politischen Strategen der Parteien bekannt ist, dass die sozialen Schichten mit geringem Einkommen und/oder geringer Bildung sich vergleichsweise selten an Wahlen beteiligen, fokussieren sie ihr politisches Angebot auf die Mittelklassen, was zu weiterer Frustration und Vernachlässigung der weniger Privilegierten führt. Das wäre noch zu vernachlässigen, wenn beispielsweise die politischen Präferenzen der Arbeiter mit jenen der anderen sozialen Gruppen (zum Beispiel Angehörige des öffentlichen Dienstes, höhere Angestellte oder Selbstständige) identisch wären. Hier gibt es aber deutliche Unterschiede, wie Armin Schäfer 2016 zusammen mit Lea Elsässer in einer Studie (» Group Representation for the Working Class?«) für das Kölner Max-Planck-Institut für Gesellschaftsforschung dokumentiert haben. Die Interessen der weniger Privilegierten werden systematisch vernachlässigt, so das Ergebnis von Elsässer und Schäfer.

Diese Entwicklungen gefährden langfristig die Stabilität der Demokratie in Deutschland. Menschen, die schon lange nicht mehr wählen gegangen sind, werden das demokratische politische System gegen Anfechtungen nicht verteidigen. Da hilft auch der Verweis, dass diese Bürger ja aus eigenen Stücken auf ihr Wahlrecht verzichten, nicht weiter. Die Legitimität des Systems der repräsentativen Demokratie beruht darauf, dass alle gesellschaftlichen Gruppen mit ihren Interessen im Parlament wirksam vertreten sind – und nicht nur jene der reichen und formal gebildeten Bevölkerung.

In diesem Kontext darf es auch nicht verwundern, dass Umfragen in den letzten Jahren eine bedenkliche Distanz vieler Deutscher gegenüber dem demokratischen politischen System dokumentiert haben. So belegen Politiker beim »Trust in Professions Report 2016« den letzten Platz aller Berufe, noch nach Werbefachleuten und Versicherungsvertretern. Ihnen vertrauen nur vierzehn Prozent der Bürger – im Kontrast etwa zu 54 Prozent bei Unternehmern, 82 Prozent bei Lehrern, 90 Prozent bei Apothekern und 96 Prozent bei Feuerwehrleuten und Sanitätern. Auch eine Ipsos-Umfrage 2016 (»Wenig Vertrauen in Parteien, Regierung und Medien«) hat festgestellt, dass achtzig Prozent der Deutschen politischen Parteien wenig bis gar nicht trauen, siebzig Prozent nicht einmal der Regierung.

Man muss der AfD in diesem Kontext fast schon dankbar sein, dass sie wenigstens einige Menschen – bei der Landtagswahl in Mecklenburg-Vorpommern 2016 etwa ein Zehntel der Nichtwähler der vorherigen Wahl – wieder an die Wahlurne gebracht und in der Folge auch bei den etablierten Parteien etwas mehr Aufmerksamkeit für die Nöte dieser Gruppen erzeugt hat. Demokratie lebt von der Existenz von Alternativen, auch wenn uns diese Alternativen nicht gefallen. Und die AfD gewinnt bei Arbeitern und Arbeitslosen überdurchschnittlich viele Stimmen, wie die Analysen von Jürgen Falter und von Jörg Schönenborn in Bezug auf die Landtagswahlen 2016 dokumentiert haben (»Ist die AfD die neue Arbeiterpartei?«, taz vom 5.9. 2016; »Jung, männlich und enttäuscht«, FAZ vom 14.3. 2016). Bei der Bundestagswahl haben sich diese Tendenzen fortgesetzt, wie unter anderem eine umfangreiche Analyse der Bertelsmann-Stiftung (»Populäre Wahlen: Mobilisierung und Gegenmobilisierung der sozialen Milieus bei der Bundestagswahl 2017«) dokumentiert. Auch hier hat die AfD besondere Erfolge im prekären Milieu erreicht, in dem sie inzwischen mit etwa 28 Prozent der Stimmen zur stärksten Partei geworden ist und dabei über eine Million früherer Nichtwähler mobilisiert hat.

Inzwischen werden die Mobilisierungserfolge der AfD bei den sozial Schwächeren allerdings durch eine steigende Wahlbeteiligung bei Teilen der oberen bürgerlichen Mitte, die einen Aufstieg der Rechtspopulisten unbedingt verhindern wollen (die von der o.g. Studie erwähnte »Gegenmobilisierung«), mitunter kompensiert. Da die Wahlmüdigkeit bei diesen Gruppen nicht so tief sitzt wie bei den Marginalisierten, führt diese Entwicklung unterm Strich sogar zu einer Stärkung der bürgerlichen Parteien, bei der Bundestagswahl und der NRW-Landtagswahl insbesondere zugunsten der FDP. Der Aufstieg der AfD führt so in doppelter Hinsicht zu einem Rechtsruck in der deutschen Politik, einerseits durch die Wahl der Partei selbst, andererseits durch die dadurch ausgelöste Mobilisierung der bürgerlichen Wähler zugunsten von FDP und CDU/CSU) Sie führt damit langfristig zu einer noch stärkeren Entfremdung der weniger Privilegierten vom politischen System.

Strukturelle Probleme der Sozialdemokratie

Hinter der politischen Apathie der weniger Privilegierten stehen strukturelle Entwicklungen in modernen Gesellschaften, die vor allem sozialdemokratische Parteien benachteiligen und zu deren vernichtenden Wahlniederlagen in der letzten Zeit (u.a. Niederlande, Frankreich) beigetragen haben. Traditionell beruhten diese Parteien im Regelfall auf einer Kooperation zwischen dem aufgeschlossenen Bürgertum und den Arbeitern. Dieses Bündnis ist fast überall Geschichte. Während die (klein-) bürgerlichen Gruppen größtenteils in der Sozialdemokratie verblieben sind, sind die Arbeiter diesen Parteien zunehmend weggebrochen, zumal die Werktätigen immer schwerer zu organisieren sind. Im Gegensatz zum alten Proletariat, das von Gewerkschaften sowie sozialdemokratischen oder kommunistischen Parteien politisch organisiert und vertreten wurde, sind die zeitgenössischen Prekären stark individualisiert und politisch kaum organisiert. Früher haben beispielsweise gemeinsame Feste die ökonomisch Schwachen an die linken Parteien gebunden – man denke etwa an die Festkultur der italienischen KP – aber auch diese Tradition ist versiegt.

Die Ursachen für die abgerissene Bindung der sozial Schwachen zu linken Parteien ist einerseits auf der Seite der weniger Privilegierten zu suchen, denn in der Organisationsfähigkeit unterscheiden sich die Arbeiter aus der Massenproduktion in der Nachkriegszeit ganz erheblich von den prekär Beschäftigten im Dienstleistungssektor von heute, sowohl in Bezug auf ihre gewerkschaftliche Organisationsquote als auch auf ihr Klassenbewusstsein. Die neue Gig-Ökonomie der Vermittlung von Dienstleistungen über Online-Plattformen – mit Unternehmen wie Uber, Airbnb, Clickworker, Crowd Guru oder Task-Rabbit – wird dieses Problem noch intensivieren, denn völlig isolierte »Klickarbeiter« lassen sich kaum noch für gemeinsame Zwecke organisieren, sondern sehen sich eher als Konkurrenten, in der Art wie Firmen konkurrieren.

Die schwierige Organisierbarkeit der sozial Schwachen soll aber andererseits nicht die linken Parteien entschuldigen, die es versäumt haben, die Bedürfnisse der weniger Privilegierten in den Mittelpunkt ihrer Programmatik zu stellen und neue Formen der politischen Kommunikation zu entwickeln, die politisch passiven Bevölkerungsschichten erreichen können. Die AfD – und rechtspopulistische Parteien in anderen Ländern – ist bei letzterem schon weiter, etwa in der Nutzung von Facebook, Twitter und anderen modernen elektronischen Medien zur Unterstützung ihrer Anhänger. Die sozial wirklich Abgehängten werden damit allerdings auch nicht erreicht – die »DVSI Milieu-Studie zu Vertrauen und Sicherheit im Internet« identifizierte gerade bei den älteren Angehörigen der Unterschicht und unteren Mittelschicht einen hohen Anteil von »Digital Outsiders« – genauso wenig, wie diese Menschen noch durch Organisationen wie Gewerkschaften und Nichtregierungsorganisationen in den politischen Prozess einbezogen werden können.

Die Kommunikation zwischen der verbliebenen Sozialdemokratie und den sozial Schwachen scheitert aber nur zu einem geringeren Maße an einer mangelhaften Nutzung der technischen Hilfsmittel. Viel schwerwiegender ist hingegen die kulturelle Lücke zwischen den gebildeten, weltoffenen und kulturell zuversichtlichen Funktionsträgern der »New Labour«-Sozialdemokratie einerseits und den verbitterten prekären oder sich zumindest vom Abstieg bedroht sehenden Gruppen andererseits. Beide finden den Zugang zur Lebenswelt der jeweils anderen Gruppe kaum noch und stehen sich zunehmend aggressiv gegenüber. Ironischerweise stehen dabei die weniger Privilegierten für den Wandel, sie wollen, dass sich grundlegend etwas ändert, während die moderne, urbane und »kulturlinke« Sozialdemokratie inzwischen Teil des Establishments ist, sie verteidigt den wirtschaftlichen Status Quo, mit leichten »Reförmchen«.

In diesem Kontext kann man es der SPD von heute fast nicht übelnehmen, dass sie sich auf die »Arbeitende Mitte« konzentriert, selbst wenn sie damit bei Wahlen nur noch auf einen kleinen Teil der früheren Stimmen kommt. Die Interessen der gut verdienenden Facharbeiter (zumal in der Exportindustrie) und den akademisch gebildeten mittleren Angestellten und Beamten in sicheren Beschäftigungsverhältnissen einerseits, und den wütenden sozial Schwachen andererseits, sind nicht leicht unter einen Hut zu bringen. Die Verbindung der SPD in das Milieu der »kleinen Leute« ist so nur mit viel Mühe aufrechtzuerhalten. Und die gebildete SPD-Klientel der »Neuen Mitte« beteiligt sich wenigstens zuverlässig bei den Wahlen. Die Betonung liegt aber auf »fast«, denn eine sozialdemokratische Partei, der die Vertretung der Ärmsten nicht eine vordringliche Aufgabe ist, hat diesen Namen dann wohl doch nicht verdient.

Der demoskopische Höhenflug der SPD nach der Benennung von Kanzlerkandidat Schulz und seines Gerechtigkeits-Mottos demonstrierte zunächst, wie groß das Potential für eine klassisch sozialdemokratische Politik im Prinzip ist. Die Enttäuschung der neuen SPD-Klientel ist jedoch mit großer Wahrscheinlichkeit vorprogrammiert, denn die Partei hat seit Jahrzehnten jeden Wahlkampf mit Slogans für mehr soziale Gerechtigkeit begonnen, dann aber in der Regierung wenig dafür getan – oder gleich ganz auf die Bildung von progressiven Regierungen im Bund verzichtet, die hier potentiell zu Änderungen geführt hätten (Rot-Rot-Grün). Auch jetzt bevorzugte ihre Parteiführung im Wahlkampf ja eine »Ampelkoalition«, unter Einbezug der Steuersenkungspartei FDP, und Kandidat Schulz betonte seine Wirtschaftsnähe vor der Industrie- und Handelskammer in Berlin. Die Angebote zur Konkretisierung des Gerechtigkeitsmottos – etwa längere Laufzeit des Arbeitslosengeldes zu Qualifikationszwecken und Einschränkungen der Befristung von Arbeitsverhältnissen – fallen dann auch schon mager aus, zumal von einer Abkehr vom brutalen Hartz IV-Regime keine Rede ist.

Bei näherem Hinsehen nutzen die SPD-Forderungen – auch jene nach kostenlosen Kindertagesstätten, gebührenfreier Bildung bis zum Meister und einer staatlich geförderten Familienarbeitszeit – vor allem der »Arbeitenden Mitte«, weniger jedoch den weniger Privilegierten, die aufgrund ihrer niedrigen Einkommen oftmals bereits von diesen Gebühren befreit sind und froh wären, überhaupt ein dauerhaftes Arbeitsverhältnis zu haben. Die sozialdemokratische Erzählung über den Aufstieg durch Bildung – in vergangenen Jahrzehnten für große Gruppen eine durchaus realistische Perspektive – greift bei diesen ökonomisch seit langem marginalisierten Gruppen nicht mehr, sie wissen um die verfestigte soziale Selektivität des deutschen Bildungssystems. Und um diese Menschen geht es der Schulz-SPD wohl auch nicht, denn der Parteivorsitzende unterscheidet bei jedem Wahlkampfauftritt implizit zwischen jenen, »die ihr Leben lang hart gearbeitet haben« und den (nicht explizit genannten) anderen – wohlwissend um die Ressentiments von großen Teilen der deutsche Bevölkerung gegenüber Langzeitarbeitslosen, die 2016 von der Studie »Gespaltene Mitte – Feindselige Zustände« der Ebert-Stiftung nochmals eindrucksvoll dokumentiert wurden.

Ex-Kanzlerkandidat Schulz selbst überzeugte zuerst zwar mit einem lockeren, volkstümlichen Auftreten und war nicht Mitglied der Merkel-Regierungen, ist aber als glaubwürdiger Repräsentant einer Partei, die sich besonders um die ärmeren Bevölkerungsgruppen kümmert, vollkommen ungeeignet. Schulz hat nicht nur alle neoliberalen Positionen der »New Labour«-Sozialdemokratie (einschließlich der Hartz-Reformen) ohne Widerspruch mitgetragen, sondern wirkte als Präsident des Europaparlaments auch als treibende Kraft an der verhängnisvollen Eurorettungspolitik der letzten Jahre mit (mehr dazu in Kapitel 6). Diese Politik will er mit einer weiteren Vertiefung der Eurozone fortsetzen. Seinen Freund Jean-Claude Juncker schützte er nach Kräften gegen eine nähere Untersuchung von dessen Rolle bei der Etablierung Luxemburgs als Steueroase. Die Konzernschutzabkommen CETA und TIIP hat er mit Nachdruck unterstützt. Er ist damit einer der führenden Repräsentanten jener abgehobenen europäischen Technokratie, die für die Erosion der Demokratie in den Mitgliedstaaten sowie eine unsoziale Austeritätspolitik steht – und damit für die Zunahme von Spannungen in Europa, nicht für deren Abbau. Hier wird mit viel Chuzpe auf das kurze Gedächtnis der Wähler spekuliert, was sich bereits noch im Wahlkampf als Fehlentscheidung herausstellte. Eine Überwindung der strukturellen Probleme der Sozialdemokratie ist von Schulz und seiner halbherzigen Hinwendung zu Fragen der sozialen Gerechtigkeit leider nicht zu erwarten. Es wäre wünschenswert, dass nach der verlorenen Bundestagswahl in dieser Hinsicht glaubwürdigere SPD-Repräsentanten wie der Dortmunder Abgeordnete Marco Bülow eine Chance zur Übernahme von Verantwortung erhalten.

Das Problem der kulturellen Entfremdung zwischen den linksliberalen Akademikern und den ärmeren Bevölkerungsgruppen ist aber nicht nur bei der Sozialdemokratie beheimatet. Auch die Grünen und zunehmend auch große Teile der Linkspartei haben hier Schwierigkeiten, wie Christian Baron in seinem Buch *Proleten, Pöbel, Parasiten: Warum die Linken die Arbeiter verachten* sehr anschaulich und polemisch beschrieben hat. Beide Parteien konzentrieren sich zunehmend auf ein universitär gebildetes Wählerpotential und Fragen der Identitätspolitik (Gleichstellung, Menschenrechte, (pro-) Migration, sexuelle Orientierung), neben der Ökologiethematik. Sie vernachlässigen aber gleichzeitig den Bezug zur Lebensrealität der sozial Schwachen. Bei den Sorgen über die hohe Fluchtzuwanderung – nach einer im Wirtschaftsdienst 2017 von Marco Giesselmann und anderen veröffentlichten Studie («Fluchtzuwanderung ganz oben auf der Liste der dringenden politischen Prioritäten») das mit weitem Abstand wichtigste Thema der unteren und mittleren Statusgruppen – vertreten sie diesen gegenüber diametral entgegengesetzte Positionen, insofern sie sich besonders deutlich für eine Öffnung gegenüber dieser Zuwanderung aussprechen. Die AfD ist hier deutlich geschickter.

AfD: Die Partei der Abstiegsängste

Der Aufstieg der AfD hat dazu geführt, dass das ausgeprägte Gefühl der Frustration in Teilen der Bevölkerung nun ein deutliches Ventil gefunden hat. Dabei sind es aber zumeist nicht die Allerärmsten, die sich hier artikulieren. Letztere bleiben weiterhin in großen Zahlen der Wahl fern. Nein, der Großteil der AfD-Wähler ist nicht mittellos. Im Gegenteil, diese Wähler haben etwas zu verlieren, sie fühlen sich vom Abstieg bedroht und sehen mit Sorgen in die Zukunft. Auch wenn die AfD bei Arbeitern und Arbeitslosen überdurchschnittlich hohe Stimmanteile erreicht hat, zieht sie doch Wähler – zumeist Männer, mit mittlerem Bildungsabschluss – auch aus mittleren sozialen Gruppen an, so die bereits oben erwähnten Nachwahlumfragen von Falter und Schönenborn in Sachsen-Anhalt und der Bundestagswahl durch die Bertelsmann-Stiftung. Nicht zuletzt für den DGB erschütternd ist die Tatsache, dass der Anteil von AfD-Wählern bei Gewerkschaftsmitgliedern – trotz der gewerkschaftsfeindlichen Haltung der Partei – durchgehend höher liegt als in der Bevölkerung allgemein, wie vom DGB-Magazin Einblick für die Landtagswahlen in Baden-Württemberg, Rheinland-Pfalz, Sachsen-Anhalt und Mecklenburg-Vorpommern im Jahr 2016 (»So haben Gewerkschaftsmitglieder gewählt«, 21.3. 2016) dokumentiert; Gleiches gilt für die entsprechende Analyse der Bundestagswahl. Nach der oben zitierten DIW-Studie zur »Wählerstruktur im Wandel« scheint die AfD sogar die neue Arbeiterpartei zu werden – Arbeiter haben einen Anteil von 34 Prozent an der Wählerschaft der AfD und damit den doppelten Anteil im Vergleich zur Wählerschaft der SPD, die immer stärker von Angestellten und Rentnern dominiert wird (bei der Linkspartei beträgt der Arbeiteranteil an der Wählerschaft nach dieser Studie knapp 20 Prozent).

Der Teil der sozial weniger privilegierten und abgesicherten Bevölkerungsgruppe, der sich der Politik noch nicht komplett abgewandt hat, wendet sich heute vermehrt rechtspopulistischen Parteien wie der AfD zu. Nicht, weil deren Programm so überzeugend ist, sondern weil diese Parteien am besten den Protest gegen das

Establishment verkörpern, weil man mit seiner Stimme für diese Partien am besten deutlich machen kann, dass man gehört werden will. Die Linkspartei wäre (und war) für viele diese Wähler potentiell eine Alternative gewesen, hat sich aber in Kernfragen der aktuellen politischen Diskussion – wie der Flüchtlings- oder der Europapolitik – inzwischen eher auf die Seite der etablierten Parteien gestellt. Sie hat daher bei verschiedenen Landtagswahlen in ostdeutschen Bundesländern 2016 massiv Wähler an die AfD verloren. Im Saarland hingegen ist es der von Oskar Lafontaine geführten Linkspartei – mit ihrer in diesen Fragen von der Norm abweichenden Positionierung – gelungen, die AfD klein zu halten.

Nach den entsprechenden Umfragen ist nur ein Teil der AfD-Wähler eindeutig chauvinistisch oder gar rassistisch motiviert, die meisten Wahlentscheidungen entstammen einem eher diffusen Protest und der Sorge um den sozialen und wirtschaftlichen Abstieg. Infratest dimap-Analysen (dokumentiert auf tagesschau.de am 13.3. 2016) zu den Landtagswahlen in Sachsen-Anhalt 2016 haben gezeigt, dass nur ein gutes Viertel der AfD-Wähler die Partei aus Überzeugung gewählt hat, fast zwei Drittel hingegen wegen der Enttäuschung mit anderen Parteien. Die Hälfte derjenigen, die bei dieser Wahl ihr Kreuz bei der AfD gemacht haben, halten der Partei zudem vor, sich nicht deutlich genug von rechtsradikalen Parteien zu distanzieren. Wie eine bundesweite infratest dimap-Untersuchung zur Links-Rechts-Positionierung der politischen Parteien im November 2016 (»AfD rückt nach rechts, CDU nach links«) gezeigt hat, stufen die meisten AfD-Wähler die Partei deutlich weiter »rechts« ein, als sich selbst.

In Bezug auf die dominierende Protestorientierung der AfD-Wähler gibt es deutliche Parallelen zu den US-Präsidentschaftswahlen, bei denen es den Menschen im darbenden amerikanischen Rostgürtel auch vor allem darum ging, den wirtschaftlich Bessergestellten einen möglichst kräftigen Denkzettel in Bezug auf die Unzufriedenheit mit ihrer Situation zu geben. Besonders deutlich wird das, wenn man die Hochburgen der AfD ansieht, die sich regelmäßig in Städten und Regionen finden, die sich in einer wirtschaftlich schwierigen

Situation befinden, etwa Vorpommern, Delmenhorst, Goslar und Wilhelmshaven. Wenn andere Parteien diesen Menschen eine Perspektive bieten könnten, würde die AfD wohl mittelfristig auf ihren chauvinistisch-rassistischen Teil reduziert und damit ähnlich früheren rechtspopulistischen Parteien in Deutschland (Republikaner, Schill-Partei) implodieren. Hier unterscheidet sich die Situation in Deutschland bisher noch von jener in Frankreich und in Österreich, wo die Rechtspopulisten des Front National und der FPÖ inzwischen seit Jahren stabil im Arbeitermilieu verankert und bei Wahlen des Staatsoberhaupts fast schon mehrheitsfähig sind.

Es ist allerdings pure Ironie, dass viele der Wähler der AfD sich in ihrer Protesthaltung einer Partei zuwenden, deren wirtschafts- und sozialpolitische Position den eigenen sozioökonomischen Interessen fundamental widerspricht. Die AfD hat sich hier rechts der Unionsparteien und mitunter selbst der »Steuersenkungspartei« FDP positioniert, vor allem ein Erbe der liberal-konservativen Professoren, die die Partei als Anti-Euro-Partei aufbauten. So setzt sich die AfD beispielsweise für die Abschaffung der Erbschaftssteuer ein. Damit schwächt sie nicht nur die finanzielle Ressourcenbasis des Sozialstaats, sondern trägt zudem direkt zur Verschärfung sozialer Ungleichheiten bei, zumal diese Abschaffung den weniger Privilegierten nichts nützt, denn diese sind ohnehin durch Freibeträge geschützt, wenn sie denn überhaupt etwas erben. AfD-Spitzenkandidatin Alice Weidel kritisiert im FAZ-Interview die FDP, da diese sich nicht genügend für Steuersenkungen eingesetzt habe und will dafür im Sozialhaushalt kürzen. Zwar kündigt die AfD an, Geringverdiener zu entlasten, sagt aber nicht, wie sie das finanzieren will. Weiterhin fordert die AfD eine weitgehende Deregulierung und eine Senkung der Staatsquote, ebenfalls klassische neoliberale Forderungen, die sich vor allem gegen den Sozialstaat richten. Auch will sie das Bank- und Steuergeheimnis wiederherstellen, eine Forderung, die insbesondere den Vermögenden nutzt, die sich einer fairen Besteuerung entziehen wollen. Diese und andere Forderungen sind aber auch nicht überraschend, wenn man bedenkt, dass führende AfD-Protagonisten der ultraneoliberalen Hayek-Gesellschaft angehören (eine Vereinigung, die sich der Verbreitung marktradikaler Vorstellungen im Sinne Friedrich August von Hayeks widmet und bei der bis 2015 auch Christian Lindner Mitglied war), etwa die Vorstandsvertreterinnen Beatrix von Storch und Alice Weidel selbst. Repräsentanten der AfD, insbesondere in den westdeutschen Landesverbänden, sehen sich ja auch klar im wirtschaftsliberalen bürgerlich-konservativen Lager verankert.

In jüngerer Zeit geht allerdings von einigen ostdeutschen Landesgruppierungen die Initiative aus, die Partei wirtschafts- und sozialpolitisch nach links zu schieben, mit deutlichen Parallelen zur Linkspartei. Im Programm für die Bundestagswahl 2017 zeugen Forderungen nach einer Begrenzung der Leiharbeit, der Unterstützung des Mindestlohns und der konsequent paritätischen Kranken- und Pflegeversicherung von diesen Bestrebungen. Auch der Front National und die FPÖ haben sich ja erfolgreich als »neue Arbeiterparteien« etabliert. Welche der beiden Strömungen sich letztendlich durchsetzt, ist derzeit schwer zu sagen, beim Bundestagswahlprogramm 2017 dominiert klar der neoliberale Flügel, wie Markus Krüsemann und Patrick Schreiner für Annotazioni dokumentiert haben (»Ein Blick ins Wahlprogramm: Die AfD ist keine Partei für Arbeitnehmerinnen und Arbeitnehmer«). Zu befürchten ist allerdings, dass eine sozialpolitische »Linkswende« der AfD deren Expansion noch weiter stabilisieren würde, angesichts der potentiell breiten sozialen Basis für eine solche Politik und der Gefahr einer tiefen Enttäuschung der inzwischen hohen sozialen Erwartungen durch die Schulz-SPD. Das würde die chauvinistisch-rassistischen Botschaften der Partei noch gefährlicher machen.

Fragwürdige Strategien der Etablierten im Umgang mit der AfD

Die bisherigen Reaktionen der etablierten Parteien auf die Wahlerfolge der AfD verschärfen das Problem eher, als dass sie es konstruktiv bearbeiten. Es hat sich bei den Etablierten eine Routine entwickelt, bei der einerseits wahlweise die AfD, deren Wähler oder andere Parteien beschimpft werden und man andererseits ankündigt, in Zukunft die eigene Politik besser zu kommunizieren. »Man müsse die Sorgen der Bürger ernst nehmen« ist eine typische Floskel, die hier gerne verwendet wird. Gemeint ist allerdings immer: »Man muss sie ihnen ausreden. Sie sind unbegründet. Aufklärung ist nötig, um die Bürger auf den Pfad der Tugend zu führen« (Peter Graf Kielmansegg, »Angst essen Deutschland auf«, FAZ, 3.3. 2016). Die eigenen Inhalte zu ändern, wird von den etablierten Parteien kaum erwogen, was natürlich der AfD das weitere Geschäft erleichtert.

Auch im Einprügeln auf die AfD verlieren die etablierten Parteien mitunter jedes Maß und machen sich daher unglaubwürdig, im Verein mit einigen Leitmedien. So sprach der Ko-Vorsitzende der Grünen, Cem Özdemir, nach der Landtagswahl in Mecklenburg-Vorpommern davon, dass »alle demokratischen Parteien Verluste erleiden mussten« – wobei er also die AfD beiläufig als nichtdemokratisch einstuft. Die Medien machen es nicht besser. Der AfD-Vertreter, eindeutiger Gewinner jener Wahl, bekommt beispielsweise in der TV-Berichterstattung erst als letzter Parteirepräsentant Gelegenheit, sich zum Wahlergebnis zu äußern. Generell verzichten viele Journalisten, auch der Printmedien, im Umgang mit der AfD auf die gebotene Gelassenheit und zeichnen sich durch eine Tendenz zu Bevormundung aus, womit sie eher zu einer Solidarisierung zwischen der Partei und ihren potentiellen Sympathisanten führen.

Ähnlich wie bei Präsident Trump führt eine undifferenzierte Mobilisierung von linksliberaler Seite eher dazu, dass man im Gegenlager die Reihen schließt. So sympathisch beispielsweise viele Demonstrationen beim Kölner Bundesparteitag der AfD auch waren – abgesehen von der physischen Bedrängung von Parteitagsdelegierten, die von einem sehr zweifelhaften Demokratieverständnis zeugt – helfen sie doch eher der rechtspopulistischen Partei als ihr zu schaden. Gleiches gilt für die Boykottaktionen, die regelmäßig bei geplanten Podiumsdiskussionen mit AfD-Vertretern stattfinden. Diese Aktionen erlauben es der Partei, ihre Anhänger mit einem einfachen Freund-Feind-Schema zu mobilisieren. Und die Gegenseite macht es sich mit der Etikettierung als »Rechtspopulismus« (oder gar als »Nazis«) sehr bequem, anstatt sich intensiver kritisch mit der Programmatik und den Repräsentanten der Partei zu beschäftigen – und deren mangelnde Substanz offen zu legen, wie von Daniel Hornuff ausgeführt (»Wer die neue Rechte ignoriert, macht sie stark«, Deutschlandfunk Kultur, 22.3.2017).

Die Vertreter der etablierten Parteien fallen auch immer wieder auf die durchsichtigen Provokationen der AfD herein, durch die Verwendung von Reizworten wie »völkisch« oder »Schießbefehl« (in Bezug auf Flüchtlingen). Diese Begriffsverwendung verletzt herkömmliche Normen, was zu einem massiven Protest der anderen Parteien und der Beobachter in den Medien führt, und über deren Berichterstattung der AfD viel zusätzliche Aufmerksamkeit verschafft. Diese Überreaktion erlaubt es dann wiederum der AfD, sich als Opfer des Establishments darzustellen und damit die Sympathien jener Bevölkerungskreise zu erwerben, die sich ebenfalls als Opfer des Establishments sehen. Zudem kann die AfD so eine sachliche Auseinandersetzung mit ihren Positionen verhindern – eine Auseinandersetzung, die dazu führen würde, dass diese Positionen als bloße Parolen und Scheinlösungen entlarvt würden.

Den weiteren Aufstieg der AfD nachhaltig verhindern kann man wohl am besten, wenn man ihr das Wasser abgräbt, das heißt politische Positionen entwickelt, die zumindest zum Teil die Motive der Bürger aufnehmen, die die AfD gewählt haben. Dafür müssen große Teile der Bessergestellten aufhören, die Sorgen der ärmeren oder sich vom sozialen Abstieg bedroht sehenden Bevölkerung zu vernachlässigen und diese pauschal als latent rassistisch zu diffamieren. Zudem müssten die etablierten Parteien nicht nur rhetorisch einräumen, dass es in unserer Gesellschaft eine große Zahl von Menschen gibt, die wirtschaftlich und sozial abgehängt sind oder sich zumindest so fühlen, sondern auch ihre Programmatik und konkrete Politik drastisch ändern, um diese Menschen deutlich besser zu unterstützen. Gerade linke Parteien haben hier die ausgesprochen wichtige Aufgabe, einen deutschen Front National zu verhindern, wie Dirk Jörke und Nils Heisterhagen in der FAZ ausgeführt haben.

Die AfD ist zwar von der Stärke des Front National und dessen Stabilität derzeit noch weit entfernt, das könnte sich aber beispielsweise nach einer Destabilisierung der fragilen deutschen Exportökonomie rasch ändern.

Bei manchen etablieren Parteien würde ein solcher Kurswechsel allerdings zumindest zeitweise zu einer Glaubwürdigkeitskrise führen. Seit längerer Zeit zu besichtigen ist dieses Phänomen im Ringen der SPD mit der Bewertung der Hartz-Reformen. Selbst wenn die Partei sich hier inhaltlich etwas bewegen würde, würden große Teile der Bevölkerung ohne Austausch von Kernrepräsentanten der »Neue Mitte«-SPD diese Reorientierung nicht als glaubwürdig empfinden. Noch größer wäre das Problem beispielsweise bei den Grünen, die nicht nur die Hartz-Reformen mitgetragen haben, sondern sich auch im politischen Spektrum seitdem noch weiter in Richtung einer wirtschaftsliberalen Orientierung verschoben haben und sozial zum Teil von inzwischen sehr bürgerlichen Schichten getragen werden.

Die etablierten Parteien müssen aber ihre Scheu vor der Veränderung grundlegender politischer Positionen ablegen, selbst wenn das zumindest vorübergehend zu einer Glaubwürdigkeitskrise führen kann. Andernfalls drohen langfristig der weitere Aufstieg des Rechtspopulismus und die völlige Marginalisierung progressiver Politik. Die Brexit-Entscheidung und die Trump-Wahl waren mächtig laute Warnschüsse, die demonstriert haben, was passiert, wenn man der unteren Bevölkerungshälfte nicht zuhört. Der Aufstieg des Rechtspopulismus muss nicht ununterbrochen weitergehen, vorübergehende Rückschläge sind wahrscheinlich. Ohne durchgreifende soziale Verbesserungen wird die Gefahr jedoch virulent bleiben.

Auch in Deutschland muss sich der Siegeszug der AfD in den bisherigen Wahlerfolgen noch lange nicht erschöpft haben, wenn sich die Partei nicht gerade durch interne Streitigkeiten selbst aus dem Rennen nimmt – was im Licht der Ereignisse der letzten Monate nicht unwahrscheinlich ist. Eine neue Euro- oder Flüchtlingskrise, eine Welle des Protektionismus (mit dem Effekt von Massenentlassungen in der deutschen Exportindustrie) oder auch ein islamistisch inspirierter Anschlag könnten ihre Popularität schlagartig wieder ansteigen lassen. Weder ist das Flüchtlingsproblem nachhaltig gelöst – die Türkei oder auch Italien könnten jederzeit zu einer drastischen Erhöhung der Migration führen – noch ist die Eurozone nachhaltig stabilisiert. Es spricht ja auch vieles dafür, dass in Deutschland unpopuläre Maßnahmen in Bezug auf einen Ausbau der Eurozone bewusst bis nach der Bundestagswahl 2017 auf Eis gelegt wurden, um der AfD hier keine Steilvorlage zu liefern, wie ich in meinem Makroskop-Beitrag »Nach der Bundestagswahl: Das Transferuniönchen« ausgeführt habe.

Anti-Rechtspopulismus als erfolgreiche liberale Hegemoniestrategie gegenüber linken Parteien

Die bürgerlichen Parteien CDU und FDP haben inzwischen allerdings gelernt, den Aufstieg der AfD – und mehr noch von Rechtspopulisten in anderen Ländern – zur Stabilisierung ihrer eigenen Position zu nutzen, insbesondere gegenüber linken Parteien. Zusammen mit der Etablierung der AfD führt diese Entwicklung zu einem deutlichen Rechtsruck in der Zusammensetzung der deutschen Parlamente, wie insbesondere bei den drei westdeutschen Landtagswahlen im Jahr 2017 zu sehen war. Ursächlich für diese Entwicklung sind einerseits gezielte Strategien zur Mobilisierung bürgerlicher Wähler, aber andererseits auch Fehler der linken Parteien.

Die Linkspartei stellt sich in Bezug auf die Provokationen der AfD regelmäßig verbal auf die Seite der bürgerlichen Parteien (»breites Bündnis gegen Rechts«, Katja Kipping). Sie verliert damit allerdings zunehmend ihren Nimbus einer Parte für die kleinen Leute. Die AfD kann sich damit als einzige Partei inszenieren, die gegen das Establishment steht. Und gerade die Linkspartei sollte bei solchen Ausgrenzungsstrategien sensibel sein, wurde sie doch selbst über Jahrzehnte von den bürgerlichen Parteien mit ähnlichen Mitteln isoliert – wenn auch wegen ganz anderen Inhalten, vor allem in der Sicherheits- und Wirtschaftspolitik.

Auch von der Hysterie im Umgang mit linken Positionen, die Ansätze der rechtspopulistischen Kritik teilen (etwa in Bezug auf Aspekte der EU oder der Flüchtlingskrise), profitieren vor allem die AfD und die bürgerlichen Parteien. Sowohl von Journalisten als auch von linken Politikern werden solche Positionen – etwa in Bezug auf Sahra Wagenknecht Äußerungen zu straffälligen Flüchtlingen oder Oskar Lafontaines Hinweis auf die von Flüchtlingen ausgehende Lohn- und Mietkonkurrenz – als AfD-nah bezeichnet, ein schwerwiegender Vorwurf im progressiven Lager. Dieser Vorwurf hilft aber in letzter Konsequenz vor allem der AfD, denn damit wird jede Form der grundlegenden Kritik an der aktuellen Politik tendenziell dieser Partei zugeordnet, nicht mehr der Linken. Gleichzeitig verwischt diese Zuordnung auch den neoliberalen Charakter der Wirtschafts-und Sozialpolitik der AfD, was es dieser Partei weiter erleichtert, in den Schichten der sozial Schwachen und Abstiegsbedrohten für sich zu werben. Schließlich hilft diese Zuordnung auch CDU und FDP, die damit die Bedrohung des bürgerlichen Lagers durch den »Extremismus von links und rechts« überzeichnen können.

Nicht nur das Wildern der AfD im klassischen Wählerreservoir linker Parteien schwächt daher letztere (einschließlich der SPD), sondern auch die geschickte Etablierung einer neuen Hegemoniestrategie, die zu einer Konsolidierung bürgerlich- liberaler Parteien führt, etwa bei den Landtagswahlen des Jahres 2017. Hier wird die Drohung mit dem Aufstieg des Rechtspopulismus erfolgreich benutzt, um – vor dem Hintergrund latenter Diskussionen über Armut, Ungleichheit und mangelnde Gerechtigkeit – einen möglichen Aufstieg linker Positionen zu verhindern. Zwar taugen die begrenzten Wahlerfolge der AfD – jener mangelte es angesichts geringer Flüchtlingszahlen und einer noch stabilen Wirtschaftslage an starken Mobilisierungsthemen – nicht wirklich für eine solche Drohung, der Blick in andere westliche Länder aber schon, insbesondere seit der Brexit-Entscheidung. Orban, Hofer, Trump, Wilders und Le Pen werden – samt ihrer Wahlchancen und unter tätiger Mithilfe vieler Medien – als Gefährdung des deutschen Gesellschaftsmodells überhöht, damit die Wähler den Schutz und die Stabilität von »Mutti

Merkel« und ihren bevorzugten Koalitionspartnern wieder zu schätzen lernen, nachdem sich 2016 eine gewisse Merkel-Müdigkeit etabliert hatte. In unruhigen Zeiten und einer komplizierten Weltlage sind im Bürgertum bewährte Parteien und eher langweilige Politiker Trumpf, nicht die Forderung nach einem Neuanfang. Trotz wachsender Sorgen über gesellschaftliche Ungleichheit regiert der konservative Slogan »keine Experimente«. Von selbst setzt sich dieses Motto allerdings nicht durch. Um eine intensivere Diskussion über die Nachteile und Schattenseiten des aktuellen Wirtschafts- und Sozialmodells zu verhindern, wird die politische Diskussion von den bürgerlichen Parteien gezielt auf andere Themen gelenkt und dort eine starke Polarisierung und Risikowahrnehmung aufgebaut. Kernthemen dieser Polarisierung sind kulturelle Fragen der Integration von – vor allem muslimischen – Minderheiten, der Antidiskriminierung und des Multikulturalismus sowie eines abstrakten Begriffs von »Europa«, ohne nähere Diskussion der Wirtschaftspolitik der Europäischen Union. Politisch mobilisiert wird mit flammenden Parolen gegen Abschottung, Nationalismus, Rassismus oder gar Faschismus, alles Dinge, die durch den Aufstieg rechtspopulistischer Parteien drohen würden. Diese Polarisierungsstrategie ist sehr erfolgreich bei der Mobilisierung wahlmüder Gruppen des Bürgertums und erhöht deren Wahlbeteiligung. Sie bremst insofern auch den Aufstieg der AfD ein wenig. Die wesentlichen Verlierer dieser selektiven Polarisierung sind jedoch linke Parteien. Umso tragischer ist es, dass SPD und Linkspartei zu dieser Überhöhung der AfD beitragen.

So führt die zunehmende Fokussierung der politischen Auseinandersetzung auf den fundamentalen »Kulturkampf« zwischen »Populisten« und »Populistengegnern« dazu, dass jene sozioökonomische Fragen, die für die Linken traditionell sehr wichtig sind, tendenziell ins Abseits der öffentlichen Wahrnehmung geraten – und damit auch linke Parteien an sich. Eine Auswertung der Themen der großen Talkshows von ARD und ZDF durch Jens Berger für die *Nachdenkseiten* (»Die AfD und unsere lieben Medien – ziemlich beste Freunde«) hat für das Jahr 2016 beispielsweise gezeigt, dass sich –

trotz der gestiegenen Sensibilität für Fragen der sozialen Gerechtigkeit – von 109 Sendungen gerade mal zehn Sendung mit sozialpolitischen Fragen beschäftigt haben und drei mit der Wirtschaftspolitik. Hauptthemen waren dagegen der Aufstieg des Rechtspopulismus sowie dessen Steckenpferde, nationale Sicherheit, Islam und Migration.

Für Angela Merkel und das bürgerliche Lager ist diese Situation sehr angenehm. Kritische Fragen in Bezug auf die soziale Schlagseite des deutschen Modells können durch den Lärm der Auseinandersetzung mit »Dunkeldeutschland«, Le Pen, Putin, Erdogan und Trump übertönt werden. Merkel wird zur »Verteidigerin der freien Welt«, selbst und gerade bei Grünen und Linksliberalen. Kultureller und wirtschaftlicher Liberalismus werden elegant verknüpft: »Wer gegen Rassismus, Fremdenfeindlichkeit und Ausgrenzung ist, muss auch gegen Handelsschranken und für freie Märkte sein, so die Botschaft« (Dierk Hirschel, »Gemeinsam für die Freiheit des Kapitals«, blog.arbeit-wirtschaft.at). Vielen Progressiven ist wahrscheinlich gar nicht bewusst, dass sie mit dieser subtilen Vermählung von kulturellem und wirtschaftlichem Liberalismus die Hegemonie des letzteren stärken und die eigentliche Aufgabe der Linken schwächen, nämlich den Kampf gegen Ausbeutung und für Umverteilung. Wer redet denn angesichts einer solchen Bedrohung »unserer Werte« von so banalen Problemen wie Ungleichheit, Armut und Abstiegssorgen?

Damit die liberale Hegemoniestrategie im Sinne eines »gesellschaftlichen Rechtsrucks« (Peter Nowak, »NRW-Wahl ist Ausdruck des gesellschaftlichen Rechtsrucks in Deutschland«, auf telepolis) funktioniert, ist eine starke Polarisierung notwendig. Der politische Diskurs wird zu diesem Zweck immer stärker durch Schwarzweiß-Malerei geprägt und jede Alternative zur Regierungslinie demagogisch herabgewürdigt. Besonders bissig hat die zunehmend prominente Freund-Feind-Denkweise in den deutschen politischen Debatten der Schriftsteller Bodo Morshäuser in einem Beitrag für den Deutschlandfunk (»Ohne Schwarzweiß-Malerei geht gar nichts mehr«) skizziert: Wer Aspekte der Globalisierung verändern will, wird als »Globalisierungsgegner« tituliert. Wer die EU kritisiert und reformieren will, wird als »Europagegner« oder »Europafeind« abgestempelt. Und wer die westliche Propaganda in Bezug auf Russland nicht vollkommen teilt, wird als »Putin- oder Russlandfreund« eingeordnet.

Auch die Wahlen in den Niederlanden haben gezeigt, dass die Eskalation eines kulturell aufgeladenen Konflikts – hier unter dankbarer Mithilfe der türkischen Regierung – vor allem dem rechtspopulistischen Lager (Wilders und Rutte) sowie dem liberalen Lager der Mitte (Grüne und D'66) nützt, während progressive Parteien wie die SP stagnieren, von der Sozialdemokratie ganz zu schweigen. Gleiches gilt für die französischen Präsidentschaftswahlen. Hier hat die Linke diese Demagogie nicht nur über sich ergehen lassen, sondern aktiv an der weiteren Verbreitung mitgewirkt. Alban Werner spricht bei seiner Analyse der progressiven deutschen Diskussion über die französischen Präsidentschaftswahlen (»Optimismus des Willens«, Neues Deutschland) von einem »politischen und moralischen Totalbankrott« der Sozialdemokratie und der linksliberalen deutschen Intellektuellen. Zunächst wurden hier alle Bewerber ausschließlich in Bezug auf das Totschlagargument ihrer »Europafreundlichkeit« diskutiert, was nicht nur dazu führte, dass der linke Kandidat Mélenchon mit der rechten Le Pen in dieselbe Schublade gesteckt wurde, sondern auch jede soziale Fehlentwicklung der real existierenden EU vollkommen unter den Tisch fiel. Die deutsche Sozialdemokratie war über den Nicht-Wahlsieg der Rechtspopulistin dann so begeistert, dass sie den völligen Niedergang ihrer französischen Schwesterpartei vergaß und begeistert den wirtschaftsliberalen Gewinner der Wahl Macron als einen der Ihren erklärte. Dabei gleicht die Wahlstrategie von Macron jener von CDU und FDP in Bezug auf die AfD – die Opposition zum Rechtspopulismus wird als Sprungbrett für eine wirtschaftsliberale Position benutzt, zum Nachteil des linken Lagers.

Sehr deutlich wurde die Verwirrung des linken Lagers im Umgang mit dem Rechtspopulismus auch bei der Ankündigung einer restriktiveren Vergabe von Arbeitsvisa für hochqualifizierte Kräfte durch Präsident Trump. Die äußert großzügige Vergabe dieser Visa jenseits ihres ursprünglichen Zweckes – der Anwerbung von Arbeitnehmern, deren Qualifikation in den USA fehlt – wird von Linken in den USA wie der demokratischen Kongress-Abgeordneten Zoe Lofgren bereits seit langem kritisiert. Der Grund für diese Ablehnung besteht darin, dass seit vielen Jahren auch in großem Stil ausländische Fachkräfte(zum Beispiel aus Indien) angeworben wurden, deren Qualifikation sich auf demselben Niveau arbeitsloser amerikanischer Arbeitnehmer befindet. Der Protest der US-Technologiebranche gegen die angekündigte Rückführung der Regelung auf ihren ursprünglichen Zweck wurde nun aber im (auch europäischen) linken Lager nachdrücklich unterstützt, da sie sich gegen den Populist Trump und seine »Abschottungspolitik« richtet. Dass es hier aber vor allem darum geht, durch den Import billiger Arbeitskräfte die Löhne in den USA zu drücken und die ohnehin bereits immensen Profite der Technologiebranche noch weiter zu erhöhen, wurde dabei vergessen. Das Bündnis zwischen Präsident Trump und den amerikanischen Arbeitern wird so weiter stabilisiert, die Linke in den Augen der letzteren diskreditiert.

Große Koalitionen als Motor des weiteren AfD-Aufstiegs

Zurück nach Deutschland: Ein besonders perfider Mechanismus zur langfristigen Verstärkung des Aufstiegs der AfD in Deutschland besteht in dessen Auswirkungen auf die Bildung von Regierungsmehrheiten. Ausgangspunkt dieses »teuflischen Kreislaufs« ist einerseits die seit einiger Zeit etablierte Nähe der etablierten Parteien untereinander. Jene führt dazu, dass Wahlen normalerweise nicht zu deutlich wahrnehmbaren Konsequenzen in der Richtung der Politik führen. Sowohl große Koalitionen als auch Dreierkoalitionen wie »Ampel« (SPD, FDP und Grüne) und »Jamaika« (CDU, FDP und Grüne) regieren pragmatisch, ohne große Richtungsänderungen, Ecken und Kanten. Alban Werner spricht aufgrund der geringen Unterschiede in Sachfragen von einer »Allparteienkoalition«, mit Ausnahme von AfD und Linkspartei (»Der »Merkelismus« und die Linke«, Neues Deutschland). Die neoliberale Politik des »extremen Zentrums« (so der Titel des 2015 erschienenen Buchs von Tariq Ali) wird in jedem Fall fortgesetzt, ganz egal wie die Wahl ausgeht. In dieser Situation können Wähler umso leichter »Protest« wählen, da ihre Stimme für eine inhaltliche Richtungsentscheidung nicht relevant ist. Kurzfristig etwas abmildern können SPD und CDU diesen Effekt allenfalls, wenn es ihnen gelingt, den Wahlkampf auf einen Wettbewerb zwischen zwei Personen zuzuspitzen, die beide reale Chancen auf die Kanzlerschaft oder das Amt des Ministerpräsidenten haben (und vorzugsweise noch nicht in ein und derselben Regierung zusammen gearbeitet haben). Der auch von den Medien dankbar unterstützte Personenkult kann dann vorübergehend die inhaltliche Leere der Kontroverse überdecken (und das Wahlergebnis der AfD beeinträchtigen), führt aber langfristig wahrscheinlich zu noch tieferer Frustration und mehr Protestwählern.

Der »teuflische Kreislauf« zur Stärkung der AfD liegt andererseits aber auch in ihrer Stigmatisierung durch andere Parteien, die die AfD als »Unberührbare« ansehen und jede Form der Kooperation – etwa ein gemeinsames Abstimmen in Sachfragen – strikt ablehnen. Diese Verhaltensweise mag angesichts des zum Teil offen rassistischen Charakters der AfD – man denke nur an die Aussage des stellvertretenden Vorsitzenden Alexander Gauland, jemanden wie den Fußballspieler Boateng wollen die Leute nicht als Nachbarn haben – durchaus verständlich sein, führt aber de facto zur weiteren Stärkung der Rechtspopulisten. Dabei geht es bei diesem Mechanismus nicht nur um die Solidarisierung mancher Bürger mit dem Paria, sondern auch um die Auswirkungen des Aufstiegs der AfD auf den Regierungsbildungsprozess: Wenn die AfD zunehmend in die Parlamente einzieht, führt das dazu, dass noch häufiger große Koalitionen (einschließlich von »Ampel« und »Jamaika«) gebildet werden müssen, da die »linken« und »rechten« Lager alleine keine Mehrheit mehr haben. Große Koalitionen verringern jedoch die Relevanz von Richtungswahlen noch weiter und verstärken damit die Rolle der AfD als einziger wahrnehmbarer Alternative.

Zudem führt die Tendenz zu großen Koalitionen dazu, dass zunehmend Entscheidungen in Hinterzimmern herbeigeführt werden, da in großen Koalitionen das relative Gewicht der Interessengruppen gegenüber jenem der Wähler und Parlamentarier – jenseits der bereits so schon zu ausgeprägten Lobby-Hörigkeit der meisten Parteien – noch weiter zunimmt (die Parlamentsmehrheit ist ja sicher gewährleistet). Hinterzimmer-Politik in großen Koalitionen ist wiederum eine hervorragende Gelegenheit zur Profilierung rechtspopulistischer Parteien, wie das Beispiel der Freiheitlichen in Österreich angesichts der dort seit langem regierenden großen Koalition bewiesen hat. Diese Regel gilt in Zukunft möglicherweise noch mehr wenn – wie auf Ebene der Kommunen und Bundesländer – die Möglichkeit direktdemokratischer Aktionen besteht und die AfD diese Option gegen die Entscheidungen der repräsentativen Gremien mobilisieren kann, nach dem Beispiel der Schweizer Volkspartei.

Dieser Teufelskreis wird wohl erst zu Ende gehen, wenn die komplette Ausgrenzung der AfD durch die anderen Parteien beendet und diese in Regierungskoalitionen, etwa zusammen mit CDU/CSU und FDP, eingebunden wird. Solche Koalitionen würden dazu führen, dass den Wählern wieder klare politische Alternativen vorgelegt werden, zumal wenn es auf der anderen Seite potentiell eine rot-rot-grüne Koalition gibt. Gleichzeitig würde diese Konstellation auch dazu führen, dass die AfD in der Regierungsverantwortung entzaubert wird, da sie nun gezwungen würde, ihre Parolen und Versprechen in konkrete Politik umzusetzen. Zumindest in Österreich hat die Einbindung der FPÖ in eine Regierung mit der ÖVP 2000–2005 dazu geführt, dass die FPÖ bei den nächsten Wahlen massiv an Stimmen verloren hat und erst jetzt, nach vielen Jahren in der Opposition, wieder einen ernsthaften Machtfaktor darstellt. Gleiches gilt für den dramatischen Abstieg der »Wahren Finnen« in den Umfragen, nachdem sie sich 2015 in die finnische Regierung haben einbinden lassen.

Gruppenbezogene Polarisierung als generelle Gefahr für das demokratische politische System

Der Aufstieg der AfD hat potentiell weitreichende Folgen, die alle Verfechter der demokratischen Politik, auch jenseits progressiver Parteien, mit Sorge erfüllen müssen. Viele dieser Entwicklungen befinden sich in frühen Zügen und werden sich hoffentlich nie voll entfalten, sollten aber trotzdem nicht völlig ignoriert werden. Andere Entwicklungen sind bereits jetzt sehr verhängnisvoll. So führen die Losungen der AfD zu einer Vertiefung der gesellschaftlichen Polarisierung. Der Hass zwischen den Alteingesessenen und Migranten vertieft sich. Von der AfD angezettelte öffentliche Auseinandersetzungen, beispielsweise über Moschee-Standorte und Flüchtlingsheime, vergiften zunehmend das gesellschaftliche Klima.

Es bleibt aber nicht bei bloß verbalen Auseinandersetzungen: inzwischen ist die Zahl von Anschlägen gegen Einrichtungen zur Unterbringung von Flüchtlingen und Asylbewerbern explodiert. Gewalttätige Auseinandersetzungen zwischen Flüchtlingen und Alteingesessenen werden häufiger. Auch die politischen Eliten geraten nun ins Visier. So erhält das Bundeskriminalamt inzwischen durchschnittlich einmal pro Tag eine Anzeige wegen Straftaten gegen Amts- und Mandatsträger, eine drastische Erhöhung gegenüber früheren Zeitperioden. Hinzu kommt eine zunehmende Anzahl von Straftaten gegen ehrenamtliche Helfer oder Organisationen, die sich für Flüchtlinge einsetzen, im Jahr 2016 bis Mitte November nach Angaben des Bundeskriminalamts bereits etwa 150. Auf der anderen Seite werden (in bisher deutlich geringerem Maße) auch AfD-Politiker und Einrichtungen attackiert, was es den Funktionären erlaubt, sich als Märtyrer zu inszenieren und damit das politische Klima weiter aufzuheizen.

Die grundlegende Ablehnung des politischen Systems und seiner Eliten, die große Teile der AfD vermitteln, kann zudem die Stabilität der Demokratie in Deutschland gefährden. Wenn Unzufriedenheit innerhalb des Systems nicht mehr wirksam artikuliert werden kann, folgt oft eine radikale Opposition. Menschen wenden sich vom demokratischen politischen System ab und anderen Formen der Politik zu. Potentiell gefährlich erscheint in diesem Zusammenhang die stark zunehmende Besorgnis der Bevölkerung. Deren Zukunftsoptimismus befindet sich laut einer internen Allensbach-Studie für die SPD -Bundestagsfraktion, über die der Spiegel im September 2016 berichtete (»Deutschland Angstland«), auf einem Tiefstand, wie zuletzt nach den New Yorker Anschlägen und nach der Finanzmarktkrise 2008. Es besteht ein verbreitetes Gefühl einer wachsenden Bedrohung und unzureichender Schutzmaßnahmen durch die Politik. In dieser Situation kann – insbesondere nach einem größeren terroristischen Anschlag – auch der Ruf nach einem »starken Mann« aufkommen und eine Partei unterstützen, die es mit der Demokratie nicht so ernst nimmt.

Auch die ausgeprägte und undifferenzierte Elitenverachtung, die durch die AfD und ihre Wähler symbolisiert wird, kann der Stabilität des politischen Systems langfristig gefährlich werden. Hier wird »das Volk« gegen »die Eliten« beziehungsweise »die Politiker«, beides verstanden als homogene Einheiten, ausgerichtet. Dem Volk wird dabei eine moralische Überlegenheit zugeordnet, gegen die verdorbenen Eliten, wie ja auch bei der erfolgreichen Wahlkampagne von Donald Trump. Politik wird auf starke personengebundene Antagonismen ausgerichtet und mit Emotionen verknüpft. Das funktioniert gut bei der Mobilisierung bestimmter Bevölkerungsschichten, ist aber für die Funktionsweise des demokratischen politischen Prozesses Gift. Es geht dann nicht mehr darum, ob Brexit, Trump oder die AfD Lösungen bieten, sondern nur um die Artikulation einer blinden Wut gegen das Establishment. Die Situation wird nicht besser dadurch, dass große Teile der Eliten sich im Gegenzug gegenseitig versichern, dass ihre Opposition aus dummen Rassisten bestehe und von zunehmender Ungleichheit keine Rede sein könne. Manche stellen sogar die Forderung, dass die Unwissenden von der Wahlurne ferngehalten oder wenigstens die Stimmen der Kundigen stärker gewichtet werden sollten, so wie in der Studie »Gegen Demokratie« des amerikanischen Politikwissenschaftlers Jason Brennan diskutiert.

Sowohl wirtschaftliche als auch journalistische und politische Eliten geraten zunehmend in den Fokus einer aggressiven Ablehnung durch breite Bevölkerungsgruppen. Nicht, dass man die Elitenskepsis der Bevölkerung verdenken kann, nach Jahrzehnten stetig zunehmender Ungleichheit. Die Finanzkrise nebst Bankenrettung hat sowohl die Führungsgruppen des Finanzsektors als auch jene des Staates desavouiert. Die breite Allianz von Wirtschaft, Journalismus und Politik in der Flüchtlingsfrage hat zudem den Eindruck vertieft, dass »die da oben« sich nicht für das interessieren, was große Teile der Bevölkerung denken. Trotzdem birgt eine politische Auseinandersetzung, bei der es um die generelle Konfrontation von »wir da unten« gegen »die da oben« geht, für ein politischen System viel mehr Gefährdungspotential als eine herkömmliche Auseinandersetzung anhand von Sachthemen. Von der politischen Debatte ist es dann nicht mehr weit zu tätlichen Angriffen gegen die beteiligten Personen.

Der tiefe Schaden, den eine solche gesellschaftliche Polarisierung anrichten kann, ist ganz besonders im Post-Brexit-Großbritannien zu besichtigen. Dort hat die Austrittsentscheidung zu einer Welle chauvinistischer und rassistischer Angriffe geführt. Die Entscheidung des Obersten Gerichtes, dass das Parlament in die Brexit-Entscheidung einzubeziehen ist, führte zu massiven Wutausbrüchen und verbalen Attacken auf das Rechtssystem, eine gefährliche Entwicklung in Bezug auf die langfristige Stabilität des politischen System des Landes. Irgendwann geht die aktuelle Wut über eine Legitimitätskrise des Kapitalismus oder einzelner Regierungen hinaus, sie verwandelt sich dann tendenziell in eine generelle Krise politischer Autorität, die nur darauf wartet, von machtsüchtigen Individuen für ihre eigenen Zwecke ausgebeutet zu werden.

Besonders kritisch werden inzwischen die EU-Eliten gesehen, auch wenn der chaotische Brexit-Prozess jüngst zu einer geringfügigen Imageverbesserung der Union geführt hat. Hier zeigt der schwierige Verhandlungsprozess, dass die Alternative eines EU-Ausstiegs sehr viele Komplikationen mit sich bringt. Dementsprechend verliert diese Option an Attraktivität, auch wenn die EU und ihre Brüsseler Repräsentanten nach wie vor sehr kritisch gesehen werden. Neben den Flüchtlingen wird vor allem die Europäische Union von vielen der Abgestiegenen oder vom Abstieg Bedrohten für ihr Schicksal verantwortlich gemacht. Auch hier ist diese Zuschreibung nur zum Teil richtig. Viele der Maßnahmen, die in den letzten Jahrzehnten zur Verschärfung der sozialen Lage geführt haben, wurden auf nationaler Ebene getroffen. Auch ist die Vermutung vieler Deutscher falsch, dass unser Land schwächere EU-Ökonomien auf unsere Kosten »mittragen« würde – die deutschen Unternehmen gehören ja gerade zu den großen Profiteuren von Binnenmarkt und Euro. Aber die Exporterfolge kommen nicht der gesamten Bevölkerung zugute. Und die EU hat sich eben auch nicht als sozialer Schutzschild gegenüber den erodierenden Kräften von Globalisierung und Liberalisierung erwiesen, sondern letztere noch vertieft, etwa im Bereich der Finanzmärkte (siehe Kapitel 6). Als markantes Signal für den Kontrollverlust gegenüber diesen Kräften dienten jüngst die Freihandelsabkommen CETA und TTIP, die zu noch weiteren Einschränkungen demokratischer Gestaltungsspielräume zu führen drohten und daher von breiten Bevölkerungsgruppen – jenseits der in den Exportsektoren wie der Auto- und der Chemieindustrie Beschäftigten – abgelehnt wurden. Aus diesen Gründen ist es verständlich, dass Teile der Bevölkerung der EU kritisch gegenüber stehen. Allerdings besteht auch hier die Gefahr, das Kind mit dem Badewasser auszuschütten, das heißt aus einer Ablehnung der EU-Eliten oder spezifischer EU-Institutionen eine grundsätzliche Ablehnung des europäischen Integrationsprozesses zu machen.

Letztendlich vermittelt der sich entfaltende Rechtspopulismus auch eine völlig unrealistische Perspektive des politischen Prozesses auf nationaler und europäischer Ebene, indem er suggeriert, es wäre möglich, einen imaginären Volkswillen in Reinform durchzusetzen, ohne den Ausgleich von Interessen und ohne Kompromisse. Besonders deutlich (und erfolgreich) war diese Artikulation jüngst in der Wahlkampagne von Präsident Trump. Die damit vorprogrammierte Enttäuschung kann die Abwendung von demokratischen politischen Systemen und von einer progressiven Politik in Zukunft noch deutlich beschleunigen.

Die Entwicklung klarer wirtschaftspolitischer Alternativen als besondere Herausforderung

Vertreter mancher progressiver Positionen mögen sich mitunter ins Fäustchen lachen angesichts der Delegitimierung großer Teile der etablierten Eliten. Man kann es ihnen nach Jahrzehnten der Marginalisierung auch nicht verdenken. Allerdings macht die von der AfD betriebene pauschale Elitenverachtung auch vor den linken Repräsentanten nicht halt, egal ob in Gewerkschaften, Sozialdemokratie oder Linkspartei. Hinzu kommt, dass progressive Politik ganz besonders unter den Folgen des Aufstiegs der AfD für das deutsche Parteiensystem leidet. Dieser Aufstieg reduziert nämlich – zumindest solange die AfD von den anderen Parteien als Paria behandelt wird – genau das, was die AfD nach ihrem Namen darstellen will, nämlich die Existenz klarer politischer Alternativen im Kernbereich der Wirtschafts- und Sozialpolitik.

Die Abwesenheit klarer politischer Alternativen durch die »übergroßen Koalitionen« ist generell nicht gut für den demokratischen Prozess. Dieser Prozess lebt ja nicht zuletzt von der Existenz unterschiedlicher Positionen und vom Streit zwischen den Positionen. Progressive Politik leidet in Bezug auf ihre zukünftigen Verwirklichungschancen ganz besonders unter diesen Entwicklungen. Im Gegenteil zum politisch oft stark interessierten Bildungsbürgertum benötigt die Mobilisierung von Menschen mit relativ geringer Wahlneigung eine gewisse Polarisierung des politische Prozesses und deutliche Alternativen im Bereich Wirtschaft/Soziales, die zumindest eine halbwegs realistische Realisierungschance haben. Viele dieser Menschen gehen nicht mehr wählen, weil sie – nicht zu Unrecht – den Eindruck haben, dass der Ausgang der Wahl an ihrer schlechten sozio-ökonomischen Situation doch nichts ändert. Auch hier liegt ein wichtiger Grund für den vorübergehenden demoskopischen Höhenflug der SPD nach Benennung von Martin Schulz, der sich ja rhetorisch leichter von der großen Koalition absetzen konnte als ein Minister Gabriel und der mit seinem Gerechtigkeitsmotto vorübergehend die Erwartung grundlegender Änderungen weckte.

Nicht jede Polarisierung im Parteienstreit kommt jedoch potentiell einer progressiven Politik zugute, die sich an den Interessen der wirtschaftlich Schwächeren orientiert. Derzeit dominiert in der politischen Diskussion eine Polarisierung zwischen Rechtspopulismus einerseits und einer Koalition von Wirtschaftsliberalismus und kulturellem (Links-)Liberalismus andererseits. Die soziale und wirtschaftliche Besserstellung der unteren Schichten kommt dabei unter die Räder. Diese kulturelle Polarisierung muss wieder von einer sozio-ökonomischen Polarisierung abgelöst werden, wenn die im ersten Kapitel thematisierten Armuts- und Ungleichheitsprobleme angegangen werden sollen. Es muss in der Lebenswelt der ärmeren Bürger potentiell einen deutlichen Unterschied machen, wer regiert, durch die Möglichkeit eines grundlegenden wirtschafts- und sozialpolitischen Richtungswechsels. Die kulturelle Polarisierung des Parteienstreits sowie die zunehmende Ausbreitung großer Koalitionen wirkt der Herausbildung solcher Alternativen an den Wahlurnen weiter entgegen. Dabei waren diese Alternativen schon vor dem Aufstieg der AfD eigentlich nicht vorhanden, da sich SPD, CDU, Grüne und FDP in Bezug auf ein neoliberal-exportistisches Wirtschaftsmodell schon seit einiger Zeit weitgehend einig waren – und die Linke keine Regierungsperspektive hatte.

Bei einer zunehmenden kulturellen Polarisierung und der Verbreitung großer Koalitionen ist mit einer weiteren Desillusionierung der ärmeren Bevölkerungsschichten, mit noch weiter zurückgehender Wahlbeteiligung dieser sozialen Gruppen sowie mit einer Konsolidierung der AfD zu rechnen. Damit droht nicht nur eine massive Erosion der Legitimität des demokratischen politischen Systems, sondern auch ein dauerhafter Verlust von Mehrheiten für progressive Politik, nachdem bereits Jahrzehnte des Neoliberalismus das politische Spektrum weit nach rechts verschoben haben. Dieser Prozess wurde durch den Aufstieg der AfD intensiviert. Auch wenn die CDU/CSU als Einzelpartei potentiell am stärksten vom Aufstieg der AfD betroffen ist, verloren die linken Parteien (Linkspartei, SPD, Grüne) zusammengerechnet bei den Landtagswahlen des Jahres 2016 und des Jahres 2017 noch wesentlich mehr an Unterstützung.

Eine wirtschaftspolitische Linkswende der AfD – in Richtung auf das Modell des Front National – würde diesen Prozess noch weiter intensivieren.

Es gibt wohl kurzfristig nur eine realistische Möglichkeit für die Rückgewinnung einer breiten politischen Mehrheit für progressive Politik und zur nachhaltigen Stabilisierung der Demokratie in Deutschland: Die Etablierung einer machtvollen links-populären Position, die die weit verbreiteten und begründeten Sorgen großer Bevölkerungsschichten über die mangelnde Berücksichtigung ihrer Präferenzen – insbesondere in Bezug auf Flüchtlinge und Europapolitik – in den etablierten progressiven Parteipositionen aufgreift und in den Vordergrund eines konstruktiven politischen Handelns stellt. Eine solche Position, vor allem wenn sie mit einer klaren, erfolgversprechenden und vor allem an den Interessen der weniger Privilegierten ausgerichteten Alternative in Bezug auf das Wirtschaftsmodell verbunden ist, könnte viele Menschen dazu motivieren, sich wieder am politischen Prozess zu beteiligen, jenseits des »Protestkreuzchens« bei der AfD. Sie würde damit auch die Etablierung eines deutschen Front National verhindern.

Nur jeder vierte AfD-Wähler hat laut infratest dimap bei der Landtagswahl Sachsen-Anhalt 2016 sein Kreuz aus Überzeugung gemacht, der rechtspopulistische »hard core« der Partei. Die übrigen AfD-Wähler und die Nichtwähler kombiniert hätten bei den Landtagswahlen 2016 hypothetisch eine Mehrheit der Mandate gehabt. Das ist ein beträchtliches Stimmenpotential für eine Position, die die Sorgen dieser Gruppen aufgreift. Dieser müsste es vor allem um eine materielle Besserstellung der ärmeren Gruppen der deutschen Gesellschaft und einem nachhaltigen Schutz der unteren Mittelschicht gegen einen sozialen Abstieg gehen, ohne diese Gruppen gegeneinander auszuspielen. Dafür sind vor allem wirtschafts- und sozialpolitische Änderungen – höhere Löhne, bessere Arbeitsbedingungen, auskömmliche Renten – nötig, die eine klare Alternative zum extremen Exportmodell Deutschlands bieten. Eine skeptische Position zu unkontrollierter Massenmigration und zu einer weiteren Vertiefung der EU greift nicht nur wichtige Sorgen dieser Gruppen auf, sondern ist mit dieser sozial- und wirtschaftspolitischen Ausrichtung vollkommen konsistent. Sehr starke Armutszuwanderung gefährdet eine Konsolidierung des Sozialstaats, die derzeitige Gestalt der EU fixiert Deutschlands übertriebene Exportorientierung und das damit einhergehende Lohndumping.

Ironischerweise bietet der Aufstieg eines aggressiven Rechtspopulismus langfristig sogar eine seltene Chance zur Erosion der starken bürgerlichen politischen Kräfte, die bisher die ausgesprochen ungleichen Strukturen der deutschen Gesellschaft stützen. Wenn dieser Rechtspopulismus von vielen Etablierten als ähnlich gefährliche Bedrohung eingestuft wird wie die frühere Herausforderung durch den Kommunismus – dafür spricht beispielsweise die Schwerpunktsetzung des »Global Risk Report 2017« des Elitetreffens in Davos – werden bürgerliche Schichten eher zu sozial- und wirtschaftspolitischen Kompromissen bereit sein, als in den vergangenen drei Jahrzehnten der unangefochtenen Hegemonie des Wirtschaftsliberalismus. Und die Herausforderung durch den Kommunismus hat immerhin die Herausbildung des Sozialstaats und der politisch eingehegten Wirtschaft der Nachkriegszeit ermöglicht.

3 Eine linkspopuläre Lücke

Obwohl in Deutschland substantielle Teile der Bevölkerung ökonomisch abgehängt sind und weitere Teile der Bevölkerung den Eindruck haben, sozial massiv unter Druck zu stehen oder zumindest erhebliche Ängste vor der weiteren wirtschaftlichen Entwicklung haben, gibt es keine politische Kraft, die die Vertretung dieser Menschen als ihre primäre Aufgabe ansieht. Es ist klar, dass die alten bürgerlichen Parteien CDU/CSU, FDP und die neubürgerliche Partei der Grünen sich an andere Kernklientel wenden. Aber auch die SPD sieht ihre Hauptzielgruppe bereits seit längerem in den erfolgreichen Facharbeitern, höheren Angestellten und Beamten, jeweils mit relativ guten Arbeitsverträgen und unter relativ geringem Abstiegsdruck. Die Linke wäre eigentlich im Prinzip gut geeignet für eine Vertretung dieser sozialen Gruppen, wird aber nur in geringem Maße als attraktiv angesehen, vor allem weil sie in aktuellen Kernfragen (Migration, Europa) andere Positionen einnimmt als die Unterschichten und unteren Mittelschichten, zum Teil wohl auch, weil man ihr keine kompetente Wirtschaftsstrategie zutraut oder sie immer noch mit dem SED-Regime assoziiert. De facto besteht hier eine große Repräsentationslücke im Parteiensystem, die vor allem zur Wahlenthaltung führt. Zu einem nicht unerheblichen Teil profitiert auch die AfD von dieser Repräsentationslücke. Letzteres ist jedoch oftmals ein großes Missverständnis, wenn man die neoliberalen Positionen dieser Partei einbezieht.

Kosmopolitisch-kommunitaristisch als zweite Dimension im aktuellen Parteienwettbewerb

Traditionell hat die Links-Rechts-Dimension in den vergangenen Jahrzehnten den meisten Parteien (und ihren Wählern) als Bezugsrahmen für die Verortung im politischen System gedient. Menschen haben sich zumeist entweder als »links«, »rechts« oder in der Mitte des politischen Spektrums verortet. Ausschlaggebend für die Zuordnung war normalerweise die Wirtschafts- und Sozialpolitik, etwa die Frage, ob der Staat die Verteilung wirtschaftlicher Güter durch Marktprozesse akzeptieren (rechts) oder sozial ausgleichend eingreifen soll (links). Diese sozialpolitische Zuordnung geht in der Regel mit spezifischen Präferenzen in Bezug auf die internationale Politik einher, bei der für rechts eine robuste Wahrnehmung nationaler Interessen eintritt (notfalls auch mit Waffengewalt), während für links die Leitnorm des Internationalismus dominiert, häufig kombiniert mit eher pazifistischen Positionen, weil ja gerade die weniger Privilegierten besonders unter Konfrontationen und Kriegen leiden.

Die traditionelle Dominanz der Links-Rechts-Orientierung soll uns aber nicht davon ablenken, dass es auch andere Dimensionen gibt, die den politischen Wettbewerb strukturieren können. Um die Jahrtausendwende war das beispielsweise die Liberal-Konservativ-Orientierung in der Gesellschaftspolitik. Die rot-grüne Koalition unterschied sich von ihren Vorgängern nicht durch eine linke Wirtschafts- und Sozialpolitik, sondern vielmehr durch eine deutlich liberalere Gesellschaftspolitik, etwa in Gleichstellungsfragen zwischen Männern und Frauen oder in Bezug auf gleichgeschlechtliche Partnerschaften. Die entsprechenden Reformen wurden durch spätere Bundesregierungen nicht zurückgenommen. Diese – früher viel virulentere – Konfliktlinie ist damit inzwischen für den Großteil der Bevölkerung in den Hintergrund getreten.

Heute wird der Parteienwettbewerb zunehmend von einer alternativen Konfliktlinie strukturiert, für die sich in der aktuellen politischen Diskussion etwa bei Ruud Koopmans, Wolfgang Merkel und

Michael Zürn vom Berliner WZB (Projekt »Die politische Soziologie des Kosmopolitismus und Kommunitarismus«) die Gegenüberstellung von »kosmopolitisch« versus »kommunitaristisch« eingebürgert hat, auch wenn sie die ursprüngliche Verwendung dieser Begriffe in der politischen Philosophie nicht trifft – ganz abgesehen davon, dass eine solche Einteilung (genau wie bei Links-Rechts) immer eine sehr grobe Vereinfachung darstellen muss.

Kosmopolitische Positionen zeichnen sich dadurch aus, dass sie nicht nur in einer globalisierten Ökonomie, einer kulturellen Liberalisierung und einer liberalen Wirtschaftsregulierung die unvermeidbare Moderne zu lokalisieren suchen, sondern auch in Formen des Regierens jenseits des Nationalstaats und einer globalen – notfalls mit Waffengewalt erzwungenen – Verbreitung von Demokratie und Menschenrechten. Offene Grenzen sind sehr positiv besetzt, nicht nur in Bezug auf den Handel. In der aktuell zentralen Konfliktlinie der Migration befürworten die Kosmopoliten eine große Offenheit und Toleranz, Flüchtlinge werden grundsätzlich als Bereicherung gesehen, nicht als Konkurrenten oder Bedrohung.

Kosmopolitische Positionen werden tendenziell von jenen Menschen vertreten, die etwa aufgrund ihrer hohen formalen Bildung, ihres Berufs, ihrer Lebensphase (Jüngere) und ihrer Mobilität von Globalisierungsprozessen und wirtschaftlichem Strukturwandel eher gewinnen oder meinen zu gewinnen, sie gehen einher mit einer positiven Kultur von Individualismus, Selbstverwirklichung und gesellschaftlicher Modernisierung. Kosmopoliten leben besonders häufig in den gentrifizierten Großstadtvierteln, sie schätzen neue Erfahrungen und kulturelle Vielfalt.

Kommunitaristische Positionen heben dagegen die Bedeutung von lokaler oder nationaler Demokratie und Solidarität hervor, eine Solidarität, die aber gerade gegenüber Migranten nicht grenzenlos sein kann, um einen funktionsfähigen Sozialstaat aufrecht erhalten zu können. Letzterer ist aus dieser Sicht jedoch essentiell, um Menschen einen Schutz gegen die Unbilden des Marktes zu bieten. Kulturell betonen sie die Bedeutung von Vertrautheit, Geborgenheit und sozialem Zusammenhalt sowie der Stabilität von Familie, Heimat und Gemeinschaft gegen ungebremste Modernisierungs- und Liberalisierungsprozesse. Kommunitaristische Positionen zeigen eine ausgeprägte Skepsis gegenüber der wirtschaftlichen Globalisierung und gegenüber internationalen Institutionen, die nationale Demokratie und wirtschaftspolitische Handlungsspielräume unter Druck setzen, wie beispielsweise TTIP oder die Europäische Union. Grenzen werden aus dieser Perspektive durchaus wichtige Schutzfunktionen für die eigene Gemeinschaft beigemessen. Extreme kommunitaristische Positionen, wie jene rechtsextremistischer und rechtspopulistischer Parteien, gehen sogar so weit, den Schutz der eigenen Gemeinschaft in einen Chauvinismus gegenüber anderen zu wenden, einschließlich von Ausländerfeindlichkeit und Rassismus, bis hin zu völkischen Positionen.

Kommunitaristische Positionen werden eher von jenen vertreten, die sich durch Globalisierungsprozesse – etwa im Bereich der Migration – und wirtschaftlichem Strukturwandel unter Druck sehen und in ihrem Lebenswandel stärker an ihre Region gebunden sind, sie werden eher von formal weniger gebildeten und älteren Wählern vertreten.

Sowohl kosmopolitische als auch kommunitaristische Positionen sind grundsätzlich legitim, ähnlich wie das auch für »links« und »rechts« gilt. »Kosmopolitisch« wird hier also nicht als antisemitisches Schimpfwort verwendet, wie das mitunter bei den Faschisten der Vorkriegszeit sowie unter Stalin gebräuchlich war (siehe »Feindbild Weltbürger«, Ian Buruma).

Die Konfusion der Querfront-Saga

Die Herausbildung der neuen Differenzierung im politischen Wettbewerb hat bei vielen Beobachtern zu Konfusion geführt, insofern kommunitaristische Positionen mit »rechten« Positionen assoziiert werden. Dementsprechend gibt es insbesondere im linken Parteienspektrum viele Irritationen, bei denen von der Herausbildung einer links-rechten »Querfront« (»Querfront – Karriere eines politisch-pu-blizistischen Netzwerks«, Otto Brenner Stiftung der IG Metall) oder von einer »national-sozialen« Position (»Die Europäische Integration als materielle Verdichtung von Kräfteverhältnissen«, John Kannan-kulam und Fabian Georgi, Universität Marburg), mit Assoziationen an den Nationalsozialismus, gesprochen wird. Auch werden verein-zelte linke Positionen, die sich euroskeptisch zeigen, Bedenken ge-genüber ungezügelter Migration anmelden oder Sorgen in Bezug auf »humanitäre« Interventionen beziehungsweise einer konfronta-tiven Politik gegenüber Russland zeigen, als »AfD-nah« bezeichnet. Insbesondere Sahra Wagenknecht wird häufig in dieser Form ange-griffen.

Unterstützt werden diese Etikettierungen auf den ersten Blick durch Wahlanalysen – beispielsweise von Horst Kahrs für die Rosa-Luxemburg-Stiftung (»Von der Linkspartei zur AfD und wieder zu-rück?«) – die zeigen, dass viele ehemalige Wähler der Linkspartei in Ostdeutschland sich der AfD zuwenden. Noch deutlicher ist diese Entwicklung in Frankreich, wo ehemalige Anhänger der Kommunis-tischen Partei nun die Front National wählen, wie das insbesondere von Didier Eribon sehr eindrücklich dokumentiert wurde. Auch in Österreich werden die rechtspopulistischen Freiheitlichen mitunter zur »neuen Arbeiterpartei« erklärt. Immerhin haben nach einer Ana-lyse des Sozialforschungsinstituts Sora beim ersten Wahlgang zur österreichischen Präsidentenwahl 72 Prozent der Arbeiter den FPÖ-Kandidaten Hofer gewählt (»Wahlanalyse Bundespräsidentschafts-wahl 2016«), beim zweiten Wahlgang sogar 86 Prozent (»Wahlana-lyse Stichwahl Bundespräsident 2016«).

Die Zuordnung von Euro-, Interventions- und Migrationsskepsis als »rechts« ist allerdings Unsinn, denn die beiden analytischen Dimen-sionen »links-rechts« und »kommunitaristisch-kosmopolitisch« sind voneinander unabhängig. Sie können durch reale politische Positio-nen und Parteien unterschiedlich kombiniert werden. Die Abwesen-heit einer Partei, die in Deutschland linke und kommunitaristische Positionen verknüpft, führt jedenfalls dazu, dass kommunitaristische Positionen häufig pauschal als »rechts« eingestuft werden. Auch wenn unklar ist, ob die genannten Zuordnungen wider besseres Wissen oder eher in der bösen Absicht einer Diskreditierung des politischen Gegners vorgenommen wurden, sollte deutlich sein, dass sie irreführend sind. Sie dienen zudem einer geistig sehr bequemen Geisteshaltung, bei der man sich als Opposition zu AfD, Le Pen, Wilders und Co schon mächtig progressiv oder gar »links« vorkommen kann, während man de facto das Geschäft des wirtschaftspolitisch rechten Neoliberalismus betreibt und die Regierungen Merkel, Macron und Rutte unterstützt.

Kommunitaristische Positionen auf der linken und der rechten Seite des politischen Spektrums differieren nicht nur tiefgehend in Bezug auf ökonomische Verteilungsfragen. Sie unterscheiden sich in der Praxis auch in der Radikalität ihres Kommunitarismus – rechte Positionen sind hier regelmäßig viel radikaler als linke, da die rechten auf rassistisch-kulturalistischen Zuschreibungen unterschiedlicher Identitäten beruhen. Und sie unterscheiden sich zumeist auch in Bezug auf die Gegenüberstellung von Populismus und Pluralismus – während rechte kommunitaristische Positionen antipluralistisch die Existenz »eines Volks« und »einer Elite« postulieren, argumentiert zumindest die hier vorgeschlagene Variante eines linken Kommunitarismus pluralistisch mit der Notwendigkeit einer besseren Vertretung von Teilen der Gesellschaft, den sozio-ökonomisch weniger Privilegierten, gegenüber anderen Teilen der Gesellschaft.

Die neue kosmopolitisch-kommunitaristische Gegenüberstellung löst auch nicht die alte Links-Rechts-Konfrontation ab (auch wenn letztere in der öffentlichen Diskussion derzeit deutlich in den Hintergrund getreten ist), sondern tritt als zweite Dimension des Parteienwettbewerbs dieser gegenüber. Links ist also nicht notwendig kosmopolitisch, so wie auch rechts nicht unbedingt kommunitaristisch ist. Angela Merkel beispielsweise verknüpft eine wirtschaftspolitisch rechte Position mit einer kosmopolitischen Position in Bezug auf Fragen von Migration und Europapolitik. Letztere hat ihr ja dann schließlich auch ein verblüffend hohes Maß an Zustimmung nicht nur von den Grünen, sondern auch – in Bezug auf die Flüchtlingsbewegung 2015 – von der Linkspartei gebracht.

Einen Vorteil hat die unsägliche Diskussion über diese Querfronten dann aber doch. Sie hat nämlich noch deutlicher gemacht, dass die Linke – und mehr noch die Sozialdemokratie – sich relativ weit in ihren Positionen von den Präferenzen großer Teile ihrer traditionellen Kernklientel, den weniger Privilegierten, entfernt hat. Vielen dieser Menschen sind die kosmopolitischen Diskurse der existierenden linken Parteien SPD und Linkspartei fremd und sie wenden sich der AfD zu, weil das derzeit die einzige Möglichkeit ist, ihre Distanz gegenüber diesen Diskursen öffentlichkeitswirksam deutlich zu machen. Sie nehmen dabei aber in Kauf, mit dem Votum für eine wirtschaftsliberale Partei gegen ihre eigenen materiellen Interessen zu stimmen.

Eine links-kommunitaristische Repräsentationslücke im Parteiensystem

Mit der hier vorgenommenen Differenzierung ergeben sich vier Kombinationen, die den politischen Wettbewerb grundlegend strukturieren. Während allerdings die Kombinationen links-kosmopolitisch, rechts-kosmopolitisch und rechts-kommunitaristisch im deutschen Parteiensystem vertreten sind, fehlt eine links-kommunitaristische Kraft.

Sowohl die Parteien der großen Koalition als auch die Oppositionsparteien der Grünen, der Linken und der FDP sind fest im kosmopolitischen Lager verankert, von gelegentlichen Absetzbewegungen der CSU und der FDP einmal abgesehen. Besonders deutlich wird das bei zwei der absoluten Kernfragen der politischen Diskussion in den 2010er Jahren, der Flüchtlingspolitik und der Europolitik. Alle diese Parteien haben im Jahr 2015 die großzügige Aufnahme von Flüchtlingen aus Syrien begrüßt. Alle unterstützen den Euro als gemeinsame Währung, trotz seiner massiven Krise und seiner katastrophalen Auswirkungen auf Südeuropa. Wir hatten daher in vielen grundlegenden politischen Fragen seit Jahren nicht nur eine »große Koalition«, sondern eine »ganz große Koalition« von der CDU bis zur Linkspartei, die eindeutig dem kosmopolitischen Lager zuzuordnen ist.

Die AfD bietet bisher als einzige in vielen Länderparlamenten und im Bundestag etablierte Partei eine kommunitaristische Alternative, da sie sich klar gegen die Flüchtlingspolitik der Regierung und auch gegen die gemeinsame Währung, dem eigentlichen Anliegen bei der Parteigründung, stellt. Und da es sich bei der Flüchtlingsfrage um das wichtigste gesellschaftspolitische Thema der letzten Jahre handelt, kann es nicht verwundern, dass diese Partei einen überraschend schnellen Aufstieg genommen hat, trotz ihrer chaotischen Gründungsphase. Dabei nehmen viele ihrer Wähler sogar in Kauf, dass die AfD auf der anderen wichtigen Politik-Achse einen ihren Präferenzen gegenüber völlig gegenteilige Position einnimmt, indem sie sozialpolitisch rechte Präferenzen vertritt. Eine Analyse beispielsweise der Wählerwanderungen bei der Landtagswahl in Mecklenburg-Vorpommern durch infratest dimap zeigt, dass die AfD weit mehr Wähler von eher linken Parteien (Linkspartei, SPD und Grünen) zugelaufen sind als von der CDU.

Durch die Abwesenheit einer links-kommunitaristischen Option fehlt vielen Wählern gerade in der für viele aktuell besonders bedeutsamen Dimension des Parteienwettbewerbs ein politisches Angebot. Auch ein Teil der seit langem rückläufigen Wahlbeteiligung ließe sich nach dieser Interpretation nicht zuletzt dadurch erklären, dass viele Menschen keine Partei finden, die ihren Präferenzen entspricht.

Die Größe der durch die existierenden Parteien nicht abgedeckten Lücke lässt sich am besten mit einer zweidimensionalen Darstellung des Parteiensystems illustrieren, bei der in der Horizontale die Links-Rechts-Dimension abgebildet ist und in der Vertikalen die Kosmopolitisch-Kommunitaristisch-Dimension, auch wenn die existierenden Parteien hier nur grob zugeordnet werden können.

Links				Rechts
Kosmopolitisch				
		Grüne		
Linke	SPD			
		CDU	FDP	
		CSU*		
Linkspopulär				
				AfD
Kommunitaristisch				

*Die Einordnung der CSU auf der Kosmopolitisch-Kommunitaristisch-Achse ist nicht ganz eindeutig. Einerseits präsentiert die CSU in Bezug auf die Flüchtlingskrise und Integrationspolitik Forderungen, die nicht weit von jenen der AfD entfernt und mitunter offen rassistisch sind (so ihr Generalsekretär Scheuer über einen »fußballspielenden, ministrierenden Senegalesen«). Andererseits ist sie aber bei anderen Fragen, beispielsweise der Europapolitik oder dem Umgang mit Globalisierung wie im Bereich TTIP, weit weniger kommunitaristisch. Auch in der Links-Rechts-Achse ist die Zuordnung nicht immer ganz klar – einerseits positioniert sich die CSU in Bezug auf die Erbschaftssteuer ganz besonders wirtschaftsliberal, andererseits aber stellt ihr Vorsitzender rentenpolitische Forderungen, die sich von den gängigen wirtschaftsliberalen Forderungen abheben. Die Ungenauigkeit in beiden Dimensionen dient dem Ziel, ein möglichst großes politisches Spektrum abzudecken, um in Bayern weiterhin alleine regieren zu können.

Im deutschen Parteiensystem fehlt eine Partei, die linke Positionen in der sozialen Frage mit einer kommunitaristischen Haltung kombiniert. Alle Wähler, denen eine kommunitaristische Positionierung wichtig ist, sind bisher durch Abwesenheit einer solchen Parteiposition »gezwungen«, die AfD zu wählen, selbst wenn sie deren Extremismus und die wirtschaftsliberale Positionierung nicht teilen. Eine skeptische Haltung zu Fragen der unkontrollierten Migration, zur real existierenden EU und zur ungebremsten Globalisierung muss aber nicht mit dem Nationalismus und Rassismus der Rechtspopulisten einhergehen, wie in diesem Buch verdeutlicht wird.

Strukturelle Ursachen für die links-kommunitaristische Lücke

Warum wird die links-kommunitaristische Repräsentationslücke im deutschen Parteienspektrum nicht gefüllt? Warum bewegen sich Parteien wie die SPD oder die Linkspartei nicht in Richtung Kommunitarismus, um diese Wähler abzuholen? Dafür gibt es eine Menge Gründe, eher strukturelle und jene, die eher auf einzelne Parteien und ihre Akteure bezogen sind.

Strukturell ist wohl die entscheidende Entwicklung das Abreißen der Verbindungen zwischen den jungen Linken aus der Mittelschicht und den sozial Abgehängten, wie beispielsweise Wolfgang Merkel und Christian Baron hervorheben. Die jungen Linken – meistens mit einem höheren Bildungsabschluss – engagieren sich nach wie vor, aber für globale Fragen, für Afrika, für die Umwelt, für Menschenrechte und den Schutz von Minderheiten, etwa bei Amnesty International oder Greenpeace. Verteilungsfragen spielen keine Rolle, höchstens abstrakt in den Nord-Süd-Beziehungen, aber nicht innerhalb der EU oder innergesellschaftlich. Demonstrationen gegen absinkende Renten oder die Erosion von Normalarbeitsverhältnissen in Deutschland sind sehr überschaubar und werden von der jungen akademisch gebildeten Linken aus der Mittelschicht kaum goutiert. Es geht letzteren um die großen globalen Fragen und Lösungen werden durch kosmopolitische Ansätze gesucht. Dementsprechend gibt es keine organisatorischen oder kulturellen Verbindungen zwischen den jungen Mittelschichtslinken und den Abgehängten, letzteren sind die Prioritäten der jungen Linken ebenso fern wie andersherum.

Neben dieser soziologischen Perspektive kann man als Grund für die Abwesenheit einer links-kommunitaristischen Position auch theoretisch-ideelle Kontinuitäten nennen. Der Aufstieg linker Positionen war historisch sehr stark mit der Idee des Internationalismus verknüpft. Bereits das Kommunistische Manifest enthielt die Forderung »Proletarier aller Länder, vereinigt euch!«. Daneben war der Internationalismus aber nicht nur eine Parole, sondern auch ein wichtiges Organisationsprinzip, beginnend mit dem Bund der Kommunisten, der Internationalen Arbeiterassoziation und der Sozialistischen Internationale. Aus dieser Perspektive fällt es linken Parteien sehr schwer, sich von kosmopolitischen Positionen abzuwenden, denen unterstellt wird, zu dieser Tradition des Internationalismus zu gehören.

Ein anderer struktureller Grund für die links-kommunitaristische Lücke besteht in der aktuell geringen Wahlbeteiligung der sozial Abgehängten. Warum sollte man sich für deren Anliegen stark machen, wenn sie (vermeintlich) ohnehin nicht wählen? Damit entsteht allerdings ein Teufelskreis, denn warum sollten die sozial Abgehängten wählen gehen, wenn ihre Anliegen ohnehin nicht repräsentiert werden? In der Tat gibt es aus der Forschung von Armin Schäfer Hinweise, dass die geringe Berücksichtigung der Anliegen der sozial Schwachen sich zunehmend verfestigt und damit deren subjektiver Eindruck, nicht gehört zu werden, inzwischen eine rationale Basis hat. Schäfer hat – zusammen mit Lea Elsässer und Svenja Hense – 2016 für das SPD-geführte Arbeitsministerium eine Studie (»Systematisch verzerrte Entscheidungen? Die Responsivität der deutschen Politik von 1998 bis 2015«) erstellt, die zeigt, dass die politischen Entscheidungen in den letzten zwei Jahrzehnten weit seltener mit den politischen Präferenzen der armen Haushalte übereinstimmen als mit jenen der reichen Haushalte. Dabei geht es nicht nur um Nebensächlichkeiten – so votieren die weniger privilegierten Bevölkerungsgruppen beispielsweise gegen die Hartz- und Riester-Reformen und für einen schnellen Abzug aus Afghanistan, während die oberen Einkommensgruppen hier eine gegenteilige Haltung einnehmen.

Als Ursache für die strukturelle Unterrepräsentation von Geringverdienern vermutet Schäfer im Interview mit Spiegel-Online (»Was hinter dem Streit über die Gutverdiener steckt«) – nun jenseits seiner aufwendigen quantitativen empirischen Studien – vor allem die Auseinanderentwicklung der Lebenswelten von Geringverdienern und Abgeordneten. Letztere bestehen in erster Linie aus Akademikern – die entsprechende Quote ist seit Jahrzehnten gestiegen und liegt inzwischen im Bundestag bei 86 Prozent – die dann häufig auch in Stadtvierteln wohnen, in denen Akademiker und andere Besserverdiener überrepräsentiert sind. Wenn man aber gar keine Berührungspunkte zur Lebenswelt der weniger Privilegierten hat, fällt es schwer, deren Perspektiven im politischen Betrieb zu berücksichtigen, so Armin Schäfer im Gespräch mit Spiegel-Online. So ist wahrscheinlich auch die Popularität von Martin Schulz nach seiner Benennung als Kanzlerkandidat zu einem guten Teil mit seiner frühen Biografie zu erklären, die – unter anderem ohne Abitur und mit Arbeitslosigkeit – nicht dem klassischen Werdegang des modernen Berufspolitikers entspricht, auch wenn zwei Jahrzehnte in Brüssel diese frühen Erfahrungen inzwischen überdecken mögen.

Immerhin hat der Aufstieg der AfD in den letzten Jahren gezeigt, dass es durchaus möglich ist, zumindest einen Teil der Nichtwähler wieder an die Urne zu locken. Eine Partei, die die links-kommunitaristische Lücke abdeckt, könnte diesen Prozess noch deutlich zu ihren Zwecken intensivieren. Das würde insbesondere dann gelten, wenn eine solche Partei sich auch politischen Gestaltungsmöglichkeiten (also Koalitionen) nicht verschließen und in dieser Hinsicht bei anderen Parteien potentiell auf Resonanz stoßen würde, in einer »rot-roten Koalition«. Dann würde es bei Wahlentscheidungen wieder um praktisch wirksame Alternativen und nicht nur um geringfügige Verschiebungen innerhalb der ewiggleichen Großen Koalition beziehungsweise einer heterogenen Jamaika-Koalition oder, alternativ, das Votum für eine isolierte Protestpartei gehen. Die weit verbreitete Wahrnehmung, dass sich durch Wahlen ohnehin nichts ändern würde, wäre damit hinfällig, ein starker Anreiz, um sich wieder am politischen Prozess zu beteiligen.

Parteipolitische Ursachen für die links-kommunitaristische Lücke

Neben diesen strukturellen Gründen hat sich die klaffende links-kommunitaristische Lücke aber auch durch bewusste strategische Entscheidungen der etablierten Parteien ergeben (vgl. dazu auch

Kapitel 9). Dabei geht es weniger um Parteien wie die CDU und die FDP, die im Parteienspektrum wirtschaftspolitisch ohnehin deutlich weiter rechts positioniert sind. Die CSU kokettiert zwar gelegentlich sowohl mit kommunitaristischen Positionen als auch mit einer etwas weniger liberalen Wirtschaftspolitik als die CDU, aber das sind im Wesentlichen nur rhetorische Manöver, die mit der realen bayerischen Regierungspolitik vergleichsweise wenig zu tun haben. Auch die Grünen sind sehr weit von der links-kommunitaristischen Lücke entfernt, da sie sich ja stärker als jede andere Partei kosmopolitisch profiliert haben. Hier ist die oben benannte kulturelle Lücke zwischen den bürgerlich-engagierten und den kulturell Abgehängten ganz besonders deutlich. Zudem scheint sich bei den Grünen der wirtschaftspolitisch liberale Flügel (Kretschmann) deutlich gegen den linken Flügel durchgesetzt zu haben, so dass sich die Partei heute auf der Links-Rechts-Dimension eher in der Mitte verorten lässt, mit einer liberalen Wirtschaftspolitik. Der Begriff des »progressiven Neoliberalismus« (Nancy Fraser, »Für eine neue Linke oder: Das Ende des progressiven Neoliberalismus«, Blätter für deutsche und internationale Politik) trifft in Deutschland wohl nirgendwo besser zu, als bei den heutigen Grünen.

Die AfD hätte sich potentiell irgendwo in der links-kommunitaristischen Ecke positionieren können. In der Tat gibt es vereinzelt in ihren ostdeutschen Landesverbänden Bemühungen, die Partei »nationalsozial« auszurichten, etwa durch entsprechende sozialpolitische Forderungen. Trotzdem kann die Partei nicht als Vertreterin der wirtschaftlichen Interessen der sozial Abgehängten gesehen werden. Dafür ist das wirtschaftspolitische Programm der AfD, wie oben dokumentiert, zu stark wirtschaftsliberal geprägt, auch ein Erbe der Entstehung der Partei als Euro-kritische Opposition zu CDU und FDP, mit einer starken Prägung durch Wirtschaftsprofessoren. Zudem stellt sich die Frage, ob die extreme kommunitaristische Haltung der AfD, im Sinne einer national-chauvinistischen Positionierung, wirklich die Präferenzen der ärmsten Bevölkerungsgruppen trifft. Die AfD-Obsession mit der in Deutschland drohenden »muslimischen Gesellschaft« (Alexander Gauland, »Hitler hat den Deutschen den

Rücken gebrochen«, Zeit Online) hat ja eher wenig mit den täglichen Sorgen und Nöten der sozial weniger Privilegierten zu tun.

Die Linkspartei hätte ebenfalls das Potential besessen, die links-kommunitaristische Lücke zu besetzen. Sozial- und wirtschaftspolitisch ist sie die einzige Partei, die bisher eine Alternative zu den übrigen, mehr oder weniger wirtschaftsliberal ausgerichteten Parteien bietet, auch wenn die sozialpolitische Profilierung jene bei der Wirtschaftspolitik deutlich übersteigt. Insbesondere in Ostdeutschland gehörten die sozial weniger Privilegierten früher relativ klar zur Wählerschaft der Linkspartei. In Westdeutschland war diese Affinität weniger deutlich ausgeprägt, hier besteht das Umfeld der Linkspartei häufig aus (kleineren) Gruppen von Akademikern, denen weniger an pragmatischer sozialer und wirtschaftspolitischer Verbesserung, sondern vielmehr an grundlegender Gesellschaftskritik gelegen ist. Während auch letzteres ein wichtiges und ehrenvolles Anliegen ist, begrenzt diese Ausrichtung doch die Attraktivität der Linkspartei bei breiten Bevölkerungsgruppen. Eigentlich sollten ja die im ersten Kapitel dokumentierte soziale Schieflage und das inzwischen starke Bewusstsein der Bevölkerung für Verteilungsfragen für einen Aufstieg der Linken führen. Gebremst wird dieser Zulauf durch das geringe Vertrauen in die wirtschaftspolitische Kompetenz der Linken, jenseits von sozialstaatlicher Umverteilung.

Zudem hat sich die Linkspartei inzwischen in der Wahrnehmung der Bevölkerung nah am kosmopolitischen Pol des Parteienspektrums verankert. Eine wesentliche Ursache dürfte die Positionierung der Linkspartei in der Flüchtlingsfrage gewesen sein, bei der sich die Partei auf die Seite der »Willkommenskultur« der Großen Koalition stellte und den Kurs der Bundeskanzlerin explizit unterstützte. Viele der ärmeren und formal weniger gebildeten Wähler in mittleren Altersgruppen sind daraufhin zur AfD abgewandert, da man so ein deutlicheres Zeichen der Unzufriedenheit über die eigene soziale Situation und gegenüber der Missachtung in der Flüchtlingsdebatte setzen kann. Für eine solche Interpretation sprechen nicht nur die Ergebnisse der ostdeutschen Landtagswahlen 2016, sondern auch jene in den sozialen Brennpunkten des nördlichen Ruhrgebiets bei der Landtagswahl 2017. Hier holte die AfD beispielsweise in Gelsenkirchen 14,59 Prozent und die Linkspartei nur 5,01 Prozent. Nach Auskunft von Albrecht Müller auf den Nachdenkseiten (18.5. 2017) lag das schlechte Ergebnis der Linkspartei bei den weniger gut gestellten Gruppen vor allem an ihrer Haltung zur Flüchtlingspolitik. Der Anteil der jungen, akademisch gebildeten und urbanen Bevölkerung an der Wählerschaft der Linken hat hingegen stark zugenommen. Inzwischen hat sich die Linke wohl auch entschlossen, sich auf dieses kosmopolitische Segment zu konzentrieren und die »traditionellen, enttäuschten und um ihren sozialen Status fürchtenden Schichten« aufzugeben, so zumindest die Tendenz der von Horst Kahrs für die Luxemburg-Stiftung verfasste Studie »Von der Linkspartei zur AfD und wieder zurück?«. Auch nach der Bundestagswahl mehren sich diese Stimmen im »Neuen Deutschland«, etwa bei Alexander Fischer (»Rein ins Offene, raus Richtung Zukunft«) und Jakob Migenda (»Links für ein städtisches progressives Milieu«).

Vereinzelte links-kommunitaristische Positionierungen von Sahra Wagenknecht in Bezug auf den Euro oder auf die Flüchtlingspolitik rufen in der Linkspartei regelmäßig lautstarke Opposition hervor. Nach Auskunft des Parteivorstands Janis Ehling («Populismus – ein taugliches Konzept für Linke«, Forum Wissenschaft) steht Sahra Wagenknecht in Fragen der Flüchtlingspolitik gegen neunzig Prozent ihrer Kollegen in Fraktion und Parteivorstand. Auch nach gravierenden Niederlagen wie jener bei der Landtagswahl in Mecklenburg-Vorpommern wird von den meisten Exponenten der Linkspartei trotzig festgehalten, dass man sich keinesfalls Positionen der AfD nähern wolle. Auch nach der Bundestagswahl wiederholte sich diese Konfrontation mit ähnlichen Mehrheitsverhältnissen – eine im »Neuen Deutschland« veröffentlichte Kritik Oskar Lafontaines an der Position der Linkspartei in Bezug auf Zuwanderung (»Wenn Flüchtlingspolitik soziale Gerechtigkeit außer Kraft setzt«) wurde auf der Wahlsonderseite der Zeitung mit nicht weniger als acht wütenden Gegenartikeln konfrontiert, einschließlich der Drohung von Gregor Gysi, die Partei zu verlassen, wenn sie ihre Position in der Flüchtlingsfrage ändern würde.

Schüchterne Avancen in Richtung der links-kommunitaristischen Lücke hat es in den letzten Jahren ansonsten nur vorübergehend von der SPD gegeben, etwa von Sigmar Gabriel, der Anfang 2016 weitere Unterstützungsleistungen für Flüchtlinge von Verbesserungen der Lage der bereits in Deutschland lebenden Armen abhängig machen wollte. Gleiches gilt für Gabriels Abkehr von TTIP und einer etwas weniger aggressiven Haltung gegenüber Russland seitens Außenminister Steinmeier. Allerdings folgten diesen vorsichtigen Avancen keine weiteren Aktivitäten, sie schienen auch nicht vom SPD-Parteivorstand breit getragen zu sein. Zudem ist die SPD wirtschaftspolitisch eher liberal orientiert. Sie sieht ihr Hauptklientel in den erfolgreichen Facharbeitern und Angestellten mit kontinuierlichen Erwerbsbiographien, wie ja etwa auch beim SPD-Projekt der Rente mit 63 deutlich wird, welches vierzig Beitragsjahre voraussetzt – eine Bedingung, die von den Unterprivilegierten, aber auch von den immer nur befristet Beschäftigten regelmäßig nicht erfüllt wird. Auch die von Ex-Kanzlerkandidat Schulz favorisierte Verlängerung des Arbeitslosengelds I für Qualifizierungsmaßnahmen richtet sich wieder an diese Hauptklientel der SPD und nicht an jene sozial Abgehängten, die unter dem Hartz-IV-Sanktionsregime leiden oder Angst davor haben, in diesem Regime zu landen. Davon abgesehen steht dieser Parteivorsitzende ganz besonders für kosmopolitische Positionen in der Europapolitik. Insgesamt ist damit auch die SPD von einer Vertretung links-kommunitaristischer Positionen weit entfernt.

Die Notwendigkeit einer linkspopulären Position

Viele Hinweise sprechen dafür, dass ein nicht geringer Teil der deutschen Bevölkerung links-kommunitaristische politische Präferenzen hegt. Stichworte sind hier etwa mangelnde soziale Gerechtigkeit und Abstiegsängste, die Vorbehalte gegenüber einer kosmopolitischen Europa- und Migrationspolitik, die sehr geringe Wahlbeteiligung der sozial Schwachen und die strukturelle Überrepräsentation der Interessen der oberen Mittelschichten und Gebildeten in den Parlamenten. Da die bestehenden Parteien derzeit nicht in der Lage sind, die links-kommunitaristische Ecke des Parteienspektrums auszufüllen, liegt es nahe, hier eine neue politische Position zu formulieren. Eine solche Positionsentwicklung würde auch verhindern, dass große Teile der Bevölkerung ihre politischen Vorstellungen nicht repräsentiert sehen und daher nicht mehr zur Wahl gehen oder sogar aus Verzweiflung die AfD wählen.

Da Mitte-Links- und Mitte-Rechts-Parteien bei wichtigen Themen (Europa, Migration, Globalisierung) eine Variante derselben Politik anbieten, sind die Rechtspopulisten bisher in dieser Hinsicht die einzige deutliche Alternative. Eine Alternativposition zum dominanten Kosmopolitismus lässt sich aber auch auf der linken Seite des politischen Spektrums formulieren. Da eine solche Position viel näher an den Nöten der ärmeren und der abstiegsbedrohten Bevölkerung anknüpft, als die kommunitaristisch-wirtschaftsliberale Kombination der AfD, sollte eine solche Position potentiell sogar weitaus erfolgreicher sein, auch wenn sie jene (kleineren) Teile der AfD-Wählerschaft, die national-chauvinistisch oder sogar rassistisch orientiert sind, nicht ansprechen wird. Gerade die Tatsache, dass viele ältere Wähler der unteren und mittleren Bevölkerungsgruppen überproportional kommunitaristische Werte teilen, spricht für das Potential dieser Positionierung, da Wahlen in Deutschland immer stärker von den Älteren dominiert werden – bereits jetzt sind nach Auskunft des Bundeswahlleiters 56,7 Prozent der Wahlberechtigten über fünfzig, 1990 waren das erst 43 Prozent.

Besonders erfolgversprechend sollte eine links-kommunitaristische Position sein, wenn sie im Gegensatz zu den populistischen Parolen und Ressentiments der AfD praktisch realisierbare Alternativen formulieren kann. Ohne solche Alternativen läuft die linke (wie rechte) Kritik an den bestehenden Verhältnissen ja auf Dauer leer. Notwendig ist daher die Formulierung eines konkreten, positiven Projektes zur Verbesserung der Lebensumstände breiter Bevölkerungsgruppen. Damit ein solches Projekt auch politische Realisierungschancen hat, sollte es so formuliert werden, dass es nicht nur

Verbesserungen für die Ärmsten der Armen bringt, sondern auch für andere Bevölkerungsgruppen, insbesondere die unteren Mittelklasse, potentiell attraktiv ist. Essentiell ist hier eine überzeugende wirtschaftspolitische Strategie, jenseits der Fokussierung auf Umverteilung durch den Sozialstaat. Auch eine bloße Ablehnung von starker Migration und Euro genügt dafür nicht aus, denn diese Ablehnung enthält noch kein positives Alternativprojekt.

Eine linkspopuläre Position könnte aus meiner Sicht ein solches politisches Projekt darstellen. Ich bezeichne diese Position als »links«, weil der Fokus ganz klar auf den Bedürfnissen der ärmeren Bevölkerungsgruppen liegt. Gegen eine Unterstützung durch das aufgeklärte Bürgertum sollte es keine Einwände geben, aber die Priorität sollte schon ganz klar bei den Interessen der ärmeren Bevölkerungsschichten und der Verbesserung von deren Lebenssituation liegen. Eine solche Position wäre früher wohl kaum als eindeutig »links« eingeordnet worden – allenfalls als klassisch sozialdemokratisch – aber der öffentliche Diskurs ist in den letzten vierzig Jahren durch den Siegeszug des Neoliberalismus weit nach rechts gerückt.

Als »populär« bezeichne ich diese Position aus einer ganzen Reihe von Gründen. Zunächst geht es natürlich um eine klare Entgegnung kosmopolitischer Positionen. »Links-kommunitaristisch« wäre daher eine naheliegende Begriffsoption, zumindest aus einer politikwissenschaftlichen Perspektive. Der schottische Publizist Justin Reynolds spricht auch von einem »progressivem Kommunitarianismus« (»Reborn Social Democracy as ›Progressive Communitarism‹«, Social Europe). Allerdings ist der Begriff des Kommunitarismus für breite gesellschaftliche Debatten zu abstrakt. Er ist in Bezug auf die wissenschaftliche Verwendung in den Debatten in der Politischen Theorie und Philosophie zudem auch etwas irreführend.

Auch der britische Journalist David Goodhart verwendet den Begriff des »Populären« zur Kennzeichnung seiner Position (»Postliberalismus‹ oder ein Plädoyer für einen populären Liberalismus«), welcher in Bezug auf einige grundlegende Werte und die anvisierte soziale Basis einige Parallelen zur hier umrissenen Verortung aufweist, wenn auch mit einer weitaus weniger eindeutigen Positionierung in Bezug auf Fragen der Europapolitik einerseits und eine linke Wirtschaftspolitik andererseits. Zudem bietet sich der Begriff des »Populären« auch insofern an, als dass er eine Abstufung auf der oben dargestellten Kommunitarismus-Achse signalisieren kann, als eine weniger radikale Position als jene extremen Kommunitaristen, die aus national-chauvinistischer Perspektive eine Volksidentität postulieren.

Die Assoziation mit dem »Populären« bietet sich weiterhin an, weil eine linkspopuläre Position nicht linksintellektuell motiviert ist (wie beispielsweise große Teile der westdeutschen Linkspartei) und generell weniger an den Interessen der Bessergestellten orientiert, wenn auch nicht mit Ressentiments gegenüber »den Eliten« geladen.

Populär versus populistisch

«Populär« hebt sich aber auch von »populistisch« ab. Zunächst gerät die letztere Bezeichnung immer mehr zu einem pauschalen Kampfbegriff gegen alles, was vom kosmopolitisch-neoliberalen Konsens der etablierten Parteien abweicht. Er lädt damit immer weniger zur positiven Identifikation ein, auch wenn diese Dichotomie natürlich absurd ist, zumal sie im Regelfall sogar noch weiter zugespitzt wird, zur moralistischen Gegenüberstellung von »guten Demokraten« und »bösen Populisten«. Diese primitive Gegenüberstellung verweist im Übrigen darauf, dass nicht nur rechte Positionen populistisch argumentieren, sondern auch liberale. Dass die Gegenseite ähnlich moralistisch zugespitzt argumentiert – »gutes Volk« gegen »böse Elite« – macht die Sache nicht besser.

Weiterhin deutet der Begriff »populär« in Bezug auf das obige Schaubild eine weniger radikale Verortung auf der Kommunitarismus-Dimension an als »populistisch«. Linkspopulär ist nicht chauvinistisch, ausländerfeindlich oder rassistisch. Die linkspopuläre Verteidigung des demokratischen Nationalstaats gegen Hyper-Globalisierung und EU-Eingriffe ist klar von der rechtspopulistischen Hervorhebung völkischer Identitäten zu unterscheiden.

»Populär« bedeutet im Gegensatz zu »populistisch« zudem auch, dass ein pluralistisches Politikverständnis zugrunde liegt, das nicht in den Kategorien von »Volk« versus »Elite« denkt, sondern von der Vertretung unterschiedlicher Interessen mit ihrer jeweils eigenen Legitimität ausgeht. Eine linkspopuläre Partei beansprucht nicht die Vertretung der Interessen »des Volks«, sondern jene der sozioökonomisch »unteren« Bevölkerungshälfte, also der in Bezug auf ihre wirtschaftliche Situation weniger gut gestellten und der sich in Zukunft von einem sozialen Abstieg bedroht sehenden Bevölkerungsgruppen. Bei diesen Bevölkerungsgruppen ist es dann – im Gegensatz zu den (Rechts-) Populisten – auch vollkommen egal, welche Hautfarbe sie haben und in welchen Ländern ihre Vorfahren lebten.

In der Tat benennt auch eine linkspopuläre Position schwere Verfehlungen der politisch und ökonomisch Führenden. Insbesondere die Superreichen und die mit ihnen verknüpften Denkfabriken sowie ihre Kooperationspartner in Politik und Medien stehen hier zu Recht im Fokus der Kritik. Das ist aber etwas anderes, als pauschal alle Entscheidungsträger in Wirtschaft, Politik, Medien und Verwaltung unter Korruptionsverdacht zu stellen. Eine linkspopuläre Position sieht sich aber auch in der Pflicht, Vorschläge zu machen, wie eine solche Korrumpierung in Zukunft vermieden werden kann. Der bloße Austausch des aktuellen Führungspersonals durch andere Politiker ist sicher keine Lösung, diese Menschen würden sich genauso schnell korrumpieren lassen wie ihre Vorgänger. Aber durch eine systematische Trennung zwischen wirtschaftlichen und politischen Funktionsträgern kann man beispielsweise institutionell die Ansatzpunkte für Korruption und für eine Ausrichtung der Politik auf die Wünsche der wirtschaftlich Mächtigen langfristig reduzieren.

»Populär« setzt sich in seinem Politikverständnis auch dahingehend von »populistisch« ab, weil es der repräsentativen Demokratie weitaus positiver gegenüber steht. Populistische Parteien beschwören oftmals den direkten Zugang charismatischer Persönlichkeiten zum Volk und die Bedeutung der direkten Demokratie, unter Umgehung der vermittelnden Institutionen von Medien, Parteien und Parlamenten. Eine linkspopuläre Position verfolgt ein weniger elitärhierarchisches Politikverständnis – und weiß zudem um die noch geringere Beteiligung der armen Bevölkerungsgruppen an Volksabstimmungen, im Vergleich zu Wahlen. Auch hier verhalten sich inzwischen übrigens gerade liberale Parteien zunehmend populistisch. Sie spitzen die Politik – unter Umgehung der innerparteilichen Demokratie – neuerdings auf charismatische Führungspersönlichkeiten zu, wie etwa in Frankreich bei Präsident Macron oder in Österreich bei der Verwandlung der ÖVP in einenWahlverein für Sebastian Kurz und bei der SPÖ mit der Verengung auf den von Christian Kern entworfenen »Plan A«. Die Folgen dieser »Rebellion von oben« (Matthias Heitmann in Cicero online) sind ähnlich skeptisch zu sehen wie bei Präsident Trump – es geht hier nicht um eine demokratische Belebung, sondern um zynische Versuche, die Parteienverdrossenheit für einen Abbau von demokratischen Rechenschaftspflichten zu nutzen. Auch die Bundestagswahlkampagne der FDP trug mit ihrer Fixierung auf Christian Lindner Aspekte dieser Strategie.

Zudem bedeutet »populär« im Gegensatz zu »populistisch« aber auch, dass diese Position keine Protestplattform darstellt, sondern lösungsorientiert ist. Statt Dauerkritik, Scheinlösungen und Slogans (»Grenzen dicht«) muss eine linkspopuläre Position potentiell realisierbare Lösungen vorlegen, auch bei extrem komplizierten Problemen wie der Massenmigration. Es geht einer linkspopulären Position ja schließlich um die konkrete Verbesserung der Lebenssituation der ärmeren Bevölkerungsschichten im Rahmen der realen Machtverhältnisse. Sie muss daher auch bereit sein, Koalitionen mit anderen Parteien einzugehen, um ihre Anliegen durchsetzen zu können. Eine linkspopuläre Position sollte nach ihrer Etablierung auch der Versuchung widerstehen, einen großen Teil ihrer politischen Energie in die Kritik anderer linker Parteien zu investieren, wie etwa die Linkspartei mit ihrer ewigen Fixierung auf die SPD. Viel besser wäre es, diese Energie in die Darstellung der eigenen Inhalte und deren Diskussion mit den Bürgern zu aufzuwenden.

Schließlich unterscheidet sich »populär« im Unterschied zu »populistisch« auch durch den Verzicht auf die manipulative Vereinfachung politischer Positionen. Während es explizit wünschenswert ist, Politik so einfach und verständlich zu kommunizieren und pointiert zuzuspitzen, dass die reale Komplexität politischer Probleme deutlich reduziert wird (ein großer Vorzug vieler »populistischer« Politiker), ist es gleichzeitig sehr problematisch, bei dieser Erzählung die Nachteile bevorzugter politischer Optionen (etwa einer protektionistischen Handelspolitik) »populistisch« unter den Tisch fallen zu lassen. Auch hier sollte allerdings nicht verschwiegen werden, dass gerade neoliberal-kosmopolitische Positionen oftmals besonders häufig »populistisch« argumentieren, etwa mit dem »alternativlosen« Beharren auf die Notwendigkeit einer Unterwerfung an die Finanzmarktlogik in der Eurokrise.

Eine linkspopuläre Position muss daher auf überpointierte Aussagen verzichten, zugunsten von konkreten Lösungsvorschlägen und ihren erwarteten Wirkungen. Statt dem opportunistischen Fischen kurzfristiger (negativer) Emotionen geht es um die solide Erarbeitung einer kohärenten politischen Position, insbesondere auch in der Wirtschaftspolitik. Das würde ihre Profilierung wahrscheinlich langsamer vorangehen lassen als bei der »Denkzettelpartei« AfD, deren Provokationen von den Medien begeistert-geekelt aufgenommen wurden, dafür aber umso nachhaltiger sein. Eine linkspopuläre Position muss daher auch ein alternatives wirtschaftspolitisches Projekt vorlegen, das den Armen und den vom Abstieg bedrohten unteren Mittelschichten eine nachhaltige Besserung ihrer sozialen und wirtschaftlichen Situation in Aussicht stellt, sich also nicht nur auf die Kritik der existierenden Politik und sozialpolitische Reparaturarbeit beschränken.

Der Erfolg linkspopulärer Mobilisierung in anderen Ländern

Das Wählerpotential einer linkspopulären Position wird deutlich, wenn man sich in anderen westlichen Ländern umsieht. In Ländern ohne linkspopuläre Position hingegen ist die Linke tendenziell zur

Bedeutungslosigkeit verdammt, ohne jede Perspektive zur politischen Gestaltung. Hier wenden sich Wähler mit einer kommunitaristischen Neigung rechtspopulistischen Parteien zu.

Besonders deutlich wurde das Wählerpotential linkspopulärer Parteien bei den Vorwahlen für den Demokratischen Präsidentschaftskandidaten in den USA. Bernie Sanders vertrat eine sehr klare linkspopuläre Agenda, die nicht nur deutlich weiter links ausgerichtet war als die seiner Konkurrentin Hillary Clinton, sondern auch deutlich kommunitaristischer, etwa in seinen Positionen zu Globalisierung und Handelsabkommen. Auch gegenüber einer starken Ausdehnung von Zuwanderung nahm Sanders eine sehr skeptische Haltung ein, selbst wenn er das nicht ins Zentrum seiner Wahlkampagne gestellt hat (»Die unbequemen Wahrheiten der Immigration«, Beitrag von Peter Beinart im ipg-journal). Es ist natürlich hypothetisch, ob ein Kandidat Sanders Donald Trump hätte schlagen können, aber er hätte Trump zumindest seinen stärksten Trumpf aus der Hand schlagen können, die Betonung der Notwendigkeit eines grundlegenden wirtschaftspolitischen Wandels, insbesondere für die von der Deindustrialisierung hart gebeutelte Arbeiterschaft in den USA.

Nicht so eindeutig ist die Situation in Großbritannien. Der Aufstieg Jeremy Corbyns wird regelmäßig in einem Atemzug mit jenem von Bernie Sanders genannt, was in Bezug auf seine deutlich weiter linke Positionierung auf der Links-Rechts-Achse auch richtig ist, etwa in Bezug auf die Verstaatlichung von Eisenbahnen, Wasserwerken und Energieversorgern, Steuererhöhungen für Spitzenverdiener und die Stärkung des britischen Gesundheitsdienstes »National Health Service«. Allerdings ist seine Verortung im Spektrum Kommunitarismus-Kosmopolitismus nicht ganz so klar. Corbyn steht zwar der sehr kosmopolitischen New Labour-Linie eindeutig entgegen. Allerdings war er in Bezug auf Themen wie die Europäische Union und grenzüberschreitende Migration zunächst deutlich moderater als viele andere linkspopuläre Kräfte, was ja auch unter anderem dazu geführt hat, dass das Ergebnis im Brexit-Referendum vor allem dem rechten Tory-Flügel und Ukip zugeschrieben wurde. Inzwischen hat er allerdings verdeutlicht, dass er das Brexit-Votum respektieren und die freie Einwanderung aus Kontinentaleuropa beenden würde (»Britanniens neuer Volkstribun«, FAZ vom 9.6. 2017). Labour steht damit so stark da wie seit Jahrzehnten nicht mehr, auch wenn Theresa May sich noch als Premierministerin halten kann (»The Facts Proving Corbyn's Election Triumph«, Jonathan Cook auf Counterpunch).

Sehr viel eindeutiger ist die Identifikation linkspopulärer Parteien in Dänemark, Belgien und den Niederlanden. In Dänemark vertritt die Enhedslisten gängige linkspopuläre Positionen, etwa in der Europapolitik. Ähnlich ist die Positionierung der niederländischen Socialistische Partij (SP), die einen linkspopulären Gegenpol zur traditionellen Sozialdemokratie darstellen. Die SP hat nicht nur in sozial- und wirtschaftspolitischen Fragen deutlich links von den Sozialdemokraten positioniert, sondern hat auch in Fragen von Europapolitik und Migration eine deutlich skeptischere Positionierung. Parallelen zur SP gibt es auch bei der belgischen PTB (Parti du Travail de Belgique), insofern beide Parteien ursprünglich aus maoistischen Bewegungen stammen, sich aber gründlich vom rechthaberischen Sektierertum vieler linker Parteien befreit und sich insbesondere als sozial besonders tief vernetzte »Kümmererparteien« profiliert haben. Beide Parteien verstehen sich auch nicht als diskursive Salonlinke, sondern stellen konkrete Problemlösungen in den Vordergrund, wobei sie sich sehr stark an entsprechenden Stimmungen in den von ihnen vertretenen Bevölkerungsgruppen orientieren, die PTB beispielsweise seit vielen Jahren durch Umfragen bei Zehntausenden von Bürgern. Alle diese Parteien haben bei den letzten Wahlen gut abgeschnitten, die holländische SP hat sogar die über viele Jahrzehnte dominierenden Sozialdemokraten (PvdA) überholt, auch schon vor deren vernichtenden Wahlniederlage im März 2017 (von fast 25 Prozent 2012 auf nun nicht einmal sechs Prozent der Stimmen).

Andere europäische Parteien, die sich einer linkspopulären Position zuordnen lassen, sind die nordirische Sinn Féin, ebenfalls eine Partei, die ihre politische Rolle in jüngerer Vergangenheit deutlich ausgebaut hat sowie die spanische Podemos, die ebenfalls einen steilen Aufstieg hinter sich hat. Allerdings ist Podemos – ähnlich wie die griechische Syriza – nicht ganz so weit auf den kommunitaristischen Pol des Spektrums ausgerichtet, wie etwa in der Europapolitik deutlich wird, bei der sie den Bruch mit dem Euro vermeiden.

Auch die stark im Aufwind befindliche italienische Cinque Stelle ist tendenziell als linkspopuläre Partei einzuordnen, auch wenn sie keine klassische Programmpartei ist. Diese Partei vertritt einerseits typische Themen des kommunitaristischen Pols, wie eine klare EU-Kritik und eine deutliche Opposition zu den wirtschaftsliberalen Eliten Italiens. Sie verficht auch alternative Formen der Auswahl und der Führung des eigenen politischen Personals. Zudem ist sie in sozial- und wirtschaftspolitischen Fragen moderat links einzuordnen, mit ihrer Ablehnung von Großkonzernen und Finanzsektor sowie der Unterstützung eines frei zugänglichen Gesundheitswesens.

Eine linkspopuläre Position nimmt auch die slowakische Smer-sociálna demokracia (Smer-SD) ein, allerdings mit starken Ausschlägen in Richtung Linkspopulismus, also einer nationalistisch-antipluralistischen Ausrichtung, neben ihrer sozialpolitisch linken Positionierung. Während die Smer-SD mit vielen anderen linkspopulären Parteien ihre Skepsis gegenüber der EU und über stark ausgeprägte Migration einigt, unterscheidet sie sich von diesen allerdings auch deutlich durch die kulturalistisch begründete Ablehnung muslimischer Flüchtlinge.

Insgesamt wird also klar, dass in vielen Ländern linkspopuläre Positionen in jüngerer Zeit einen steilen Aufstieg erleben. In Ländern ohne klare linkspopuläre Position hingegen haben rechtspopulistische Parteien besonders hinzugewonnen, so nicht nur in Deutschland, sondern auch in Frankreich (Front National), Österreich (FPÖ), der Schweiz (SVP), Schweden (Schwedendemokraten), Finnland (Wahre Finnen), Polen (PiS) und Ungarn (Fidesz, Jobbik). Sowohl in Polen als auch in Ungarn gelang es den Rechtspopulisten sogar, die kosmopolitischen Parteien an der Regierung abzulösen. Besonders frappierend ist dabei, dass auch hier die Rechtspopulisten durchgehend von den weniger Privilegierten gewählt wurden, auch wenn die Trennungslinien mitunter anders liefen. So stand in Polen die sozio-ökonomische Spaltung des Landes zwischen prosperierenden städtischen Wachstumszentren und ländlichen Regionen mit hoher Arbeitslosigkeit im Vordergrund. Der neue polnische Finanzminister verfolgt zudem eine Wirtschaftsstrategie, die in ihrer Abwendung vom extremen wirtschaftlichen Liberalismus einige klare Parallelen zu linkspopulären Positionen aufweist.

Angesichts der Repräsentationslücke im deutschen politischen System und dem Erfolg linkspopulärer Parteien in europäischen Nachbarländern ist damit zu rechnen, dass eine entsprechende Positionierung auch in Deutschland viel Zuspruch finden würde. Sie wäre zwar nicht in der Lage, das gesamte Spektrum von Nichtwählern und AfD-Sympathisanten zu erfassen, aber doch einen erheblichen Bestandteil dieser Bevölkerungsgruppen. Der harte Kern der nationalkonservativen und rechtsextremen AfD-Sympathisanten bliebe sicher außen vor, aber dazu gehört nach den zitierten wahlsoziologischen Studien gerade mal ein Viertel der heutigen AfD-Wähler. Die erfolgreiche Etablierung einer linkspopulären Position in der deutschen Politik wäre damit nicht nur ein wichtiger Beitrag zur politischen Reaktivierung der wirtschaftlich Marginalisierten, sondern würde zudem auch den weiteren Aufstieg der AfD verhindern. Beides würde zur Stabilisierung der Demokratie in Deutschland beitragen.

4 Grundprinzipien einer linkspopulären Position

Was wären die politischen Grundwerte einer linkspopulären Position? Als linke Position muss sie sich für die sozial Schwachen und ein stärker egalitäres Wirtschaftsmodell einsetzen, sowie für eine friedliche Kooperation auf globaler Ebene. Als populäre beziehungsweise kommunitaristische Position muss sie Vorbehalte gegen eine ungehemmte Globalisierung, gegen ungeregelte Massenmigration und gegen Einschränkungen der demokratischen Souveränität artikulieren. Gebündelt werden diese Werte in fünf Grundprinzipien, nämlich der Verbesserung der Lage der Schwachen in der deutschen Gesellschaft; einer abgestuften Solidarität in einer globalen Welt; einem Wirtschaftsmodell, das eine egalitärere Verteilung in Deutschland mit der Rücksichtnahme auf andere Wirtschaftsräume verknüpft; einen Fokus auf demokratische Selbstbestimmung auf nationaler Ebene statt auf den kosmopolitischen Illusionen einer supranationalen Demokratie; und auf Interessenausgleich und Respekt anstelle von Intervention und Machtausweitung als Leitprinzipien der internationalen Politik.

Pragmatisches Mittel zum Zweck: der demokratische und soziale Nationalstaat

Kurz- und mittelfristig lassen sich diese linkspopulären Prinzipien pragmatisch am besten auf der Ebene des Nationalstaats realisieren, ohne diesen damit kulturell, religiös oder ethnisch zu überhöhen zu wollen. Der Nationalstaat hat als Sozialstaat die Mittel zur

Verbesserung der Lage der sozial weniger Privilegierten, und er ist die weiterhin wichtigste Instanz zum Schutz von deren Freiheit und Sicherheit. Er ist regelmäßig der zentrale Bezugspunkt zur Artikulation gemeinsamer Identität und sozialer Solidarität, wie wir es zuletzt im Rahmen der Wiedervereinigung erlebt haben. Trotz aller europäischen und globalen Verflechtungen ist der Nationalstaat auch der wichtigste Ansatzunkt zum Einstieg in ein anderes, solidarischeres Wirtschaftsmodell. Nirgendwo funktioniert die Demokratie zudem derzeit besser als auf nationaler Ebene, im Rahmen einer gemeinsamen Sprache und Öffentlichkeit, wie wir an der immer noch höchsten Beteiligung bei Wahlakten auf nationaler Ebene sehen. Und die gegenseitige Rücksichtnahme und internationale Kooperation zwischen Nationalstaaten sowie deren entschlossene Verteidigung ist zur Wahrung des Friedens deutlich geeigneter als supranationale Interventionen, seien sie ökonomischer oder militärischer Art.

Viele dieser Zuschreibungen mögen sich langfristig ändern, etwa zugunsten der europäischen oder substaatlichen Ebene. Das »National« in »Nationalstaat« ist insofern auch nur provisorisch. Derzeit jedoch sollte eine linkspopuläre Position entschlossen den demokratischen Nationalstaat und seine Verfassung gegen kosmopolitische Relativierungen, aber auch gegen seine ethnisch-völkische Vereinnahmung durch Rechtspopulisten verteidigen. An dieser Stelle wird viel Nuance und viel Überzeugungsarbeit zu leisten sein. Gerade bei der jungen, universitär gebildeten und sich progressiv verstehenden Bevölkerung hat der Nationalstaat seit langem ein sehr schlechtes Image. Hier wird gerne einmal von der unvermeidlichen und auch wünschenswerten Auflösung der Nationalstaaten gesprochen. In historischer Perspektive ist das teilweise auch verständlich, gerade in Deutschland. Man identifiziert sich im traditionellen Wählerreservoir linker Parteien heute mit Familie und Freunden, vielleicht noch mit seiner Region oder Heimatstadt und natürlich mit Europa und der Menschheit als Ganzem, aber nicht mit der »Bundesrepublik Deutschland«. Man wedelt hier auch eher selten mit schwarz-rot-goldenen Fahnen – höchstens einmal zur

Weltmeisterschaft. Der Nationalstaat hat in progressiven Kreisen ein eher altmodisch-muffiges Image, er wird mit traditioneller Machtpolitik und Repression assoziiert oder gar mit den kulturalistischen und oftmals auch rassistischen Zuschreibungen der Rechtspopulisten, die das »deutsche Volk« in den Mittelpunkt ihres Werterahmens stellen.

Der moderne westliche Nationalstaat definiert sich aber nicht mehr über die gewaltsame territoriale Machtausweitung und Repression missliebiger Bevölkerungsgruppen, wie noch vor achtzig Jahren. Er ist nun in erster Linie ein Mittel zum Zweck der Organisation demokratischer Selbstbestimmung und sozialer Solidarität, zumindest solange beides auf europäischer oder globaler Ebene noch nicht realistisch ist. Als solcher ist der demokratische soziale Nationalstaat aus linkspopulärer Sicht unbedingt schützenswert – und wohl auch schutzbedürftig, wie das Beispiel Griechenlands gezeigt hat. Die jüngsten Wahlen in den Niederlanden haben jedenfalls gezeigt, dass in einer starken Polarisierung zwischen extremen kosmopolitischen (Groenlinks, D'66) und extremen kommunitaristischen Positionen (Wilders, Ruttes VVD, selbst die christdemokratische CDA) gerade Parteien, die eine pragmatische Verteidigung des nationalen Sozialstaats in den Vordergrund stellen (SP), zwischen die Fronten geraten und es nicht leicht haben, Gehör zu finden. Sie bleiben aber auf absehbare Zeit unverzichtbar.

Nach Klärung der grundlegenden politischen Ebene für politische Gestaltung liegt der Fokus in diesem Kapitel nun auf den inhaltlichen Prinzipien einer linkspopulären Position. Diese Schwerpunktsetzung soll nicht davon ablenken, dass eine linkspopuläre Position auch andere Formen der parteipolitischen Organisation benötigt, um zu vermeiden, dass ihre gewählten Repräsentanten sich von den sozialen Gruppen entfremden, denen sie verpflichtet sind. Die Bedeutung solcher institutioneller Vorkehrungen (vergleiche dazu Kapitel 9) ergibt sich nicht zuletzt aus der sozialen Abgehobenheit von Teilen der kosmopolitischen Gruppen, die in unseren Gesellschaften aktuell dominieren und daher nicht von ungefähr im Zentrum des Zorns stehen.

Verbesserung der Lage der weniger Privilegierten in der deutschen Gesellschaft

Ausgangspunkt einer linkspopulären Position müssen immer die Interessen der ärmeren Bevölkerungsteile in Deutschland sein, einschließlich der hier lebenden Menschen mit Vorfahren in anderen Ländern und unabhängig von deren Religionszugehörigkeit. Existierende Parteien vernachlässigen diese Interessen, zugunsten einer Fokussierung auf die etablierten Mittel- und Oberschichten (mit partieller Ausnahme der Linkspartei). Ein aufgeklärtes Bürgertum kann sich zwar einer linkspopulären Position gerne anschließen – große Teile dieses Bürgertuns möchten nicht in einer Gesellschaft leben, die von starker Ungleichheit und bröckelndem sozialen Zusammenhalt geprägt sind – aber das darf nicht dazu führen, dass es dieser Position nicht mehr prioritär um die Interessenvertretung der unteren Hälfte unserer Gesellschaft geht.

Wirtschaftliche Prozesse, bei denen die oberen Einkommensschichten deutlich mehr profitieren als die unteren und mittleren, sind wegen der in Deutschland bereits jetzt zu stark ausgeprägten Ungleichheit nicht akzeptabel. Es geht also nicht nur um die Reduktion der absoluten Armut, sondern auch um jene der relativen. Es ist auf Dauer unerträglich, in einer sehr ungleichen Gesellschaft zu leben, in der man immer weiter vom Niveau der Anderen entfernt ist, auch wenn es einem selbst materiell dabei etwas besser geht. Die vor allem von der SPD betonte Gerechtigkeitsnorm der Chancengleichheit ist hier unbefriedigend, zumal sie ja – denken wir an Bildung oder sozialen Aufstieg – auch nicht eingelöst wird.

Einer linkspopulären Position sollte es aber nicht nur um die absolute und relative Verbesserung der heutigen materiellen Position der weniger Privilegierten gehen, sondern auch um ihre auf die Zukunft gerichteten Sorgen und Ängste. Es ist wenig erträglich, permanent einen Einbruch der eigenen wirtschaftlichen und sozialen Situation befürchten zu müssen, also für Krisen nicht gerüstet zu sein. Und es ist schließlich auch nicht angenehm, davon ausgehen zu müssen, dass es den eigenen Kindern in Zukunft deutlich schlechter

gehen wird als einem selbst. Wichtiger als kurzfristige sozialpolitische Reparaturen ist also die langfristige Entwicklung eines alternativen Wirtschaftsmodells, das wesentlich robuster ist als die aktuelle
Exportfixierung, die sehr stark von externen Entwicklungen abhängig ist. Eine linkspopuläre Position sollte auch nicht nur auf die materielle Situation fixiert sein, sondern auch Fragen der alltäglichen Sicherheit einbeziehen. Soziale Sicherheit und Sicherheit vor Gewalt
sind essentiell. Es sind ja schließlich eher die »kleinen Leute«, die
von Kriminalität hart getroffen werden und sich daher auf eine effektive Wahrnehmung des staatlichen Gewaltmonopols verlassen
müssen – die Reichen können sich ja im Zweifelsfall ihre Sicherheit
selbst finanzieren, durch teure Einbruchsicherungen und Body-
guards. Gleiches gilt für die Verhinderung von Amokläufen und terroristischen Anschlägen: auch hier müssen sich die Schwachen auf
das Funktionieren von Recht und Gesetz verlassen können, zumal
diese Attacken zumeist nicht in den Villensiedlungen und Boutiquen
stattfinden, sondern in den Innenstädten und Einkaufszentren. Bei
der Verbesserung der alltäglichen Sicherheit geht es allerdings nicht
um den Ausbau eines systematischen Überwachungsstaates à la
1984 und der Militarisierung der Polizeiausrüstung, sondern vor allem um genügend Polizeibeamte und Justizpersonal.

Abstufungen der Solidarität in einer globalisierten Welt

Die Kernherausforderung einer linkspopulären Position besteht in
der Abwägung zwischen den Interessen der Armen in der eigenen
Gesellschaft und jenen auf globaler Ebene. Als linke Position liegt ihr
natürlich auch das Schicksal der Armen in anderen Ländern, etwa
im Globalen Süden am Herzen. Solidarität ist eine Kernnorm jeder
linken Positionierung. Als kommunitaristische Position ist es ihr
aber auch klar, dass grenzenlose Solidarität nicht praktikabel ist. Es
genügt auf Dauer nicht – wie bei SPD-Kanzlerkandidat Schulz – Slo-

gans von sozialer Gerechtigkeit und Solidarität in die Welt zu setzen, man muss irgendwann auch benennen, mit wem genau man (bei begrenzten Mitteln) solidarisch ist. Und dann legt sich die Begeisterung über die Slogans.

Die deutsche Gesellschaft kann nicht alles Elend auf der Welt beseitigen, sie würde sich dabei hemmungslos übernehmen. Extreme kosmopolitische Positionen (»no borders«) verstehen das in ihrer prinzipienfixierten Unfähigkeit, Grenzen der Solidarität anzuerkennen, nicht und beharren daher auf offenen Grenzen und offenen Sozialsystemen, während sie alle Kontrahenten als xenophob und asozial abstempeln – ohne zu bedenken, dass eine völlige Öffnung dazu führt, dass letztendlich niemand mehr bereit oder in der Lage sein würde, einen anspruchsvollen Sozialstaat jenseits einer minimalen Armenfürsorge zu finanzieren.

Wie sollen diese Belange – Solidarität und ihre Grenzen – gegeneinander abgewogen werden? Hier geht es nicht um die moralischen Verpflichtungen des Einzelnen – im Gegenteil, es ist einzelnen Menschen sehr hoch anzurechnen, wenn sie sich verausgaben, um Schwachen zu helfen, wie beispielsweise jene deutschen Bürger, die im Herbst 2015 die propagierte »Willkommenskultur« in die Alltagspraxis umgesetzt und aufopferungsvoll Solidarität gezeigt haben. Es geht vielmehr um die Rolle des Staates. Wie soll er seine Ressourcen verwenden, für die eigene Bevölkerung, für jene ärmerer Nachbarländer, für Flüchtlinge, für die Menschen in Entwicklungsländern? Wie groß soll die Reichweite der Solidarität sein?

Die politische Philosophie hat sich mit diesen Fragen seit Jahrzehnten in außerordentlich nuancierten Diskursen beschäftigt, allerdings ohne bisher zu klaren und handlungsorientierten Ergebnissen in Bezug auf die notwendigen politische Interventionen zu kommen (einen guten Überblick zu den kontroversen Positionen gibt Micha Brumlik in seinem Beitrag »Flucht ohne Grenzen« in den Blättern für deutsche und internationale Politik«, September 2017). Eine pragmatische Option wäre hier die Ausübung einer gestaffelten Solidarität, je nach der Nähe zu denjenigen, die in der Lage sind, diese Solidarität auszuüben. Während also die Solidarität innerhalb einer Familie unbegrenzt sein kann, hat sie auf globaler Ebene deutliche Grenzen. Die gegenseitigen Unterstützungsleistungen in einer Stadt/Region, auf Bundesebene und in der EU stehen dazwischen. Es wäre daher vollkommen realitätsfern, gegenüber der gesamten Menschheit dieselbe Verpflichtung zu sehen wie gegenüber den eigenen Kindern.

Dieser groben Regel entspricht, dass die Solidarität in Deutschland – etwa bei der Finanzierung der Wiedervereinigung oder des Sozialstaats – deutlich ausgeprägter ist als auf europäischer Ebene (Strukturfonds, Eurorettungspakete, Zugang ausländischer Arbeitnehmer zum deutschen Sozialleistungssystem) und jene weitaus umfangreicher als die gegenüber dem fernen Afrika, Asien und Lateinamerika (Entwicklungshilfe, Flüchtlingshilfe, Katastrophenhilfe). Niemand denkt ja auch ernsthaft daran, dieses Verhältnis umzukehren, also beispielsweise für Entwicklungshilfe deutlich mehr Geld auszugeben als für den Sozialstaat, obwohl die Armut in fernen Ländern weitaus ausgeprägter ist als bei uns. Das Gebot der Solidarität gegenüber Schwächeren gilt also aus linkspopulärer Perspektive in jedem Fall, aber eben nur in abgestufter Perspektive (»layered obligations« wird das von dem britischen Publizisten David Goodhart in seinem Buch *The British Dream: Successes and Failures of Post-war Immigration* genannt). Das Gebot ist zudem der Maßgabe unterworfen, dass die Entscheidung über entsprechende Leistungen der demokratischen Willensbildung unterliegt.

Die Kategorien der Solidarität sind auch nicht ethnisch, kulturell oder religiös zu begründen. Gerade türkischstämmige Migranten der zweiten und dritten Generation gehören in Deutschland noch immer oftmals zu den wirtschaftlich und sozial Benachteiligten – und damit zu den Kernklientelen einer linkspopulären Position. Zudem haben die meisten deutschen Arbeitnehmer über die Zeit ein Solidaritätsgefühl mit ihren (vormals) ausländischen Kollegen entwickelt (falls sie von jenen nicht vollkommen abgeschottet sind).

Hier liegt ein fundamentaler Unterschied zwischen Rechtspopulisten und linkspopulären Positionen – während erstere eine feststehende gemeinsame ethnisch-religiöse Identität postulieren, um Solidarität in einer »Volksgemeinschaft« zu legitimieren (und keine Solidarität außerhalb dieser Gemeinschaft), steht aus linkspopulärer Perspektive der demokratische Willensbildungsprozess aller deutscher Staatsbürger im Vordergrund, um die Reichweite und das Ausmaß der Solidarität zu bestimmen – und die Vermutung, dass diese Solidarität nicht an ethnischen oder religiösen Grenzen Halt macht.

Die einzelnen Kategorien der Solidaritätskreise sind – wie bei jedem demokratischen Willensbildungsprozess – auch nicht in Stein gemeißelt. So hat sich etwa in den letzten Jahrzehnten die Solidaritätsgemeinschaft in Deutschland auf Ostdeutschland erweitert, jene in Europa ihrerseits auf Süd- und Osteuropa. In beiden Fällen unterlagen dieser Ausweitung allerdings klare demokratische Entscheidungen nationaler Parlamente, auch wenn die Entscheidungen isoliert nie direkt zur Wahl standen (im Rahmen von Volksentscheiden). Demokratische Voten sind in jedem Fall zu respektieren, leider auch jüngst die Entscheidung der Briten, sich der europäischen Solidaritätsgemeinschaft zu entziehen.

Gerade die Abwesenheit dieser demokratischen Willensbildung im Herbst 2015 hat ja dazu geführt, dass sehr viele Menschen in Deutschland mit der Erweiterung ihres Solidaritätskreises um eine Million Flüchtlinge massiv hadern. Wenn diese Entscheidung auf der Grundlage einer breiten gesellschaftlichen Debatte und einer klaren Abstimmung im Bundestag – anstatt einer intransparenten exekutiven Entscheidung – getroffen worden, hätte das ihre Akzeptanz wahrscheinlich erhöht. Und auch aus linkspopulärer Sicht gab es natürlich auch eine Solidaritätspflicht gegenüber den Geflüchteten – aber jene wäre wohl besser durch eine deutliche Ausweitung der deutschen Unterstützung von Flüchtlingslagern in Staaten wie Jordanien zu leisten gewesen. Dort wurden die Geflüchteten zunächst gut aufgenommen, bevor dann die Einschränkungen der Hilfsgelder der internationalen Gemeinschaft ihre Situation verschärft und sie in die weitere Flucht getrieben hat, so beispielsweise der Bericht »Syrische Flüchtlinge in Jordanien« der Konrad-Adenauer-Stiftung.

Natürlich gibt es noch weitere Determinanten für das angemessene Ausmaß der Solidarität gegenüber Fremden. Dazu gehören beispielsweise der Reichtum und das Ausmaß an Gleichheit innerhalb der eigenen Gemeinschaft. Wenn unsere Gesellschaft durchgehend reich wäre, wäre von ihr auch ein höheres Maß an Solidarität zu erwarten. Aber unsere Gesellschaft ist heute von einem hohen Maß an Armut und Ungleichheit gekennzeichnet, bisher ohne Perspektive auf grundlegende Änderung. Dementsprechend hat zwar das wohlhabende Bürgertum wenige Probleme mit der Solidarität gegenüber Geflüchteten, aber von jenen Bürgern, die diese Neuankömmlinge als direkte Konkurrenten um knappe Arbeitsplätze, Wohnungen und Sozialtransfers verstehen müssen, ist das derzeit nicht zu verlangen. Wenn die deutsche Politik auf Zuwanderung umgehend mit Maßnahmen wie höhere Steuern für die Reichen, mehr Umverteilung, der Schaffung von Arbeitsplätzen für wenig Qualifizierte und sozialem Wohnungsbau reagiert hätte, wäre die Situation etwas anders.

Wirtschaftliche Rücksichtnahme statt Exporte um jeden Preis

Langfristig ist die Behebung von Migrationsursachen in den Herkunftsländern das beste Mittel für die Besserstellung potentieller Migranten und zur Vermeidung von Konflikten zwischen alteingesessenen Armen und neuen Konkurrenten um Solidaritätsansprüche. Damit Migrationsursachen effektiv bekämpft werden können, muss man anderen Staaten den temporären Schutz ihrer Wirtschaft zugestehen und sie nicht durch die eigenen Exporte niederkonkurrieren. Eine solche Ausrichtung ist nicht nur wegen des pragmatischen Ziels der Verringerung von Migrationsströmen geboten, sondern auch durch das Solidaritätsprinzip und aufgrund des Prinzips von Ausgleich und Respekt in der internationalen Politik. Das bedeutet allerdings, dass Deutschland auf sein extrem exportorientiertes Wirtschaftsmodell verzichten muss, um auch anderen Ökonomien die Möglichkeit zur Schaffung von Arbeitsplätzen einzuräumen. Dazu gehören nicht nur die Ursprungsländer von Massenmigration in Afrika und im Nahen Osten, sondern auch andere Industrieländer wie jene in Südeuropa.

Eine solche Abkehr von der extremen Exportorientierung wäre aber nicht nur ein solidarischer Verzicht, sondern langfristig die Rettung der deutschen Wirtschaft, die ja mit ihrer extremen Exportorientierung gegenüber wirtschaftlichen Krisen in anderen Ländern sehr verletzlich ist. Gleichzeitig würde ein binnennachfrageorientierter Umbau der deutschen Wirtschaft auch den extremen Preisdruck der Exportsektoren mindern und dann über die Ermöglichung höhere Löhne ein stärker vom Binnenkonsum getragenes Wirtschaftsmodell ermöglichen. Erheblich verstärkt werden könnte dieses binnennachfragegetriebene Wachstum von einer stärkeren Egalisierung sozioökonomischer Ungleichheit, da die ärmeren Bevölkerungsgruppen einen wesentlich höheren Anteil ihrer Einkommen ausgeben, im Gegenteil zu den Reichen, bei denen zusätzliche Einnahmen zumeist zum weiteren Ansparen von Vermögen führt. Die deutlich verstärkte Nachfrage der ärmeren Bevölkerungsgruppen kann mögliche Verluste auf den Exportmärkten in Bezug auf das Wirtschaftswachstum mehr als kompensieren.

Da es einer linkspopulären Position in erster Linie um eine Verbesserung der Lage der Armen in unserer Gesellschaft geht, benötigt sie in jedem Fall ein gut funktionierendes Wachstumsmodell. Ohne funktionierende Wirtschaft ist es nicht möglich, jene Arbeitsplätze und Sozialleistungen zu erwirtschaften, die für die Armen essentiell sind. Wachstum alleine ist allerdings auch nicht alles, ohne vernünftige Verteilungsmechanismen, etwa über hohe Löhne und Vollbeschäftigung. Ein stärker von der Binnennachfrage getriebenes und ausbalanciertes Wirtschaftsmodell verknüpft diese Anliegen, da es auf eine sozial ausgewogene Weise für hohe Wachstumsraten sorgen kann.

Eine linkspopuläre Position steht hier in der Tradition der alten Sozialdemokratie und differiert deutlich von manchen grünen Positionen, die Entbehrung und einen anderen Lebenswandel predigen.

Umweltherausforderungen wie der Klimawandel sind aus linkspopulärer Sicht eher durch massive staatliche Investitionsprogramme für entsprechende Technologien zu beantworten als durch den Verzicht auf Wirtschaftswachstum.

Eine linkspopuläre Position differiert aber auch von jenen auf der Seite der Linken, denen es in erster Linie um eine radikale Kapitalismuskritik, nicht um eine soziale Reform des Kapitalismus geht. Auch hier hat die radikale Position ihre Berechtigung, vor allem in langfristiger Perspektive, aber den Armen von heute ist mit einer unmittelbaren Verbesserung ihrer Lebensverhältnisse mehr gedient als mit abstrakten Überlegungen über Alternativen zum Kapitalismus.

Im Zentrum eines linkspopulären Wachstumsmodells steht also eine weniger aggressive Exportorientierung des deutschen Kapitalismus. Ein solcher Umbau würde nicht überall zu Begeisterung führen und auf massiven Widerstand einzelner Lobbys stoßen. Insbesondere die Beschäftigten und Unternehmer in den extrem auf den Export ausgerichteten Branchen müssten zumindest vorübergehend zurückstehen, was aber unter Solidaritätsgesichtspunkten zu verschmerzen sein müsste – und im Falle der Automobilindustrie im Kontext des Auslaufens der Produktion von Verbrennungsmotoren langfristig ohnehin unvermeidlich ist. Auch Finanzinvestoren, etwa die globalen Investmentfonds, denen der Großteil der DAX-Unternehmen gehört, müssten bei einem solchen Kurswechsel kürzer treten. Die Belange der internationalen Kapitalmärkte gehören allerdings aus linkspopulärer Sicht nicht zu den prioritären Interessen. Und die Anzahl der Menschen, die von einem stärker binnennachfragezentrierten Wirtschaftsmodell profitieren würden, wie die Beschäftigten des Dienstleistungssektors und die kleinen Gewerbetreibenden, wäre weitaus höher, so dass hier mit Unterstützung gegen die mächtigen Interessengruppen der Exportwirtschaft und des Finanzsektors zu rechnen ist.

Natürlich würden die deutschen Vertreter der Industrie- und Finanzsektoren bei der Ankündigung eines solchen Umbaus schäumen. Sie würden die Verlagerung von Produktionsanlagen ankündigen und den Abzug von Finanzinvestitionen. Nur wohin? Es ist ja nicht so, dass es viele attraktive Alternativen gäbe, mit ähnlich guten Rahmenbedingungen wie in Deutschland. Aus linkspopulärer Sicht ist auf Seiten der Politik nun etwas weniger Schüchternheit angesagt. Ähnlich wie Roosevelts New Deal wäre ein binnennachfrageorientierter Umbau der deutschen Wirtschaft endlich ein mutiges Projekt, das demonstriert, dass die Politik sich nicht weiter einer wildgewordenen Globalisierung ausliefert. Es wäre ein Projekt, das über Umverteilung und steigende Löhne direkt an der Situation der sozial Schwächsten anknüpft. Es wäre ein Projekt, das die eklatante soziale Ungleichheit nicht weiter akzeptiert. Und es wäre ein Projekt des Wandels, das signalisiert, dass die demokratische Politik nicht ohnmächtig ist, dass sie wieder die Zügel in die Hand nimmt.

Das Grundprinzip eines Vorrangs des gesamtwirtschaftlichen Ausgleichs gegenüber einer unbedingten Exportorientierung hätte aber nicht nur Konsequenzen für die Ausrichtung der deutschen Wirtschaftspolitik, sondern auch für die Außenwirtschaftspolitik. Aus dieser Perspektive sollte unbedingt darauf verzichtet werden, anderen Ökonomien über internationale Verträge die eigenen Institutionen aufzudrängen, etwa in Bezug auf wirtschaftliche Offenheit oder den Schutz intellektueller Eigentumsrechte. Abkommen wie CETA/TTIP sind aus linkspopulärer Sicht daher nicht angemessen, noch weniger aber direkt in die Wirtschaftsmodelle des Südens eingreifende Abkommen wie die »Economic Partnership Agreements« der Europäischen Union.

In einer sehr langfristigen Perspektive sollte eine solche Ausrichtung der Außenwirtschaftspolitik auch den Beschäftigten in den deutschen Exportbranchen ein gutes Auskommen verschaffen, ist doch die potentiell global existierende Nachfrage angesichts des Nachholbedarfs vieler Entwicklungs- und Schwellenländer fast unbegrenzt. Und wenn man den Ländern des Südens erlaubt, ohne externe Eingriffe ihre Wirtschaftsmodelle zu verfolgen, wie in den Fällen von China oder Indien, ist die Wahrscheinlichkeit sehr groß, dass die entsprechenden Wachstumsprozesse über kurz oder lang auch wieder zu einer verstärkten Nachfrage nach deutschen Produkten führen.

Demokratische Selbstbestimmung statt kosmopolitischer Illusionen

Nach einer Besserstellung der Lage der sozial Schwachen ist eine funktionierende Demokratie der zentrale Leitwert einer linkspopulären Position. Die Betonung liegt aber auf »funktionierend«, denn viele der weniger privilegierten Bevölkerungsgruppen haben das Gefühl, in einem gar nicht oder kaum funktionierenden System zu leben. Dazu tragen große Koalitionen mit ihrem technokratischen Regierungsstil bei, aber insbesondere auch die Einschränkungen demokratischen Entscheidungsspielraums durch die Europäische Union und die Globalisierung der Finanzmärkte.

Aus linkspopulärer Position zeichnet sich eine funktionierende Demokratie durch eine möglichst breite und aktive Beteiligung an der politischen Entscheidungsfindung aus. Dabei ist es essentiell, dass sich durch die Beteiligung an der Entscheidungsfindung auch etwas an den Ergebnissen des politischen Prozesses ändert. Die Wahlentscheidung muss wieder einen Unterschied machen. Um von einer funktionierenden Demokratie zu sprechen, müssen jene Entscheidungen, die im demokratischen politischen Prozess getroffen wurden, zudem auch praktisch umgesetzt werden können. Eine folgenlose Demokratie ist keine Demokratie. Es nützt zudem nichts, einen perfekt organisierten demokratischen Willensbildungsprozess zu haben, wenn die Ergebnisse dieses Prozesses nur für einen kleinen Kreis untergeordneter Entscheidungen gelten oder viele potentielle Alternativen von vornherein ausgeschlossen werden. Das Primat der Politik über die Wirtschaft muss wiederhergestellt werden. Da zudem viele Einschränkungen des politischen Entscheidungsspielraums heute von der Einbindung in die Europäische Union und der Globalisierung – insbesondere der Finanzmärkte – stammen, ist »demokratische Souveränität« ein zentraler Leitwert linkspopulärer Positionen. Diese demokratische Souveränität wird heute vor allem auf der Ebene des Nationalstaats lokalisiert, da hier die Demokratie noch am besten funktioniert.

In der Betonung der demokratischen Souveränität besteht ein deutlicher Kontrast zu liberal-kosmopolitischen Positionen, die nicht nur meinen, dass die wirtschaftliche Globalisierung kaum noch grundlegende politische Entscheidungen erlaube, sondern auch den Nationalstaat generell als überholt ansehen und stattdessen eine politische Entscheidungsfindung auf europäischer oder gar globaler Ebene befürworten. Aus linkspopulärer Perspektive ist Demokratie jenseits des Nationalstaats allerdings derzeit eine Illusion, da nur wenige Bevölkerungsgruppen de facto in der Lage sind, sich in diese Entscheidungsprozesse machtvoll einzubringen. Am besten ist dieses Lobbying noch multinationalen Unternehmen möglich, gefolgt von den transnationalen Funktionseliten des Bürgertums und der für die Wahrung von Menschenrechten und Umwelt engagierten Nichtregierungsorganisationen, aber ganz sicher nicht der fragmentierten und an seinen nationalen Kontext gebundenen Klientel linkspopulärer Parteien.

Aus diesen grundlegenden Erwägungen ergibt sich eine Reihe von Konsequenzen für die nähere Ausgestaltung der aus linkspopulärer Perspektive anzustrebenden Demokratie. Technokratische Regierungen mit dem Mantra der Alternativlosigkeit müssen ein Ende finden. Die derzeit in der Wirtschaftspolitik zentrale Rolle nichtmajoritärer Institutionen wie beispielsweise unabhängiger Zentralbanken sollte reduziert werden. Auch Verfassungsgerichte sollten sich eher auf ihre Kernfunktionen beschränken und auf detaillierte Eingriffe in die Rechte von Parlamenten verzichten. Nichtmajoritäre Institutionen, insbesondere Verfassungsgerichte, haben zwar grundsätzlich wichtige Funktionen, um eine Degeneration politischer Entscheidungsprozesse in eine Tyrannei der Mehrheit zu verhindern und Minderheiten zu schützen. Aus linkspopulärer Perspektive steht in nächster Zeit aber eher eine Stärkung der Rolle von Wahlakten und Parlamenten an, nicht deren weitere Einhegung.

Damit eine breite gesellschaftliche Beteiligung am politischen Prozess möglich wird, müssen bestimmte soziale Mindestvoraussetzungen gegeben sein. Menschen, die um ihr wirtschaftliches Überleben kämpfen, beteiligen sich im Regelfall nicht am politischen Prozess. Dementsprechend wird durch eine Verwirklichung des Solidaritätsgebotes überhaupt erst die Möglichkeit einer funktionierenden Demokratie geschaffen. Diese sozialen Mindestvoraussetzungen sollten im Mittelpunkt linkspopulärer Politik stehen, nicht etwa die Maximierung persönlicher Freiheitsrechte – gegen letztere ist aus linkspopulärer Perspektive nichts einzuwenden, aber sie ist nicht ganz so zentral.

Das Verhältnis von direkter und repräsentativer Demokratie sollte aus linkspopulärer Perspektive davon abhängig gemacht werden, wo sich die weniger privilegierten Bevölkerungsschichten stärker beteiligen. Bisher ist diese Beteiligung bei Wahlen höher als bei Volksabstimmungen und anderen direkten Beteiligungsverfahren. Die repräsentative Demokratie sollte daher aktuell Vorrang genießen.

Auch bei der Frage des Verhältnisses zwischen nationaler und supranationaler Demokratie sollte das Kriterium einer Beteiligung breiter Bevölkerungsgruppen am politischen Prozess eine zentrale Rolle spielen. Die Wahlbeteiligung der weniger privilegierten Bevölkerungsschichten ist bisher auf nationaler Ebene weit höher als auf EU-Ebene, was für eine starke Rolle der nationalen Parlamente als zentraler Ort demokratischer Entscheidungen spricht. Zudem hat die EU eine starke wirtschaftsliberale Schlagseite, was ebenfalls gegen ihre Stärkung spricht. Und ganz besonders das Regime zur Stabilisierung der Eurozone ist mit demokratischer Souveränität unvereinbar, es sollte daher ebenso abgeschafft werden wie die übermäßige Machtstellung der Europäischen Zentralbank, die ja gerade in der Griechenlandkrise offensichtlich wurde. Eine linkspopuläre Position spricht sich derzeit eindeutig für eine Stärkung der demokratischen Selbstbestimmung auf nationaler Ebene aus. Das steht im deutlichen Kontrast zu kosmopolitischen Positionen, die sich für einen Integrationssprung auf europäischer Ebene einsetzen. Aus linkspopulärer Sicht ist die Vorstellung eines demokratischen EU-Staates auf absehbarer Zeit eine kosmopolitische Illusion. Für eine solidarische Politik sind wir derzeit auf den Nationalstaat angewiesen, da supranationalen Institutionen die Legitimation für Umverteilung fehlt.

Die linkspopuläre Perspektive kontrastiert aber auch deutlich zu rechtspopulistischen und extremen kommunitaristischen Positionen, die die »Volksgemeinschaft« in den Vordergrund ihrer Überlegungen stellen und diesen Konstrukten auf ewig den Vorrang zubilligen. Im

Gegensatz zu diesen Positionen werden die ärmsten Bevölkerungsgruppen hier als eine von mehreren gesellschaftlichen Gruppen gesehen. Linkspopuläre Positionen sind daher im Kern pluralistisch, sie postulieren nicht die Existenz»des«Volks, sondern setzen sich für die Interessen der Unterschichten und unteren Mittelschichten ein, bei Anerkennung der legitimen Interessen anderer Bevölkerungsgruppen.

Aus linkspopulärer Perspektive ist die für den politischen Prozess zentrale Ebene zudem nicht auf ewig festgelegt. Derzeit ist das eindeutig die nationale Demokratie. Falls aber beispielsweise die Wahlbeteiligung der breiten Bevölkerungsschichten bei Wahlen zum Europaparlament höher sind als jene zu nationalen Wahlen, würde das langfristig für eine Stärkung der europäischen Ebene sprechen, falls zugleich auch die wirtschaftsliberale Schlagseite der EU überwunden wird. Der Nationalstaat ist also aus linkspopulärer Perspektive kein Selbstzweck, sondern nur der derzeit noch am besten geeignete Rahmen für funktionierende Demokratie.

Interessenausgleich und Respekt anstelle von Intervention und Machtausweitung

Der hohe Stellenwert, der aus linkspopulärer Perspektive der eigenen demokratischen Souveränität zugemessen wird, sollte natürlich auch anderen Gesellschaften zugebilligt werden. Für die internationale Politik sollten daher Kategorien wie»Interessenausgleich« und »Respekt« zentral sein, anstatt von Interventionen zur Verbreitung des eigenen Gesellschaftsmodells. Auch die Vermeidung kriegerischer Konflikte steht ganz oben auf der Prioritätenliste einer linkspopulären Position, da gerade die Armen immer am stärksten unter diesen Konflikten leiden und militärische Konflikte massiv zu weiterer Armut und erzwungener Migration führen.

Die Verteidigungspolitik sollte aus linkspopulärer Perspektive strikt als defensive Landes- und Bündnisverteidigung ausgerichtet sein. Die inzwischen in Deutschland aufgebauten militärischen Fähigkeiten zur Intervention in andere Weltregionen sollten wieder weitgehend abgebaut werden. Gleiches gilt beispielsweise für die Stationierung eigener Truppen in Regionen, die von potentiellen Kontrahenten als aggressiver Akt der Machtausweitung ausgelegt werden können, wie beispielsweise die Verlegung von umfangreichen NATO-Truppen nah an die russische Grenze. Weder mit Russland, noch mit China sollte die Konfrontation gesucht werden, entgegen gelegentlicher Vorstöße der USA, die aber weiter unsere wichtigste Verteidigungspartner bleiben sollten. Die Fähigkeit einer robusten militärischen Verteidigung des bestehenden NATO-Gebiets sollte oberste Priorität haben – nicht jedoch die Idee, »Deutschlands Sicherheit auch am Hindukusch zu verteidigen« (Peter Struck).

Entgegen kosmopolitischen Ideen, die auf eine transnationale, liberale (ökonomische und politische) Vereinheitlichung von Gesellschaftsmodellen nach eigenem Vorbild, also einen liberalen Universalismus setzen, steht aus einer linkspopulären Perspektive das Lob von Diversität und Vielfalt sowie der Respekt gegenüber anderen Staaten im Vordergrund. Dazu gehört insbesondere die Toleranz gegenüber den Selbstbestimmungsmöglichkeiten anderer Gemeinschaften, auch wenn diese gegen unsere eigenen Präferenzen nach der Maximierung individueller Selbstbestimmung gehen. Wenn also beispielsweise demokratisch gewählte Regierungen anderer Länder das Scharia-Recht einführen, muss man das akzeptieren, auch wenn viele der darin enthaltenen Regelungen – insbesondere gegenüber der Stellung von Frauen – aus linkspopulärer Perspektive genauso scharf abzulehnen sind, wie ein imaginäres Rechtssystem, das einer fundamentalistischen Auslegung der Bibel folgen würde.

Demokratische Souveränität und der Respekt gegenüber anderen Gesellschaften sollten aus linkspopulärer Perspektive einen höheren Stellenwert genießen als die Durchsetzung unserer eigenen Vorstellungen von Menschenrechten. Entsprechende Wertekonflikte haben sich in letzter Zeit gehäuft. Im Gegensatz zu kosmopolitischen Positionen ist aus linkspopulärer Sicht die Respektierung andersartiger Politik demokratisch gewählter Regierungen geboten, etwa in Ungarn oder Polen. Demokratie ist nicht notwendig Demokratie nach den eigenen Regeln oder Demokratie mit liberalen Parteien in der Regierung. So wurden problematische Praktiken einer liberalen polnischen Regierung bei der Benennung von Verfassungsrichtern von kosmopolitischen Beobachtern klaglos akzeptiert, aber bei der aktuellen rechtskonservativen Regierung massiv an den Pranger gestellt – eine ausgesprochen heuchlerische Praxis.

Sehr deutlich ist die Gegenüberstellung kosmopolitischer und linkspopulärer Positionen in Bezug auf »humanitäre« Interventionen, etwa zum – oft vorgeblichen – Export von Demokratie und Menschenrechten. Aus linkspopulärer Sicht sind diese Interventionen abzulehnen, da sie die Selbstbestimmungsrechte anderer Staaten nicht respektieren und regelmäßig zur Ausweitung kriegerischer Aktivitäten führen, mit den entsprechenden Konsequenzen für die Armen. Zudem gibt es kaum international anerkannten Regeln zur Legitimierung solcher Interventionen sowie zu deren konkreten Umsetzung. Dementsprechend besteht immer die Gefahr, dass diese Interventionen von den beteiligten Staaten zur Ausweitung der eigenen ökonomischen und militärischen Machtbasis genutzt werden. Es erscheint in dieser Hinsicht weitaus sinnvoller, die eigenen Werte durch Vorbildlichkeit zu verbreiten und darauf zu setzen, dass andere Gesellschaften sich selbst Demokratie und die Respektierung von Menschenrechte erkämpfen. Nur im Fall eines breiten, auch von den Vereinten Nationen und ihrem Sicherheitsrat getragenen Konsenses über das Vorliegen eines schweren Verbrechens gegen die Menschlichkeit – etwa eines Genozides – darf von diesem Interventionsverbot abgewichen werden.

Generell spricht aus linkspopulärer Perspektive viel für eine Außenpolitik, die am Respekt für das Völkerrecht und intergouvernementalen Institutionen orientiert ist. Auch hier gibt es einen Kontrast zu kosmopolitischen Positionen, die beispielsweise eine Blockade im Sicherheitsrat tendenziell ignorieren und eine Intervention trotzdem durchführen würden, wenn sie aus vorgeblich »humanitärer« Sicht geboten erscheint. Internationale Politik sollte aus linkspopulärer Perspektive souveränitätsschonend organisiert werden, ohne supranationale Eingriffe in die Gesellschaft, Politik und Wirtschaft anderer Staaten. Aus der Sicht von Entwicklungs- und Schwellenländern ist der Begriff des Nationalstaats und der nationalen Souveränität ohnehin viel positiver besetzt als bei uns, da diese Länder in der Regel eine lange Geschichte von asymmetrischer Abhängigkeit und von Übergriffen der westlichen Ländern kennen, mit der wir brechen sollten.

Eine linkspopuläre Position stellt daher auch nicht notwendig eine Abkehr von der relativ stabilen internationalen Ordnung dar, die sich seit dem Ende des Zweiten Weltkriegs herausgebildet hat. Entsprechende Befürchtungen werden – in Bezug auf eine allgemein stärkere Hinwendung zu kommunitaristischen Orientierungen – seit dem Brexit und der US-Wahl artikuliert. Unterschlagen wird aus dieser Perspektive, dass es in der Nachkriegszeit deutliche Abstufungen im Grade des Kosmopolitismus der internationalen Ordnung gegeben hat. Die – wirtschaftspolitisch vom quasi linkspopulären New Deal gestartete – Periode der Fünfziger- und Sechzigerjahre mit ihrem »embedded liberalism« (einem grundsätzlichen Bekenntnis zu einer liberalen internationalen Wirtschaftsordnung, bei der aber jeder Staat seine eigene Wirtschaftsstrategie verfolgen konnte) in der internationalen Politik war sehr gut mit einer Vielfalt von wirtschaftlichen und gesellschaftlichen Modellen und einem potentiell hohen Grad von nationaler Selbstbestimmung (außerhalb des Ostblocks) vereinbar. Erst mit dem Triumpf des ökonomischen und politischen Liberalismus seit den Achtziger- und Neunzigerjahren und seinen aggressiven Übergriffen auf nichtliberale Systeme wurde diese Ordnung zu einem Problem. Eine nach linkspopulären Prinzipien gestaltete Ordnung verspricht hingegen eine Rückkehr zur internationalen Stabilität der Nachkriegszeit. Auch aufstrebende Schwellenländer wie China sollten mit einer solchen Ordnung gut leben können.

5 Wirtschaft und Soziales: Binnennachfrageorientierter Umbau statt Exportismus

Der Kern einer linkspopulären Wirtschafts- und Sozialpolitik muss die Reduktion der Armut der weniger privilegierten Bevölkerungsschichten sein. Damit einhergehen sollte auch eine Reduktion der sozio-ökonomischen Ungleichheit. Ein »Herumdoktern« am existierenden Wirtschaftsmodell genügt dafür nicht aus, notwendig ist ein kompetentes Programm für einen grundlegenden und auch realisierbaren Wandel. Von allen in politischen Feldern ist die Wirtschaftspolitik aus linkspopulärer Sicht das Wichtigste, denn progressive Positionen sind in Deutschland regelmäßig daran gescheitert, dass die Wähler ihnen hier keine ausreichende Kompetenz zugeordnet haben, im Gegensatz etwa zu Fragen der Sozialpolitik.

Naheliegende Ansatzpunkte für ein linkspopuläres Wirtschaftsprogramm in Deutschland sind einerseits ein alternatives, über eine Stärkung der Binnennachfrage – im Vergleich zum derzeitigen deutschen Exportismus – deutlich weniger zu Armut und Ungleichheit führendes Wirtschaftsmodell und andererseits ein revitalisierter öffentlicher Sektor, mit einem besonderen Fokus auf Bereiche wie Bildung und Gesundheit. Damit die Weiterentwicklung dieses Sektors möglich ist und ein stabiles Netz der sozialen Sicherung wiederhergestellt werden kann, kommt auch der Steuerpolitik ein großer Stellenwert zu. Gleiches gilt für die Regulierung der Finanzmärkte, um einerseits zu vermeiden, dass große Vermögen und Unternehmen sich der Besteuerung entziehen können, und andererseits sicherzustellen, dass der Finanzsektor nie wieder auf Kosten der Allgemeinheit gerettet werden muss (mehr dazu in Kapitel 6).

Für eine besser ausbalancierte Wirtschaft – gegen den Exportismus

Ein essentieller Bestandteil der linkspopulären Position ist eine klare und kompetente wirtschaftliche Strategie. Progressive Politik benötigt grundsätzlich immer ein realisierbares, positives Projekt, ganz im Gegenteil zu den Rechtspopulisten, die sich auch auf Ablehnung, Ressentiments und Scheinlösungen beschränken können. Aber auch die existierenden linken Positionen haben hier ihre Schwächen, sei es bei der SPD, welche die neoliberal-exportistische Ausrichtung der bürgerlichen Parteien übernommen hat und auf ein alternatives wirtschaftliches Modell verzichtet, oder sei es bei der Linken, die von der Ausarbeitung einer kohärenten Wirtschaftsstrategie für den privaten Sektor weitgehend absieht und in der Öffentlichkeit nicht ohne Grund mit einer Programmatik assoziiert wird, die fast ausschließlich auf den öffentlichen Sektor setzt, mit Steuererhöhungen und Ausgabenprogrammen. Weitaus wichtiger als zusätzliche Sozialtransfers ist in Deutschland aber eine ausgewogenere Verteilungssituation bei den Markteinkommen.

Die gute Nachricht ist, dass das intellektuelle Vakuum, das durch Jahrzehnte der Vorherrschaft neoliberalen Denkens in Bezug auf linke wirtschaftspolitische Alternativen verursacht wurde, sich langsam füllt. In den letzten zehn Jahren wurden hier wichtige Fortschritte erzielt. Der Harvard-Ökonom Dani Rodrik verweist (in seinem Beitrag »Abdankung der Linken« auf Project Syndicate) beispielsweise auf die Arbeiten von Anat Admati und Simon Johnson im Bereich Finanzmarktregulierung, Thomas Piketty und Tony Atkinson zur Ungleichheit und Mariana Mazzucato sowie Ha-Joon Chang zur Rolle des Staates bei Innovationen.

Allerdings hat uns die kritische Auseinandersetzung mit neoliberalen Wirtschaftsmodellen auch gelehrt, dass deren Behauptung, es gäbe keine Alternative, falsch ist. Insbesondere die Vergleichende Kapitalismusforschung hat gezeigt, dass es mehrere kohärente Wirtschaftsmodelle gibt, die erfolgreich sein können, nicht nur das liberale US-Modell. Die Ausarbeitung wirtschaftspolitischer Alternativen sollte also nicht den Fehler des Neoliberalismus replizieren, ein übergreifendes Wirtschaftsmodell für alle Staaten zu entwickeln, sondern sich an den Gegebenheiten der jeweiligen Volkswirtschaft orientieren. Der zentrale Ansatzpunkt einer linkspopulären Wirtschaftsstrategie für Deutschlands Ökonomie ist die Überwindung von deren extremer Exportorientierung. Deutschland ist im Vergleich zu anderen Ländern viel zu stark vom Export abhängig. Der Export hat inzwischen einen Anteil von etwa fünfzig Prozent am Bruttoinlandsprodukt, eine Verfünffachung im Vergleich zu den Sechzigerjahren. Aktuell löst Deutschland mit seinem Leistungsbilanzüberschuss von über 300 Milliarden Dollar sogar das weit größere China als Land mit dem größten Exportüberschuss ab. Ein Exportüberschuss von fast neun Prozent des deutschen Bruttoinlandsprodukts trägt ganz erheblich zu den globalen Ungleichgewichten bei, was von den globalen Wirtschaftsinstitutionen IWF, OECD und auch EZB und der Europäischen Kommission zu Recht regelmäßig kritisiert wird.

Länder mit dauerhaft hohen Überschüssen zwingen andere Länder in die Verschuldung, um ihre Importe zu finanzieren. Überschüsse bedeuten auch immer Defizite anderer Länder, solange wir nicht auf den Mond exportieren können. Das ist nicht tragisch, so lange Überschussländer hin und wieder auch zu Defizitländern werden, so wie das früher bei Deutschland der Fall war. Länder, die aber dauerhaft hohe Überschüsse realisieren, destabilisieren damit langfristig die Wirtschaft ihrer Handelspartner. Die Brisanz solcher Entwicklungen wurde nicht zuletzt im US-Präsidentschaftswahlkampf deutlich, bei dem die Handelspolitik eines der Hauptthemen war, noch weit vor Immigrationsfragen.

Eine Reduktion der übermäßig großen Exportorientierung der deutschen Wirtschaft wäre allerdings nicht nur aus Gründen der globalen, sondern insbesondere auch aus Gründen der europäischen Solidarität geboten, denn Deutschland hat über viele Jahre einen Großteil seiner potentiellen Arbeitslosigkeit in die Eurozone exportiert (vgl. auch das folgende Kapitel). Da sich die Lohnstückkosten in Deutschland deutlich langsamer erhöht haben als in den anderen Ländern der Eurozone und letzteren das Ventil der Währungsabwertung nicht mehr zur Verfügung steht, haben deutsche Unternehmen auf Kosten anderer Unternehmen der Eurozone immer stärkere Marktpositionen errungen. Zugleich hat Deutschland zu wenig aus diesen Ländern importiert, aufgrund seiner schwachen Binnennachfrage. Diese Entwicklung hat zu einer nachhaltigen Deindustrialisierung im südlichen Europa beigetragen, zur Etablierung immer größerer Eurorettungsschirme und zu zunehmenden sozialen und politischen Spannungen in der EU.

Auch stellt sich die Frage, ob die aus den deutschen Leistungsbilanzüberschüssen notwendigerweise entstehende Anlage großer Geldmengen im Ausland sich wirklich rentiert, etwa angesichts der Verluste in der letzten Finanzkrise. Erik Klär und Kollegen haben in einer Studie für den Wirtschaftsdienst (»Investition in die Zukunft? Zur Entwicklung des deutschen Auslandsvermögens«) – aufbauend auf Statistiken der Deutschen Bundesbank – gezeigt, dass gut zwanzig Prozent der zwischen 2000 und 2012 aufgetürmten Überschüsse durch Bewertungsverluste und abgeschriebene Forderungen verloren gegangen sind, insgesamt rund 270 Milliarden Euro. Deutschland vergeudet hier einen großen Teil seiner Wirtschaftsleistung, der viel besser für den Konsum von Importgütern oder für inländische Investitionen in Infrastruktur und modernisierte Produktionsanlagen verwendet werden könnte.

Seit 1999 ist das deutsche Auslandsvermögen trotz dieser immensen Verluste nach einer Studie der Kreditanstalt für Wiederaufbau (»Die positive Seite unserer Vermögensbilanz«) von einer quasi ausgeglichenen Bilanz zwischen Auslandsforderungen und Verbindlichkeiten zu einem Nettovermögen von fast 900 Milliarden Euro im Jahr 2013 gewachsen, immerhin rund ein Drittel der jährlichen Wirtschaftsleistung. Die oft artikulierte Vorstellung, man könne damit für eine alternde Gesellschaft vorsorgen, ist aber recht gewagt, setzt sie doch sowohl voraus, dass die Überschüsse sich in dann in Defizite umkehren (was in absehbarer Zeit nicht der Fall sein wird) und dass die Anlageländer dann in der Lage und willens sind, die Anlagen zu bedienen, was mit erheblichen wirtschaftlichen und politischen Risiken behaftet ist. So ist beispielsweise bei weitem nicht sicher, dass die südeuropäischen Wirtschaften die Kredite, die ihnen über die verschiedenen Euro-Rettungsschirme zur Verfügung gestellt werden, jemals wieder zurückzahlen können. Die KfW weist in ihrer Studie zudem darauf hin, dass die Auslandsvermögen sehr stark bei den oberen Einkommensgruppen konzentriert sind und auch aus diesem Grund nicht als Altersvorsorge der größeren Bevölkerungsteile geeignet sind.

Die sehr starke Exportabhängigkeit der deutschen Wirtschaft – in Relation des Werts der exportieren Güter zum BIP doppelt so hoch wie in Frankreich und Großbritannien und fast viermal so hoch wie in Japan und den USA – stellt in einer neuen globalen Wirtschaftskrise zudem ein großes Risiko dar, da sie die deutsche Wirtschaft stark von Entwicklungen auf den globalen Märkten abhängig macht. Damit kann die deutsche Wirtschaft in die Krise gezogen werden von Entwicklungen, die weder sie, noch die deutsche Politik zu beeinflussen vermag. Eine stärker an der Binnennachfrage orientierte Ökonomie würde diese Verletzbarkeit deutlich reduzieren.

Zudem ist die extreme Exportorientierung der deutschen Wirtschaft auch für viele Aspekte der eingangs skizzierten Sozialkrise verantwortlich. Damit Deutschland im Export so erfolgreich sein kann, hat es bereits seit Mitte der Neunzigerjahre darauf verzichtet, die Löhne so stark zu erhöhen, wie es von der Produktivitätsentwicklung her eigentlich geboten wäre. Auch die Einsparungen in den sozialen Sicherungssystemen – wie den Hartz-Reformen, Rentenkürzungen usw. – wurden mit dem Kostendruck durch die Exportkonkurrenz begründet. Die Dominanz des Exportismus muss auch deshalb gebrochen werden, um wieder Löhne, Arbeitsbedingungen und Sozialleistungen durchsetzen zu können, die den Menschen ein Auskommen verschaffen. Besonders absurd wird es, wenn die IG Metall – im Interesse der preislichen Wettbewerbsfähigkeit der deutschen Produktionsstandorte und der dort beschäftigen Stammbelegschaften – einen Tarifvertrags aushandelt, der Leiharbeiter noch schlechter stellt als in den gesetzlichen Bestimmungen.

Eine Reduktion der außenwirtschaftlichen Verletzlichkeit ist schließlich auch deshalb geboten, da die Zeichen auf den europäischen und globalen Exportmärkten eher auf Sturm stehen. Das Brexit-Referendum war nur der augenscheinlichste Indikator für diese Entwicklung. Auch für andere europäische Märkte erwarten die Außenhandelsexperten des Deutschen Industrie- und Handelstages zunehmenden Protektionismus. Aber auch in anderen Weltregionen ist nicht unbedingt mit einer sehr dynamischen Wirtschaftsentwicklung zu rechnen, etwa in der Türkei und Japan, oder in Schwellenländern wie Brasilien, Russland und Südafrika. Ganz besonders gravierend ist für das deutsche Wirtschaftsmodell jedoch die Gefahr einer Welle des globalen Protektionismus, wie sie von US-Präsident Trump und den zu erwartenden Gegenmaßnahmen anderer Regierungen ausgeht.

Als besonders tragisch könnte sich in diesem Zusammenhang noch die Herausbildung einer Autoexport-Monokultur in der deutschen Wirtschaft erweisen. Die starke Fokussierung auf einen Wirtschaftssektor ist immer riskant, insbesondere wenn er in einer Region konzentriert ist. Das Ruhrgebiet ist der lebende Beweis. Eine Analyse der Ausgaben für Forschung und Entwicklung von Deutschlands Unternehmen zeigt heute eine extreme Konzentration in den Bundesländern Baden-Württemberg, Bayern und Niedersachsen, letzteres fast monostrukturell auf den VW-Konzern bezogen. Insgesamt entfallen fast ein Drittel aller Ausgaben für Forschung und Entwicklung auf den Fahrzeugbau. Wenn dieser Sektor in Schwierigkeiten gerät, kann die ganze Wirtschaft viel massiver negativ getroffen werden als im Vergleich mit einer ausbalancierten Wirtschaftsstruktur. Und gerade die klassische Automobilbranche steht vor gewaltigen Herausforderungen, etwa durch automatisiertes Fahren, Elektromobilität und die Sharing Economy. Und dabei sind die aktuellen Herausforderungen durch den Diesel-Skandal noch gar nicht berücksichtigt. Die deutsche Automobilbranche könnte sich recht bald als Dinosaurier entpuppen, so wie früher Kohleförderung und Stahlindustrie, und damit ganze Regionen in den nachhaltigen wirtschaftlichen Niedergang ziehen.

Notwendig ist also eine Stärkung der Binnennachfrage, durch höhere Löhne, vermehrte Investitionen und einen Ausbau der Beschäftigung. Der unverzichtbare Umbau der deutschen Wirtschaft ist in der Übergangsphase möglicherweise schmerzhaft, da durch höhere Löhne Marktanteile und Arbeitsplätze im Exportsektor verloren gehen können. Es wäre aber besser, bereits jetzt vorausschauend mit der graduellen Reduktion der extremen Exportausrichtung der deutschen Wirtschaft zu beginnen, anstatt auf einen späteren völligen Zusammenbruch in einer globalen Wirtschaftskrise zu warten. Es geht auch nicht um einen drastischen Abbau des Exportsektors, sondern um eine graduelle Ausbalancierung der deutschen Wirtschaft, bei der andere Sektoren – etwa im Bereich des Handwerks, der Dienstleistungen und der Baubranche – deutlich gestärkt werden.

Es sollte jedoch nicht verschwiegen werden, dass ein binnennachfrageorientiertes Umsteuern bei der Wirtschaftsstruktur vorübergehend auch Verlierer haben kann. Neben den Kapitalbesitzern könnten das möglicherweise auch die Stammbelegschaften in den Flaggschiffen der Exportbranche sein, also etwa bei Volkswagen, Daimler und BMW. Die Gesamtbetriebsratsvorsitzenden der deutschen Automobilindustrie haben 2017 in einem gemeinsamen Papier darauf hingewiesen, dass die Erfolge der Industrie vor allem auf den Qualitätsprodukten beruhen, nicht auf niedrigen Löhnen. Falls das so stimmt, können sie ja dem hier geforderten höheren Lohnniveau sehr gelassen entgegen sehen. In jenen Branchen, bei denen die Entwicklung von Löhnen und Preisen hingegen sehr stark auf die Wettbewerbsfähigkeit durchschlägt, dürfte zumindest innerhalb der Eurozone der nach wie vor bestehende Abstand bei den Lohnstückkosten zugunsten Deutschlands für einen Puffer sorgen, der in den ersten Jahren Arbeitsplatzverluste verhindert, bis dann die Belebung binnennachfrageorientierter Branchen diese potentiellen Verluste kompensieren kann. In jedem Fall sollten die Gewinner einer solchen Reorientierung – neben den Armen vor allem Arbeitnehmer und Unternehmer in binnennachfrageorientierten Branchen und Arbeitnehmer im öffentlichen Sektor – weitaus zahlreicher sein als die Verlierer. Zudem werden die deutschen Exportunternehmen oftmals in der Lage sein, ein steigendes Lohnniveau durch eine steigende Produktivität zumindest teilweise zu kompensieren. Steigende Löhne dienen hier als »Produktivitätspeitsche«, sie werden die Investitionen der Unternehmen wieder erheblich ansporn. Die Strategie der Lohnzurückhaltung schadet ja langfristig der Produktivitätsentwicklung, wie der niederländische Ökonom Alfred Kleinknecht dokumentiert hat (»Lohnzurückhaltung schadet der Produktivität«, Interview auf annotazioni.de).

Die Investitionstätigkeit der deutschen Unternehmen fällt aktuell sowohl im historischen als auch im internationalen Vergleich sehr gering aus, sie ist in Relation zur Wirtschaftsleistung seit Jahrzehnten rückläufig (wenn auch noch besser als in den meisten anderen Eurozonenländern). Während die Reinvestitionsquote der Gewinne deutscher Industrieunternehmen im Jahr 2000 noch bei 33,6 Prozent lag, erreichte sie 2015 nur noch 4,3 Prozent, so Klaus Ernst bei seiner Stellungnahme zum Jahreswirtschaftsbericht 2017 der Bundesregierung. Die deutschen Unternehmen ruhen sich derzeit auf den monetär günstigen Rahmenbedingungen der Eurozone – schwacher Außenwert, Wegfall der Abwertungsmöglichkeit für innereuropäische Konkurrenten – aus, was langfristig zu einem bösen Erwachen führen könnte. Und wenn deutsche Unternehmen derzeit investieren, liegt der Fokus viel zu oft nicht auf wissensbasierten, produktivitätserhöhenden Investitionen, sondern in Immobilien oder Unternehmensanteilen, beides kein Ausweis einer dynamischen Wirtschaftsentwicklung. Auch hier könnte eine binnennachfrageorientierter Balancierung der deutschen Wirtschaft also stark stimulierend wirken.

Höhere Löhne und sichere Jobs: Grundpfeiler einer stärkeren Binnennachfrageorientierung

Große Teile der deutschen Bevölkerung sehen bereits die Wirtschaft auf falschem Kurs und erwarten mittel- bis langfristig eine Verschlechterung der Wirtschaftslage. Eine negative wirtschaftliche Zukunftsperspektive hat allerdings tragische Folgen für den alternativen Wachstumsmotor der deutschen Wirtschaft, die Binnenkonjunktur. Wer erwartet, dass sich die Wirtschaftslage in absehbarer Zeit deutlich verschlechtert, konsumiert nicht, sondern spart. Deutschland hat aber bereits jetzt ein Nachfrageproblem, ausgelöst von niedrigen Löhnen, geringen Sozialleistungen und zu geringen Investitionen, und demgegenüber eine viel zu hohe Sparquote, wie Heiner Flassbeck auf dem Makroskop-Blog zu betonen nicht müde wird.

Noch deutlicher ist das Nachfrageproblem, wenn die gesamte Eurozone in den Blick genommen wird. Eine Umfrage der EZB aus dem Jahr 2015 zu den Investitionshindernissen von Firmen in der Eurozone (publiziert im ECB Economic Bulletin 8/2015) nennt an erster Stelle »weak demand«, dann »poor outlook« und schließlich »overcapacity«. Erst an siebter Stelle kommen die »labour costs« und an achter die »admin burdens«, die von Angebotsökonomen traditionell in den Vordergrund gestellt werden. Als mit Abstand größte Volkswirtschaft der Eurozone hat Deutschland eine besondere Verantwortung, durch höhere Löhne, verstärkte Investitionen und mehr Beschäftigung dieses Nachfragedefizit zu reduzieren. Die Schieflage der deutschen Ökonomie ist inzwischen so ausgeprägt, dass quasi alle internationalen Wirtschaftsorganisationen der Bundesregierung hier zu einem Kurswechsel raten – und Organisationen wie dem IWF und der OECD kann wahrlich kein Vulgärkeynesianismus vorgeworfen werden.

Naheliegend scheint es daher, die deutsche Wirtschaft besser auszubalancieren und stärker auf die Binnennachfrage auszurichten, um die übertriebene Exportabhängigkeit, die auch immer wieder zu Konflikten mit anderen Staaten führt, zu reduzieren. Eine Stärkung der Binnennachfrage würde auch zu einer besseren Beschäftigungsentwicklung im Inland führen, da in großen Volkswirtschaften wie der Deutschlands – im Gegensatz zu kleinen wie jener der Niederlande – die Beschäftigungsimpulse aus der Lohnzurückhaltung für den Export tendenziell geringer ausfallen als die damit einhergehende Konsumschwäche in der Binnenökonomie. Zwar ist die Arbeitslosigkeit in Deutschland im Vergleich zu vielen Nachbarländern gering, doch bestehen auch hier zu viele Arbeitsverhältnisse aus kurzfristigen und schlecht bezahlten Jobs, wie bereits im ersten Kapitel dokumentiert.

Um die Binnennachfrage nach Gütern und Dienstleistungen anzufachen, ist vor allem eine größere Umverteilung zu Gunsten der ärmeren Bevölkerungsgruppen notwendig. Diese Gruppen konsumieren einen viel größeren Anteil ihrer Einkünfte als die Reichen (die einen höheren Anteil sparen) und sorgen damit für eine Stimulierung der Nachfrage nach Gütern und Dienstleistungen. Eine stärkere Umverteilung von Reich zu Arm würde also nicht nur das Kernanliegen linkspopulärer Politik, eine Besserstellung der weniger privilegierten Bevölkerungsschichten adressieren, sondern wäre auch Kernbestandteil eines alternativen Wachstumsmodells für Deutschland.

Ausgehend von der Analyse, dass die derzeit geringe Investitionsquote in Deutschland vor allem in mangelnder Nachfrage begründet liegt – den meisten deutschen Unternehmen mangelt es ja wahrlich nicht an Investitionskapital oder Zugang zu günstigen Krediten – würde eine egalitärere Einkommensverteilung zu deutlich höheren Unternehmensinvestitionen und Wachstumsraten führen. Das gängige konservativ-liberale Credo, dass Geld erst verdient werden muss, bevor es umverteilt werden kann, stimmt zumindest in Deutschland derzeit nicht. Hier gilt eher, dass umverteilt werden muss, damit wieder mehr Geld verdient werden kann.

Deutschland steht mit dieser Herausforderung nicht allein. In den vergangenen Jahren haben mehrere Studien des Internationalen Währungsfonds (»Redistribution, Inequality, and Growth«) und der OECD (»Trends in Income Inequality and ist Impact on Economic Growth«) darauf hingewiesen, dass Länder mit höherer Einkommensungleichheit in den vergangenen Jahrzehnten unter einem geringen Wirtschaftswachstum und kürzeren Wachstumsphasen litten als Länder mit weniger Ungleichheit. Neben dem oben diskutierten Problem des Nachfrageausfalls weisen diese Studien vor allem auf die geringen Investitionen in jener Bildung hin, auf die sich untere Einkommensgruppen in sehr ungleichen Gesellschaften beschränken müssen, so die Zusammenfassung durch Böckler Impuls.

Eine sehr zurückhaltende Rechnung des DIW (»Wie steigende Einkommensungleichheit das Wirtschaftswachstum in Deutschland beeinflusst«, März 2017), die simuliert, was passiert wäre, wenn die Ungleichheit – hier abgebildet durch den Gini-Koeffizienten der Nettohaushaltseinkommen – in Deutschland seit 1991 nicht zugenommen hätte, sondern gleich geblieben wäre, kommt zu dem Ergebnis, dass auf diese Weise das reale Bruttoinlandsprodukt im Jahr 2015 um gut vierzig Milliarden Euro höher ausgefallen wäre. Die steigende Ungleichheit hat sich nach dieser Studie deutlich negativ auf Investitionen und Ungleichgewichte in der Europäischen Währungsunion ausgewirkt, insbesondere durch die Bremsung der privaten Konsumnachfrage – von den negativen Auswirkungen für die Lebensqualität der betroffenen Haushalte ganz abgesehen.

Die Sparüberschüsse der reichen Haushalte und der Unternehmen werden im derzeitigen Wirtschaftsmodell immer höher, da diese ihre sehr hohen Einkommen nicht vollständig konsumieren können. Da es in Deutschland fehlende Nachfrage gibt, wird ein Großteil dieser Überschüsse ins Ausland transferiert – und fällt dort häufig genug Finanzkrisen zum Opfer, wie jüngst in den USA, Irland, Spanien oder Griechenland. Das manager magazin hat Deutschlands Wirtschaft zutreffend als »Eichhörnchenwirtschaft« bezeichnet: wir sammeln Nüsse für schlechte Zeiten (wir sparen), werden uns aber in vielen Fällen nicht erinnern können, wo wir sie versteckt haben oder sie gehen durch Taten anderer verloren. Dieser »gefährliche deutsche Sparwahn« (so auch Die Welt) macht keinen Sinn.

Notwendig für eine linkspopuläre Wirtschaftsstrategie wären also in erster Linie höhere Löhne und sichere Jobs, insbesondere in den unteren Lohngruppen, sowie zusätzliche Investitionen in die vielfach vernachlässigte öffentliche Infrastruktur und einige öffentliche Dienstleistungen (vor allem in Bildung und Pflege). Alle diese Maßnahmen würden die Binnennachfrage stimulieren, damit den Exportsektor als Jobmotor entlasten und auch die Spannungen mit jenen europäischen Nachbarstaaten reduzieren, die Deutschland nicht zu Unrecht vorwerfen, sein »Jobwunder« auf Kosten anderer geschaffen zu haben. Eine Grenze für Lohnsteigerungen kann sich mittelfristig durch eine zu hohe Inflation entwickeln, aber davon sind wir derzeit weit entfernt.

Für die Erfolgsträchtigkeit einer besseren Ausbalancierung der deutschen Wirtschaft spricht auch, dass die solide Konjunkturentwicklung in den Jahren 2015 und 2016 – trotz einer sehr mäßigen Entwicklung der Exporte – durch eine gute Binnenkonjunktur möglich war, durch die relativ hohen Ausgaben von Verbrauchern und steigenden staatlichen Konsum, letzterer vor allem für die Unterbringung von Flüchtlingen. Hintergrund der robusten Verbraucherausgaben waren eine vergleichsweise geringe Arbeitslosigkeit und langsam steigende Löhne, bei niedrigen Energiepreisen. Inflationär haben diese Lohnsteigerungen bisher auch nicht gewirkt, die Kerninflationsrate ist weiterhin sehr gering geblieben. Die Sonderfaktoren von Flüchtlingsunterbringung und niedrigen Energiepreisen werden aber nicht von Dauer sein. Die Tendenz zu steigenden Löhnen muss daher unbedingt intensiviert werden, etwa durch weitere Erhöhungen des gesetzlichen Mindestlohns und die Einführung von Mindesthonoraren für Solounternehmer. Letzteres könnte etwa den hochproblematischen Prozess stoppen, bei dem E-Commerce-Anbieter – mit ihrer Ausbeutung von pseudo-selbständigen Klickarbeitern – dem stationären Einzelhandel immer mehr das Geschäft abnehmen und dabei eine Vielzahl sozialversicherungspflichtiger Festanstellungen zerstören.

Besonders wichtig für steigende Löhne ist die Stärkung der Verhandlungsmacht der Gewerkschaften, beispielsweise über Gesetze zur Unterstützung der Tarifbindung. Eine erhöhte Tarifverbindung könnte etwa durch die Erklärung von Tarifverträgen als allgemeinverbindlich für eine ganze Branche geregelt werden, wie das ja auch bis in die Neunzigerjahre noch häufig Praxis war. Die große Koalition hat hier zwar eine Neuregelung vorgenommen, die aber vollkommen wirkungslos blieb, weil sie ein Vetorecht für die Arbeitgeberverbände im Tarifausschuss vorsieht. Das IMK dokumentiert in seiner Studie »Was tun gegen die Ungleichheit« (2017), dass dementsprechend nur 443 von 73 000 derzeit gültigen Tarifverträgen allgemeinverbindlich sind und fordert zu Recht eine Abschaffung dieses Vetorechts.

Gerade am Beispiel des Einzelhandels kann man gut sehen, wie die Beschäftigten in Branchen leiden, bei denen die Personalkosten deutlich ins Gewicht fallen, ein starker Wettbewerb herrscht und die allgemeine Tarifbindung (nach dem Jahr 2000) abgeschafft wurde. Hier hat die Anzahl der tarifgebundenen Beschäftigten drastisch abgenommen – und die tarifungebundenen Unternehmen bezahlen deutlich niedrigere Löhne (25–30 Prozent), was ihnen gleichzeitig massive Vorteile im knallharten Verdrängungswettbewerb der inzwischen hochkonzentrierten Branche bringt. Branchenweite Tarifverträge würden hier die Waffengleichheit zumindest ansatzweise wiederherstellen und für höhere Löhne sorgen, in einem personalintensiven Sektor mit vielen schlecht bezahlten Arbeitnehmern und dem nach Verdi-Angaben (»Verdrängungswettbewerb im Einzelhandel: Zwischen Preiskrieg, Tarifflucht und Altersarmut«) inzwischen höchsten Risiko für Altersarmut, vor allem bei Frauen.

Lohnerhöhungen müssen auch mit einem Abbau atypischer Beschäftigungsverhältnisse kombiniert werden, da letztere keine sichere Zukunftsperspektive bieten und die Betroffenen damit zum Sparen – und nicht zum Konsumieren – anhalten. Gleiches gilt für die Wiedereinführung einer ordentlichen Arbeitslosenversicherung und der Abschaffung des Zwangs, auch untertarifliche und unqualifizierte Arbeit annehmen zu müssen. Die Erpressbarkeit der Arbeitnehmer muss reduziert werden, damit jene auskömmliche Löhne einfordern können. Leiharbeiter müssen – wie in Frankreich – teurer gemacht werden als normale Arbeitnehmer. Auch die bisherige Minijob-Regelung muss revidiert werden, da sie nur sehr selten dazu führt, dass Arbeitslose, Berufseinsteiger oder -rückkehrer über geringfügige Beschäftigung in eine besser bezahlte sozialversicherungspflichtige Beschäftigung aufsteigen. Während das aus der Sicht von Schülern und Rentnern unproblematisch ist, verhindert das Konstrukt bei anderen Arbeitnehmern den Aufbau sozialversicherungspflichtiger Beschäftigung und subventioniert – durch die damit einher gehenden Steuerausfälle – insbesondere besserverdienende Haushalte.

Eine Reorientierung zu dauerhaften und nicht prekären Beschäftigungsverhältnissen verspricht nicht nur höhere Steuereinnahmen und eine Stärkung der Sozialversicherungen, sondern auch eine verbesserte Produktivität. Arbeitnehmer, die nur kurz in einem Unternehmen beschäftigt sind, haben wenig Anreiz, dort eigeninitiativ an Innovationsprozessen mitzuwirken. Zudem verringern kurze Beschäftigungsverhältnisse die Anreize sowohl der Arbeitnehmer als auch der Arbeitgeber in die firmenspezifische Qualifikation der jeweiligen Mitarbeiter zu investieren, eine weitere Bremse des Produktivitätsfortschritts.

Von den Arbeitgebern wird inzwischen vielfach ein genereller Fachkräftemangel in Deutschland beklagt. Dahinter steht zunächst das Bedürfnis, für jede freie Stelle eine große Anzahl von Bewerbern zu haben und dieses Kräfteverhältnis dazu zu nutzen, Löhne und Arbeitsbedingungen zu diktieren. Entsprechende Klagen sollte man daher nicht ernstnehmen (Jakob Osman, »Das Märchen vom Fachkräftemangel«, manager magazin 9.3. 2017). Wenn sich aber für einzelne Betriebe und Branchen irgendwann ein echter Mangel an qualifizierten Arbeitskräften herausbilden sollte, hat das mittelfristig auch sehr positive Effekte, denn es zwingt die Arbeitgeber nicht nur dazu, höhere Löhne zu bezahlen und damit die Binnennachfrage zu stärken, sondern sich auch intensiver im Bereich der Aus- und Weiterbildung weniger qualifizierter Gruppen zu engagieren, anstatt permanent nur bequem den Rahm der am besten ausgebildeten Gruppen abzuschöpfen. Gleiches gilt für Menschen jenseits der fünfzig, bei deren Einstellung Unternehmen bisher noch sehr zögerlich sind. Bei 3,6 Millionen Menschen in Unterbeschäftigung besteht immer noch ein sehr großer Pool an potentiellen Arbeitskräften.

Die Binnennachfrage kann zwar auch durch höhere Sozialleistungen stimuliert werden, es ist aber für die Betroffenen wesentlich angenehmer, wenn sie und ihre Familien von ihrer eigenen Arbeit leben können, anstatt von Transfers – und dem damit oftmals einher gehenden Sozialstaatspaternalismus. Insofern ist dem Ausbau der öffentlichen Beschäftigung und den höheren Löhnen in der Privatwirtschaft hier der Vorzug zu geben, auch wenn diese bei einigen Bevölkerungsgruppen mit höheren Sozialleistungen ergänzt werden müssen. Der Sozialstaat ist kein Selbstzweck, sondern nur ein

Mittel zum Zweck der Vermeidung von Armut und der Verringerung von Ungleichheit – und letzterer ist durch anständig bezahlte Arbeit in den meisten Fällen mindestens genauso gut zu erreichen. Zudem erlauben deutlich höhere Löhne auch Chancen für eine freiwillige Arbeitszeitverkürzung (ohne Lohnausgleich), die es überlasteten Menschen ermöglicht, den ständigen Arbeitsdruck zu reduzieren und zugleich mehr Menschen in Arbeit schafft. Gleiches gilt für ein auskömmliches Rentenniveau, das ja zu einem großen Teil auf Löhnen und den entsprechenden Sozialversicherungsbeiträgen aufbaut.

Eine Binnenkonjunkturentwicklung, die von stabil steigenden Löhnen und Beschäftigung getragen wird, ist auch langfristig sinnvoller als die Stimulierung der Binnenkonjunktur durch eine steigende Privatverschuldung (»privatisierter Keynesianismus«), wie sie etwa in Ländern wie den USA, Großbritannien und Spanien stattgefunden hat, aber notwendigerweise irgendwann nicht mehr ausgedehnt werden kann. Insbesondere in Spanien und den USA haben wir deutlich gesehen, welche katastrophalen Folgen eine deutliche Erweiterung des Kreditzugangs an armen Bevölkerungsgruppen haben kann, die bei einem wirtschaftlichen Einbruch dann nicht nur die neu erworbene Immobilie, sondern auch ihr gesamtes Vermögen verloren haben.

Nicht nacheifern sollten wir dem US-amerikanischen Wirtschaftsmodell auch in Bezug auf die sogenannte »sharing economy«. Während beim Carsharing die Vorteile weniger verstopfter Straßen noch überzeugen, überwiegen bei jener Form des Teilens, bei dem bezahlte menschliche Dienstleistungen durch Selbstausbeutung ersetzt werden, eindeutig die Nachteile (außer für die Aktionäre der Unternehmen, die diese zunehmend monopolistischen Plattformen bereitstellen). Dienste wie Uber und Airbnb zerstören nicht nur die Jobs zehntausender Taxifahrer und Hotelangestellten und unterminieren die Sozialversicherungen, sondern verschärfen zudem die Wohnungsnot in attraktiven Städten wie Berlin oder Amsterdam, da viele Wohnungen gar nicht mehr zu ihrem eigentlichen Zweck verwendet werden, sondern nur noch für die kurzfristige Vermietung an die kosmopolitischen Nomaden (»The ›Airbnb effect‹: is it real, and what is it doing to a city like Amsterdam?«, The Guardian, 6.10.2016).

Jene Arbeitnehmer, die schließlich auch durch die Wiederbelebung der privaten Binnenwirtschaft noch nicht in Lohn und Arbeit stehen, müssen notfalls in einem sozialen Arbeitsmarkt beschäftigt werden, und zwar nicht in »Ein Euro-Jobs«, sondern in sozialversicherungspflichtigen und tariflich bezahlten Arbeitsverhältnissen. Sinnvolles zu tun gibt es dort genug, etwa im Polizei- und Justizbereich (vgl. Kapitel 7), sozialen Dienstleistungen, oder im Umweltschutz.

Alterssicherung, Bildung, Infrastruktur: Wiederaufbau des öffentlichen Sektors

Die – neben höheren Löhnen und sicheren Jobs – zweite Säule einer linkspopulären Wirtschaftspolitik muss eine Revitalisierung des öffentlichen Sektors sein. Dieser Sektor ist nach drei Jahrzehnten des permanenten Stellenabbaus und der Privilegierung des Privatsektors heruntergewirtschaftet worden. Er ist aber unverzichtbar für jede an der Binnennachfrage orientierte Wirtschaftsstrategie mit dem Ziel der Vollbeschäftigung. Er muss im Sinne einer Konjunkturpolitik auch in die Lage versetzt werden, bei wirtschaftlichen Einbrüchen gegenzusteuern und Rezessionen zu verhindern. Zudem kann nur der öffentliche Sektor dafür sorgen, dass Menschen ihrem Lebensabend ohne Sorgen entgegensehen, dass es weiterhin die Möglichkeit eines sozialen Aufstiegs gibt und dass auch die nächste Generation in einer hochwertigen Infrastruktur lebt. Die Privatisierungsmanie sollte daher beendet werden. Im Kern einer linkspopulären Strategie zur Wiederbelebung des öffentlichen Sektors sollten zudem vor allem drei Bereiche stehen, Alterssicherung und Gesundheit, schulische und vorschulische Bildung sowie Infrastruktur. Dazu kommen außerdem Polizei und Justiz (siehe Kapitel 7).

Die Privatisierungswelle der vergangenen Jahrzehnte hat zu katastrophalen Resultaten geführt, wie Tim Engartner in seinem Buch

Staat im Ausverkauf umfassend dokumentiert hat. Solide bezahlte und sozialversicherungspflichtige Anstellungen, beispielsweise als Briefträger oder Paketzusteller, wurden durch Minijobs ersetzt. Die Einsparungen führten nicht etwa zu besserem Service oder niedrigeren Kosten, sondern zur Einstellung von Sonntagsleerungen und zu regelmäßigen Portoerhöhungen. Sowohl ökologisch als auch volkswirtschaftlich macht es zudem keinen Sinn, statt einem Postauto vier Lieferungen von DHL, UPS, DPD und Hermes durch dieselbe Straße fahren zu lassen. Profitiert haben davon in erster Linie die Aktionäre der Deutschen Post AG und der privaten Zustelldienste, während die Bundespost vor der Privatisierung nicht nur für auskömmliche Stellen sorgte, sondern dem Bund auch noch einen Jahresüberschuss für den Haushalt bereitstellte. Ähnlich katastrophal sind die Entwicklungen bei der Bahn, der Abfallentsorgung, der Energieversorgung und in vielen anderen Bereichen, die vormals öffentlich betrieben worden waren und seit den Achtzigerjahren privatisiert wurden. Zaghafte Ansätze einer Rekommunalisierung wichtiger Dienstleistungen wie Energieversorgung und Abfallwirtschaft sollten daher energischer betrieben, verbleibende Privatisierungspläne wie jene bei den Autobahnen und Schulbauten endgültig auf Eis gelegt werden. Gleiches gilt für Öffentlich-Private Partnerschaften (ÖPP) wie beim Ausbau der Autobahn A1 zwischen Hamburg und Bremen, die sich nicht nur einer demokratischen Steuerung entziehen, sondern auch zu unkalkulierbaren Kosten führen, wie Kai Eicker-Wolf und Patrick Schreiner in ihrer Bestandsaufnahme *Mit Tempo in die Privatisierung* dokumentiert haben.

Wie am Anfang dieses Abschnittes dargestellt, gehört der Wunsch nach einem abgesicherten Alter zu den wichtigsten Sorgen der weniger privilegierten Gruppen in Deutschland. Um diesen Sorgen wirkungsvoll entgegen treten zu können, ist einerseits eine gute und billige Gesundheitsversorgung, insbesondere in Bezug auf die Pflege im Alter wichtig. Notwendig sind in diesem Kontext viel höhere Ausgaben für die Pflege, etwa durch gesetzliche Mindeststandards für Personalschlüssel (und damit mehr Personal), höhere Gehälter und kürzere Arbeitszeiten für Altenpfleger, die diese Tätigkeiten für mehr Bewerber attraktiv machen. Im Gegensatz zum vielfach in großen Kampagnen beklagten Fachkräftemangel in der Wirtschaft gibt es hier wirklich einen solchen Mangel, der nur durch attraktivere Arbeitsverhältnisse gemindert werden kann. Nach wie vor verdienen Altenpfleger zwanzig bis dreissig Prozent weniger als Krankenpfleger, so die Studie »Viel Varianz: Was man in den Pflegeberufen in Deutschland verdient«, die das Institut für Arbeitsmarkt- und Berufsforschung für die Bundesregierung erstellt hat. Damit die Beitragsbelastung der arbeitenden Bevölkerung durch Mehrausgaben für den öffentlichen Gesundheitssektor nicht zu stark ansteigt, sollten die Krankenversicherungsbeiträge wieder wie früher zur Hälfte von Arbeitgebern und Arbeitnehmern getragen werden. Beamten und Besserverdienenden muss – ähnlich wie in den Niederlanden und der Schweiz – durch eine Bürgerversicherung die Möglichkeit genommen werden, sich durch private Krankenkassen einer solidarischen Finanzierung zu entziehen und die Beitragsbemessungsgrenze muss angehoben werden.

Essentiell für die Reduktion der Zukunftsangst vieler Deutscher ist andererseits eine deutliche Stärkung der umlagefinanzierten Rente. Diese Rente muss eine Gewähr für ein auskömmliches Leben im Alter sein. Ein Absturz vieler Rentner in die Grundsicherung würde langfristig dazu führen, dass die Versicherungsbeiträge ihre Existenzberechtigung verlieren, mit katastrophalen Konsequenzen für die Finanzierung der Altersversorgung. Die kapitalmarktorientierte Ergänzung ist für die meisten armen Haushalte genauso wenig eine Option wie die von Andrea Nahles vorangetriebene Stärkung von Betriebsrenten, beide nützen allenfalls den Mittelschichten. Nicht zuletzt die Finanzkrise und die spätere Niedrigzinsphase haben zudem die Risiken einer Form der Alterssicherheit demonstriert, die in erster Linie den Investmentfonds und Lebensversicherungen dient. Die öffentlichen Mittel zur Förderung von Betriebsrenten und Riesterrenten sollten daher in Zukunft vollständig in das umlagefinanzierte System fließen, um damit das allgemeine Rentenniveau zu erhöhen.

Das deutsche versicherungsorientierte Rentensystem findet allerdings nur dann Akzeptanz, wenn Beitragszahler eine entsprechende

Gegenleistung erwarten können. Versicherungsfremde Leistungen müssen daher komplett aus Steuern finanziert werden, etwa die jüngst eingeführten Mütterrenten. Eine weitere Heraufsetzung des Rentenalters, wie sie von vielen Menschen in weniger belastenden Berufen als durchaus erträglich erscheint, ist für die weniger Privilegierten de facto nichts weniger als eine Rentenkürzung und ohne großzügige Ausnahmen für gesundheitlich belastete Menschen abzulehnen. Kurz- und mittelfristig wird für die Finanzierung eines auskömmlichen Rentenniveaus auch eine Erhöhung der Beiträge der Arbeitgeberseite notwendig sein, die sich das angesichts der seit langem sprudelnden Gewinne auch leisten kann. Langfristig ist das Rentensystem zu einer Erwerbstätigenversicherung umzubauen, in die auch Beamte und Selbständige einzahlen müssen. Das Beispiel Österreichs zeigt, dass diese Form der Rentenversicherung zu einem auskömmlichen Rentenniveau führen kann. Ein »Standardrentner« erhält dort etwa vierzig Prozent mehr Rente als in Deutschland, bei erträglichen Beitragssätzen (seit 1988 konstant bei 22,8 Prozent). Nach OECD-Berechnungen (»Pensions at a Glance 2015«) kann ein heutiger Berufsanfänger bei Annahme eines normalen Berufsverlaufs und des aktuellen Rentenrechts in Deutschland bei Rentenbeginn eine Lohnersatzrate von 37,5 Prozent erwarten und in Österreich von 78,1 Prozent.

Ein zweiter Bereich des öffentlichen Sektors, der aus linkspopulärer Sicht weiter ausgebaut werden sollte, ist der Bereich der schulischen und insbesondere der vorschulischen Bildung. Gemessen an der Wirtschaftsleistung gibt Deutschland wesentlich weniger Geld für die schulische Bildung aus als die meisten anderen Industrieländer. Zugleich ist in Deutschland die Aufstiegsmobilität im Bildungsbereich extrem gering – Kinder aus einer schwierigen sozialen Lage haben wesentlich geringere Bildungschancen als jene aus der Mittelschicht – ein wesentlicher Grund für die Perspektivlosigkeit der sozial weniger privilegierten Bevölkerungsgruppen.

Essentiell für die soziale Mobilität ist insbesondere eine qualitativ hochwertige frühkindliche Bildung, um die soziale Chancenungleichheit bei Geburt potentiell noch reduzieren zu können. Notwendig ist daher ein weiterer Ausbau von qualitativ hochwertigen Kindertagesstätten, mit besonderen Bildungsanstrengungen für Kinder aus sozial schwachen Familien. Dazu gehören zusätzliche Betreuungsplätze, ein besserer Betreuungsschlüssel, eine bessere Ausbildung von Erzieherinnen und auch hier eine bessere Bezahlung, um besonders qualifizierte Kräfte für diese gesellschaftlich so wichtige Aufgabe zu gewinnen. Um allen Kindern aus schwächeren sozialen Gruppen den Besuch von Kindertagesstätten zu ermöglichen, sollte dies für sie unentgeltlich sein, die Kommunen müssen entsprechend finanziell unterstützt werden. Dazu gehören insbesondere auch Kinder mit Migrationshintergrund – in vielen westdeutschen Ballungszentren sind das inzwischen bei den unter Sechsjährigen immerhin die Hälfte, in Frankfurt am Main sogar 75 Prozent, so eine Sonderauswertung des Mikrozensus. Zwar nehmen neunzig Prozent der Drei- bis unter Sechsjährigen mit Migrationshintergrund laut »Bildungsbericht 2016« einen Platz in einer Kindertagesstätte wahr, bei den unter Dreijährigen liegt die Betreuungsquote bei den Kindern ohne Migrationshintergrund allerdings fast doppelt so hoch (38 Prozent) wie bei jenen mit Migrationshintergrund (22 Prozent). Das ist hochproblematisch, zumal der Sachverständigenrat deutscher Stiftungen für Integration und Migration bereits in seinem Jahresgutachten 2010 festgestellt hat, dass der Besuch einer Krippe bis zum dritten Lebensjahr die Wahrscheinlichkeit, später ein Gymnasium zu besuchen, bei Kindern mit Migrationshintergrund um 55 Prozent erhöht.

Wichtig für eine Verbesserung der sozialen Mobilität ist auch die Unterstützung von Schulen in benachteiligten Stadtvierteln, etwa mit hohem Migrationsanteil. Solche Schulen sollten im Vergleich zu reicheren Stadtvierteln überproportional unterstützt werden (etwa durch mehr und besser bezahlte Lehrer sowie zusätzliche Schulsozialarbeiter), damit auch die Mittelschicht bereit ist, ihre Kinder dorthin zu schicken. Um berufstätige Mütter und Väter zu unterstützen, sollte auch das Ganztagsangebot ausgebaut werden, etwa für verlässliche Ganztagsgrundschulen mit qualifiziertem Nachmittagsangebot. Neben diesen besonders dringlichen Maßnahmen besteht

generell im Schulsystem Nachholbedarf, angesichts vielfach über-
lasteter Lehrer – etwa durch Inklusion und Flüchtlingskinder – und
maroder Schulgebäude. Dabei geht es nicht um eine Verteilung mit
der Gießkanne, sondern um eine gezielte Förderung der Schulen an
sozialen Brennpunkten und im Bereich der Inklusion. Aus linkspopulärer Sicht haben diese Maßnahmen – und auch eine Stärkung des
Systems der beruflichen Bildung – Priorität vor dem weiteren Ausbau des Hochschulsystems, der erfahrungsgemäß eher Kindern der
Mittel- und Oberschicht zugutekommt (drei Viertel aller Akademi-
kerkinder studieren, aber nur jedes vierte Arbeiterkind). Aber auch
dieser Ausbau ist angezeigt, mit besonderem Fokus auf die Qualität
der Lehre. Wichtig ist hier aber insbesondere eine Reform des Bafög-
Systems, die jenen Studierenden, deren Elternhaus kein Studium finanzieren kann, die Möglichkeit gibt, zu studieren, ohne von der
Sorge eines Schuldenberges zurückgehalten zu werden.

In Bezug auf den dritten Bereich des öffentlichen Sektors, in dem
eine Revitalisierung dringend notwendig ist, die Erhöhung der öffentlichen Infrastrukturausgaben, besteht ja beinahe schon Konsens,
dass Deutschland einen gigantischen Nachholbedarf in Bezug auf
Investitionen in Straßen, Schienen, Digitalnetze und Schulen hat.
Marode Brücken, sowie der völlige Kollaps der Rheintalstrecke haben diese Notwendigkeit mehr als deutlich gemacht. Zudem besteht
weiter ein großer Investitionsbedarf in Bezug auf umweltfreundliche Energieerzeugung sowie Energieeinsparung. Nach der »Brid-
ging Global Infrastructure Gaps«- Studie von McKinsey hatte
Deutschland in der Zeitspanne von 2008 bis 2013 den mit Abstand
geringsten Ausgabenanteil von Infrastrukturausgaben an der Wirtschaftsleistung aller G20-Länder. Gerade in einer Phase hoher Spar-
quoten und bei einem extrem niedrigen Zinsniveau liegt ein großes
Investitionsprogramm nahe, im Zeichen des Klimawandels insbesondere auch in energiesparende und umweltfreundliche Technologien. Investitionen in den Kapitalstock und eine Steigerung der Produktivität würden auch nachfolgenden Generationen mehr helfen
als ein bedingungsloses Sparen, denn hohe Löhne sind auf Dauer
nur bei hoher Wertschöpfung möglich. Es geht hier allerdings nicht

nur um öffentliche Investitionen im engeren Sinne, sondern auch um den Wiederaufbau der dafür notwendigen Verwaltungen in den Bau- und Planungsämtern, um die Genehmigungsverfahren nicht durch große Personallücken endlos zu verzögern. Eine Studie des DIW (»Kommunale Investitionsschwäche: Engpässe bei Planungs- und Baukapazitäten bremsen Städte und Gemeinden aus«) hat gezeigt, dass die Zahl der Beschäftigten in diesen Ämtern von 1991 bis 2011 aufgrund von Sparzwängen um 35 Prozent zurückgegangen ist.

Bei Investitionen im Bereich Klimawandel ist zudem essentiell, dass die weniger reichen Bevölkerungsgruppen nicht mehr wie bei der bisherigen Gestaltung der Energiewende überproportional zur Finanzierung herangezogen werden. Arme Haushalte leiden unter den Strompreiserhöhungen viel stärker als reiche Haushalte, bei denen Energiekosten eine geringe Rolle im Budget spielen. Nach einer Prognose durch die niederländische Consulting CE Delft steigt der Anteil der Energiekosten am verfügbaren Haushaltseinkommen bei den reichsten Haushalten bis 2050 auf durchschnittlich 5,7 Prozent, bei den ärmsten aber auf 17 Prozent. Gleichzeitig haben arme Haushalte auch weniger Möglichkeiten, von der Energiewende zu profitieren, etwa durch Investitionen in alternative Energien (zum Beispiel Solarpanels auf dem Dach). Auch in Deutschland beklagen die Verbraucherzentralen die starke Belastung der einkommensschwachen Haushalte durch die Energiewende. Da die Haushalte des oberen Einkommensdrittels – nach einer 2017 erschienenen RWI-Studie zur »Gerechtigkeitslücke in der Verteilung der Kosten der Energiewende auf die privaten Haushalte« – hier auch eine signifikante Bereitschaft zu höheren Zahlungen zeigen, sollten sie auch deutlich stärker zur Finanzierung von Atomausstieg und Vermeidung des Klimawandels herangezogen werden.

Auch bei Fahrverboten für Dieselfahrzeuge muss in Zukunft viel stärker auf die ökonomischen Auswirkungen auf ärmere Haushalte geachtet werden, die sich nicht immer den Umstieg auf teure neue Autos oder gar besonders teure Elektrofahrzeuge leisten können – und häufig auf ein Auto angewiesen sind, etwa als Handwerker oder mobile Altenpfleger. Ein Verzicht auf Fahrverbote ist aber auch nicht akzeptabel, da gerade die ärmeren Haushalte oft in den besonders belasteten innerstädtischen Stadtteilen liegen, im Gegensatz zu den reicheren Haushalten in den grünen Villenvororten. Anstatt nur die Software von Dieselfahrzeugen anzupassen, wie derzeit zwischen Bundesregierung und Herstellern vereinbart, muss die Industrie daher dazu verpflichtet werden, auf eigene Kosten die existierenden Dieselfahrzeuge durch Katalysatoren mit Harnstoff-Einspritzung (»AdBlue«) auszustatten oder gegen eine ausreichende Entschädigung zu verschrotten – angesichts der seit Jahren hohen Gewinne sollte das gegenüber den Aktionären dieser Unternehmen vertretbar sein.

Zu den besonders wichtigen Infrastrukturaufgaben, die direkt den weniger privilegierten Bevölkerungsgruppen zugutekommen würden, gehört schließlich der massive Ausbau des sozialen Wohnungsbaus in den Städten – insbesondere um auch weiterhin gemischte Wohnviertel zu sichern, statt Wohnraum für ärmere Bevölkerungsgruppen auf einzelne Viertel am Stadtrand zu konzentrieren. Die Anzahl von Sozialwohnungen hat sich in Deutschland seit 1987 durch die auslaufende Zweckbindung mehr als halbiert, während der Bedarf nach einer 2012 erschienenen Studie (»Bedarf an Sozialwohnungen in Deutschland«) des Pestel-Instituts Hannover sich gleichzeitig deutlich erhöht hat. Für Berufsgruppen wie Erzieher, Verkäufer und Pflegekräfte wird innerstädtisches Wohnen daher immer weniger realistisch. Da private Bauherren der Schaffung erschwinglichen Wohnraums zu geringe Priorität beimessen, ist hier die Revitalisierung städtischer Wohnungsbaugesellschaften und von Genossenschaften angebracht. Anstatt knappe städtische Bauflächen renditeorientierten Privatinvestoren zur Verfügung zu stellen, sollte hier – wie vor 1989 – wieder die Priorität bei Trägern der Wohngemeinnützigkeit liegen, insbesondere den Genossenschaften und öffentlichen Wohnungsunternehmen.

Da der Großteil der Aufwendungen für Bildung und Infrastruktur von den Bundesländern und Kommunen getätigt wird, ist eine generelle finanzielle Besserstellung dieser Ebenen zuungunsten des Bundes notwendig, etwa durch eine stärkere Berücksichtigung beim Umsatzsteueraufkommen. Die schwierige Finanzlage der unteren föderalen Ebenen – zumal durch die ab 2020 greifende Schuldenbremse auf Länderebene – ist eine der gravierendsten Hindernisse für einen Wiederaufbau des öffentlichen Sektors. Eine direkte Einmischung des Bundes in diese Aufgaben – etwa durch die von der SPD geforderte generelle Aufhebung des Kooperationsverbotes zwischen Bund und Ländern im Bildungsbereich – würde nur dazu führen, dass Länderparlamente, Kreistage und Stadträte weiter marginalisiert und damit wichtige demokratische Mitbestimmungsmöglichkeiten erodiert werden.

Neben einer generellen finanziellen Stärkung von Ländern und Gemeinden ist in Zukunft auch eine gezielte Stärkung der regionalen Strukturpolitik notwendig, um zu verhindern, dass einzelne Regionen in Deutschland wirtschaftlich vollkommen abgehängt werden. Die Verteilung entsprechender Mittel sollte sich aber nicht auf Ostdeutschland beschränken, sondern auch jene westdeutschen Gebiete umfassen, die erheblich unter dem Strukturwandel leiden, etwa das nördliche Ruhrgebiet, Bremen und Teile der Pfalz. Im Vordergrund sollte dabei eine gezielte Industriepolitik stehen, aber auch die Sicherstellung grundlegender Leistungen der öffentlichen Daseinsvorsorge (zum Beispiel im öffentlichen Personenverkehr) in jenen Regionen, auch wenn diese Leistungen sich betriebswirtschaftlich nicht mehr »rentieren«.

Fiskalpolitik: Alle Finanzierungsquellen gerecht für das Gemeinwohl aktivieren

»Ist das denn alles bezahlbar?« Das wäre ja eine gängige Gegenfrage angesichts dieses Programms zur Aufwertung des öffentlichen Sektors. Die Antwort lautet ja. Eine Erhöhung der öffentlichen Ausgaben finanziert sich zu einem Teil durch die damit ausgelösten Wachstumseffekte selbst. Zusätzliche Stellen und höhere Gehälter sorgen für Zusatzeinnahmen der Steuerbehörden und der Sozialversicherungen. Die durch Einstellungen und Gehälter geschaffene Zusatznachfrage belebt zudem die Binnenkonjunktur in der Privatwirtschaft. Kurzfristig kann sich der Staat zudem aktuell sehr leicht verschulden, mittelfristig steht die Aktivierung einer Reihe zusätzlicher Finanzierungsquellen an.

Die Schuldenlast der Bundesrepublik ist in Relation zur Wirtschaftsleistung in den letzten Jahren deutlich reduziert worden, nicht zuletzt angesichts der aktuell extrem geringen (oder sogar negativen) Zinsen für Staatsanleihen. Es besteht daher nicht nur Spielraum für eine erhöhte Kreditaufnahme, es ist sogar der ideale Zeitpunkt für eine solche Kreditaufnahme. Jene zusätzlichen Schulden, die für produktive Investitionen in die Infrastruktur aufgenommen werden (im Gegensatz zu zusätzlichen Schulden für Sozialleistungen), verringern angesichts der Niedrigzinsen langfristig sogar die Schuldenlast, da die damit geschaffenen Werte mehr Ertrag bringen als durch Tilgung und Zinsen zurückgezahlt werden muss. Auch das übliche neoklassische Argument des Verdrängungseffekts bei der privaten Kreditnachfrage (durch die höhere staatliche Kreditnachfrage und die damit einher gehenden Zinssteigerungen) ist in der aktuellen Niedrigzinsphase nicht einschlägig genug.

Zudem ist die deutsche Staatsquote aufgrund der langen Periode der Vernachlässigung des öffentlichen Sektors sowohl in einer historischen Betrachtung als auch im Ländervergleich bereits auf einem sehr niedrigen Niveau angekommen, wozu auch die in mehreren Verfassungen verankerte Schuldenbremse beigetragen hat. Diese Regelung ist allerdings aus linkspopulärer Sicht ein verfehltes Instrument, zumal sie einem beherzten Eingreifen des Staates in einer schweren Wirtschaftskrise entgegenstehen und damit eine solche Krise noch weiter vertiefen kann. Schon jetzt hat die Schuldenbremse verhängnisvolle Konsequenzen auf der Ebene vieler Bundesländer, denn sie wirkt sich insbesondere bei den Ausgaben für Schulen und Hochschulen sowie für Polizei und Justizsystem negativ aus.

Es gibt allerdings deutliche Unterschiede in der Schuldenlast zwischen den Ebenen des Staates sowie zwischen verschiedenen Ländern der Bundesrepublik. Die finanzielle Situation des Bundes sowie süddeutscher Länder und Kommunen ist wesentlich besser als in den anderen Teilen der Republik. Hier muss stärker ausgeglichen werden, ohne den süddeutschen Ländern Anreize zu einer Ausschöpfung ihres Steuerpotentials zu nehmen. Generell ist aus linkspopulärer Sicht vor allem die finanzielle Stärkung der Kommunen angebracht, denn diese erbringen besonders wichtige öffentliche Leistungen für die Bedürftigen, etwa in den Bereichen der vorschulischem Bildung, des Verkehrs und des Wohnungsbaus. Eine Vergrößerung des Verteilungsspielraums der Kommunen könnte dann mittelfristig auch wieder zu einer erhöhten Beteiligung der ärmeren Bevölkerungsteile bei den Kommunalwahlen führen, wenn nämlich deutlich wird, dass Wahlergebnisse auch zu praktische Folgen im direkten Umfeld führen.

Der Spielraum für öffentliche Ausgaben zugunsten einer Besserstellung der ärmeren Bevölkerungsgruppen kann zudem dadurch erhöht werden, dass überflüssige, schädliche und sozial ungerechte Ausgaben eingespart werden. Zu nennen ist hier zunächst jene Steigerung im Militärhaushalt, die durch die Umwandlung der Bundeswehr von einer reinen Verteidigungskraft zu einer Interventionsarmee entstanden ist (vgl. Kapitel 8). Auch unsinnige Subventionen, wie jene der ohnehin schon überproportional ertragreichen Autoindustrie zur Herstellung von Elektroautos, sollten abgeschafft werden.

Sollte die Wirtschaft weiterhin im deflationären Bereich bleiben, wäre es auch denkbar, das Verbot der monetären Staatsfinanzierung zu lockern, also der Bundesbank und der EZB erlauben, den Staatshaushalt durch den direkten Ankauf von Staatsanleihen zu unterstützen. De facto ist dieses Verbot in der EU bereits stark ausgehöhlt, ohne dass es zur befürchteten Inflation geführt hat. Und der bisher eingeschlagene Umweg über die Banken (Ankauf von Staatsanleihen auf dem Sekundärmarkt) ist vor allem eine massive Subvention des Finanzsektors. Zumindest vorübergehend würde ein direkter Ankauf der Staatsanleihen der öffentlichen Hand mehr Spielraum für öffentliche Ausgaben geben, bis eine zu hohe Inflation (wie etwa die 5,1 Prozent im Wiedervereinigungsboom 1992) hier wieder zu

Zurückhaltung mahnen könnte; von einer solchen Inflation sind wir aber bei einer Rate von 0,5 Prozent in 2016 weit entfernt.

Neben der Selbstfinanzierung öffentlicher Ausgaben durch ein erhöhtes Wirtschaftswachstum, der Einsparung unsinniger öffentlicher Ausgaben und der Option einer höheren Verschuldung bei Nullzinsen (und notfalls sogar der monetären Staatsfinanzierung) besteht allerdings auch ein ganz erheblicher Spielraum für ein größeres Steueraufkommen. Das gilt insbesondere angesichts einer Reihe von Steuersenkungen und starken Einkommenszunahmen der Reichen und Vermögenden während der letzten zwanzig Jahre. Die Steuersätze der konservativ-liberalen Kohl-Regierungen – der Spitzensteuersatz lag damals bei 53 Prozent – würden uns beispielsweise heute jährlich etwa fünfzig Milliarden Euro an zusätzlichen Steuereinnahmen bescheren. Wenn man die gesamten Steuern und Abgaben in Relation zur Wirtschaftsleistung (Bruttoinlandsprodukt) setzt, liegt Deutschland mit heute 36,9 Prozent weit unter den Nachbarländern Österreich (43,5 Prozent), Belgien (44,8 Prozent), Frankreich (45,5 Prozent) und Dänemark (45,6 Prozent), so eine Auswertung der OECD-Studie »Taxing Wages 2015–2016« durch Hartmut Reimers für den Makroskop-Blog (»Der Staat ein Wegelagerer?«).

Ganz besonders profitiert haben die Vermögensbesitzer von der neoliberalen Wirtschaftspolitik der letzten Jahrzehnte, insbesondere durch die pauschale Besteuerung ihrer Erträge durch die Kapitalerträge (25 Prozent), anstatt dem individuellen Einkommenssteuersatz (in vielen Fällen wären das heute 45 Prozent) seit 2009. Zudem wurde die Vermögenssteuer bereits 1996 abgeschafft und die Erträge der Erbschaftssteuer sind äußerst gering, obwohl noch nie so viel vererbt wurde wie heute und geerbtes Vermögen ohne jede eigene Leistung erworben wird. Das Problem dabei sind nicht die hohen persönlichen Freibeträge (derzeit 500 000 € bei Ehepartnern, 400 000€ bei Kindern), die dazu führen, dass zwei Drittel der Erbschaften ohnehin nicht versteuert werden müssen, sondern die zu geringen Steuersätze für die Mega-Erbschaften, die über diesen Freibeträgen liegen. Nach Angaben einer DIW-Studie aus dem Jahr 2016 (»Hohe Erbschaftswelle, niedriges Erbschaftssteueraufkommen«) erhalten nur 1,5 Prozent der Begünstigten (insgesamt 23 000 Personen pro Jahr) überhaupt Erbschaften oder Schenkungen über 500 000 Euro, diese machen dann aber gleich ein Drittel des gesamten Transfervolumens aus, das das DIW konservativ auf etwa 150 Milliarden Euro pro Jahr schätzt. Unternehmenserben – auf die etwa die Hälfte der Erbschaften über fünf Millionen Euro entfällt – sind weitgehend steuerbefreit. Dementsprechend ist es auch nicht überraschend, dass vermögensbezogene Steuern in Deutschland nach Angaben der OECD aus dem Jahr 2013 mit ca. 0,6 Prozent der Wirtschaftsleistung einen wesentlich geringeren Teil ausmachen als in Frankreich (3,1 Prozent), den USA (ca. 3,2 Prozent) sowie Großbritannien (3,6 Prozent).

Notwendig ist deshalb eine bessere Finanzierung des öffentlichen Sektors durch Besteuerung von großen Vermögen, also eine Wiedereinführung der Vermögenssteuer, eine Erhöhung der Erbschaftssteuer und eine Kapitalertragsbesteuerung nach dem individuellen Steuersatz. Das oberste Prozent der Vermögensverteilung muss in deutlich höherem Maße zur Finanzierung des Gemeinwohls beitragen als bisher. Selbst der IWF plädiert inzwischen dafür, Vermögen in Deutschland höher zu belasten. Sinnvoll wäre insbesondere die Streichung der Befreiung der Firmenerben von Erbschaftssteuer, immerhin die höchste Subvention des Bundes überhaupt. Denen könnte man im Gegenzug gestatten, diese Steuer über 20 Jahre abzustottern, dann drohen auch keine Firmenpleiten und Massenentlassungen. Die Einführung einer Vermögenssteuer mit einem Steuersatz von nur einem Prozent und einem Freibetrag von einer Million Euro pro Person könnte zudem nach einer vom DIW im Jahr 2016 veröffentlichten Studie (»Hohes Aufkommenspotential bei Wiedererhebung der Vermögenssteuer«) immerhin 20 Milliarden Euro Einnahmen pro Jahr erbringen und nur das oberste Prozent der Bevölkerung belasten. Die für eine verfassungskonforme Erhebung notwendige Neubewertung der Immobilien in Deutschland muss daher deutlich beschleunigt werden.

Zudem sollte der Spitzensteuersatz für besonders hohe Einkommen erhöht werden. Selbst ein Drittel des Ifo-Ökonomenpanels findet den

Spitzensteuersatz inzwischen zu niedrig und fordert generell eine höhere Steuerlast hoher Haushaltseinkommen (»Einkommenssteuer in Deutschland – besteht eine Reformnotwendigkeit?«). Eine stärkere Besteuerung sehr hoher Einkommen hilft der Allgemeinheit jedenfalls wesentlich mehr als die symbolische Klage über hohe Managervergütungen, deren Reduzierung im Zweifelsfall in erster Linie den Aktionären der betroffenen Unternehmen zugutekommen würde. Wichtig ist, dass solche Steuersätze wirklich nur jene hohen Einkommen treffen, die diese nicht vollständig konsumieren, da ansonsten der Wirtschaft Kaufkraft entzogen wird. Langfristig könnte auch eine höhere Besteuerung von – nicht investierten – Unternehmensgewinnen geboten sein, falls Digitalisierung und Automatisierung dazu führen, dass durch weniger Beschäftigungsverhältnisse weitere Kaufkraft ausfällt und es nicht gelingt, die entsprechenden Produktivitätsgewinne in höhere Realeinkommen der Arbeitnehmer umzusetzen.

Eine deutliche Erhöhung der Steuerbelastung für die Besserverdienenden, Vermögenden und leistungsfähigen Unternehmen wäre auch angemessen, da die aktuelle Steuergestaltung die Armen unter dem Strich stärker belastet als die Reichen und damit die Ungleichheit weiter verstärkt. Kern des Steueraufkommens in Deutschland sind Konsumsteuern wie die Mehrwertsteuer, die weit überproportional die unteren und mittleren Einkommen belasten. Die mittleren Einkommen werden zudem noch besonders stark durch die Sozialversicherungen belastet, während deren Belastung für die hohen Einkommen durch die Beitragsbemessungsgrundlage relativ gering ist. Nach einer Studie des RWI-Leibniz-Instituts für die Friedrich-Naumann-Stiftung aus dem Jahr 2017 (»Steuer- und Abgabenlast in Deutschland«) liegt die Belastung von Haushalten durch Steuern, Sozialversicherungsabgaben und sonstige Abgaben bereits ab einem durchschnittlichen Einkommen von etwa 35 000 Euro relativ konstant bei knapp 45 Prozent und geht bei den höchsten Abkommen sogar etwas zurück, anstatt leistungsfähigere Haushalte stärker zur Finanzierung des Gemeinwesens heranzuziehen.

Die Einkommenssteuern – mit ihrem progressiven Tarif zur stärkeren Heranziehung der wirtschaftlich besonders Leistungsfähi-

gen – machen gerade einmal ein Drittel des deutschen Steueraufkommens aus, die Rolle von vermögensbezogenen Steuern ist
minimal. Das deutsche Steuer- und Sozialversicherungssystem ist
damit kaum als gerecht zu bezeichnen und insofern auch unabhängig von der Bedeutung einer besseren Finanzierung des Sozialstaats
reformbedürftig. Nach einer 2016 veröffentlichen Studie des DIW
(»Wer trägt die Steuerlast in Deutschland? Verteilungswirkungen
des deutschen Steuer- und Transfersystems«) haben die seit 1998
eingeführten Reformen die reichsten dreißig Prozent entlastet, während die unteren siebzig Prozent – etwa durch die deutliche Erhöhung der Mehrwertsteuer – zusätzlich belastet wurden. Dieser Prozess muss umgekehrt werden.

Falls Entlastungen der Steuerzahler trotz der Notwendigkeit höherer Ausgaben im öffentlichen Sektor finanziell möglich sind, müssen
diese unbedingt über die Mehrwertsteuer erfolgen, nicht über die
Einkommensteuer. Einkommensteuerentlastungen kommen vor
allem den Besserverdienenden zugute, zumal hier die unteren und
mittleren Gruppen schon jetzt kaum besteuert werden, worauf die
Böckler-Stiftung in ihrer »IMK Steuerschätzung 2017–2021« hinweist.
Eine Familie mit zwei Kindern und dem in Deutschland mittleren
(Median) Einkommen – das sind Vollzeitbeschäftigung derzeit bei
41 742 € Bruttojahresverdienst – zahlt heute weder Einkommenssteuer, noch Solidaritätszuschlag, ein Ehepaar ohne Kinder bei diesem Einkommen gerade einmal 3 665 € (8,8 Prozent) und selbst ein
Single gerade mal 7 085 € (siebzehn Prozent). Die von den im Bundestag vertretenen Parteien favorisierten Einkommensteuersenkun-
gen nutzen vor allem den oberen Einkommen. Verringerte Mehr-
wertsteuersätze kommen hingegen überproportional den ärmeren
Bevölkerungsgruppen zugute, da diese eine besonders hohe Kon-
sumneigung haben, so eine Studie des DIW (»Senkung der Mehrwertsteuer entlastet untere und mittlere Einkommen am stärksten«). Sie
erhöhen direkt die Binnennachfrage, da sie die reale Kaufkraft der
Löhne stärken. Sie verringern über die erhöhten Importe auch die extremen deutschen Leistungsbilanzüberschüsse. Eine Mehrwertsteuersenkung würde sich zudem zu einem Teil selbst refinanzieren, da

von diesem Nachfrageschub sehr positive Auswirkungen auf Unternehmensinvestitionen und Beschäftigung zu erwarten sind. Allerdings kann es ein paar Jahre dauern, bis eine Mehrwertsteuersenkung vollständig bei den Verbrauchern ankommt, abhängig vom Wettbewerbsdruck in den verschiedenen Branchen.

Mindestens so wichtig wie die Erhöhung von Steuersätzen bei Einkommens- und Vermögenssteuern und eine Verringerung des Mehrwertsteuersatzes ist allerdings die lückenlose Erhebung bestehender Steuern. Es ist skandalös, dass sich viele Reiche durch Steuerhinterziehung ihrer fairen Beteiligung an der Finanzierung des Gemeinwesens entziehen können. Ein konsequenteres Vorgehen gegen Steuerhinterziehung und Steuervermeidung – letztere durch immer raffiniertere juristische Konstruktionen – sollte die Steuerbelastung der ärmeren Bevölkerungsgruppen unberührt lassen, aber die reicheren zu einer angemesseneren Finanzierung heranziehen. Dazu gehört – neben der Reform der Steuergesetzgebung – vor allem auch die Kooperation mit anderen Staaten zur Vermeidung von Steuerhinterziehung und Steuervermeidung. Innerhalb der Eurozone sollte sich die Kooperationsbereitschaft von Staaten mit Niedrigsteuersätzen zumindest dann erhöhen, wenn Deutschland im Gegenzug auf das Dumping mit Niedriglöhnen verzichtet. Aber auch das Steuerdumping innerhalb Deutschlands muss verhindert werden. Dazu gehört etwa die formale Ausgliederung von Tochterunternehmen in Standorte mit niedriger Gewerbesteuer, wie beispielsweise nach Monheim in Nordrhein-Westfalen und Eschborn in Hessen (»Zank um die Gewerbesteuer, FAZ, 17.7. 2015). Schließlich ist auch eine deutlich bessere Personalausstattung der Finanzämter notwendig, um eine flächendeckende Umsetzung der existierenden Steuergesetze zu ermöglichen. Nach einer Studie der Hans-Böckler-Stiftung (»Aktuelle Entwicklungstendenzen und zukünftiger Personalbedarf im öffentlichen Dienst«) ist die Personallücke im öffentlichen Dienst – neben der Kinderbetreuung – gerade in den Finanzverwaltungen besonders ausgeprägt.

Eine größere Kapitalflucht kann bei einer geeigneten rechtlichen Gestaltung vermieden werden, zumal angesichts der nach wie vor großen Attraktivität Deutschlands als Produktionsstandort und Absatzmarkt. Generell wird die grenzüberschreitende Mobilität von Topverdienern und Vermögenden deutlich überzeichnet – nach den Studien des Darmstädter Elitenforschers Michael Hartmann leben neunzig Prozent der Topmanager der tausend größten Unternehmen und über neunzig Prozent der tausend reichsten Milliardäre noch in ihrem Heimatland. Die Steuervermeidung durch Verlagerung von Vermögen ins Ausland sollte jedenfalls weiter erschwert werden – bei Betriebs- und Unternehmensvermögen sowie Immobilien ist diese Verlagerung ohnehin nicht so einfach, bei Geldvermögen dürften die jüngsten Maßnahmen zum Austausch von Daten zwischen den Steuerbehörden deutlich helfen sowie die in Kapitel 6 vorgeschlagenen Maßnahmen zur stärkeren Regulierung der Finanzmärkte. Auch sollte die Steuerpflicht an die Staatsbürgerschaft – anstatt wie bisher nur an den Wohnsitz – geknüpft werden, um der gängigen Steuerflucht durch Wohnsitzverlagerung (zum Beispiel nach Monaco oder in die Schweiz) einen Riegel vorzuschieben. Die Beteiligung an Briefkastenfirmen sollte für Deutsche generell verboten werden – und nicht nur registriert, wie es der Bundesfinanzminister derzeit plant.

Das Verhalten multinationaler Konzerne, mit allen denkbaren Maßnahmen Steuern zu vermeiden, ist vollkommen inakzeptabel, auch aus der Perspektive von kleinen und mittelständischen Unternehmen, denen diese Optionen nicht offen stehen. Die Gewinne großer multinationaler Unternehmen haben inzwischen Dimensionen angenommen, die deutlich machen, dass eine konsistentere Besteuerung unumgänglich ist. So würde der Gewinn des Konzerns Apple von sechs Milliarden Euro im ersten Quartal 2016 dazu ausreichen, das gesamte Staatsdefizit Griechenlands im Krisenjahr 2014 auszugleichen. Gleichzeitig bezahlt Apple in Europa auf seine Gewinne kaum Steuern, im Jahr 2015 gerade mal 0,005 Prozent, und wurde von der Europäischen Kommission zur Nachzahlung von dreizehn Milliarden Dollar an den irischen Staat verpflichtet. Die irische Regierung wehrt sich allerdings gegen diesen Geldsegen, da sie befürchtet, damit ihren Standortvorteil eines gegenüber multinationalen Unternehmen freundlichen Steuersystems zu verlieren. Hier wird die Perversion der multinationalen Konzerne und ihrer Einflussnahme auf die Politik überdeutlich. Gerade bei international tätigen Internetkonzernen hat die Digitalisierung dazu geführt, dass diese immer mehr in Steuerparadiese ziehen und damit die Bemessungsgrundlagen für die Besteuerung in anderen Staaten ausdünnen.

Die Entscheidung der Kommission in Bezug auf Apple hatte auch zu erheblichen Spannungen mit der Obama-Administration geführt. Die massiven Wirtschaftsinteressen der USA sind gut nachvollziehbar, wenn man bedenkt, dass nach Schätzung von Wolfgang Schön, Direktor am Münchner Max-Planck-Institut für Steuerrecht und öffentliche Finanzen, alleine US-amerikanische Unternehmen derzeit etwa 2 Billionen Dollar an unversteuerten »cash holdings« in Auslandsgesellschaften – zumeist in Steueroasen – halten (»Steuern, die sich in Luft auflösen«). Eine linkspopuläre Steuerpolitik sollte sich daher nicht nur im Kampf gegen illegale Steuerhinterziehung, sondern auch gegen den von multinationalen Unternehmen ausgenutzten (legalen) Steuerwettbewerb engagieren, zumal aus diesem Wettbewerb ungleiche Wettbewerbsbedingungen zuungunsten kleiner- und mittelständischer Unternehmen resultieren.

Deutlich wird hier natürlich auch, dass die linkspopuläre Wirtschaftsstrategie auch einige wenige Verlierer sehen wird, hier insbesondere die sehr Vermögenden und die Spitzenverdiener, die sich mit allen möglichen Tricks einer gerechten Besteuerung entziehen. Auch die sehr gut verdienenden Manager, Angestellten und Facharbeiter in den deutschen Exportbranchen sowie die reichen Kommunen, in denen diese Exportbranchen zu einem stark überproportionalen Steueraufkommen führen, könnten vorübergehend zu den Verlierern gehören, bevor auch sie wieder von der allgemein höheren wirtschaftlichen Dynamik in diesem Wirtschaftsmodell profitieren.

Ein großer Teil der Spitzenverdienste und der Vermögensmehrung werden in der Finanzbranche erzielt. Auch hier ist ein Zurückfahren auf ein normales Maß unumgänglich. Das Zurückschneiden der Dominanz des Finanzsektors ist aber vor allem auch notwendig, um die Erpressbarkeit unserer Demokratie zu reduzieren.

6 Globalisierung und Europäische Union: Demokratische Gestaltungsspielräume sichern

Die Wirtschaftskrise 2008 hat die negativen Aspekte der Globalisierung von Finanzmärkten überdeutlich gemacht. Staaten mussten ihre Finanzsektoren mit Milliardenbeträgen retten, während den armen Teilen ihrer Bevölkerung bereits seit Jahrzehnten signalisiert wurde, dass für ihre Bedürfnisse kein Geld da sei. Zudem hat der Bedeutungszuwachs der Finanzmärkte über Jahrzehnte ganz erheblich zur Vertiefung von Ungleichheit beigetragen. Notwendig ist daher eine noch wesentlich stringentere Regulierung dieser Märkte. Die bisherigen Regulierungsschritte durch die Europäische Union reichen dafür bei weitem nicht aus. Im Gegenteil, die EU hat sogar massiv dazu beigetragen, dass die Macht der Finanzialisierung sich in den vergangenen Jahrzehnten noch weiter intensiviert hat.

Die Europäische Union hat sich aber nicht nur in Bezug auf die Deregulierung der Finanzmärkte als wenig hilfreich für die Mehrheit der Bevölkerung herausgestellt, sondern auch in Hinblick auf den Druck, den sie auf nationale Wirtschaftssysteme und demokratisch gewählte Regierungen ausübt, insbesondere seit Einführung des Euros. Sie hat in den vergangenen drei Jahrzehnten einen falschen Integrationspfad eingeschlagen und muss neu gegründet werden, wenn sie eine Zukunft haben soll. Auf ihrem bisherigen Pfad führt sie eher zu Unfrieden und zu einem Kollaps des europäischen Einigungswerks.

Das Respektieren einer Vielfalt wirtschaftlicher und sozialer Modells sowie insbesondere der demokratischen Selbstbestimmung sollte aber nicht nur im Inneren der Europäischen Union das Leitprinzip sein, sondern auch in ihrer Außenwirtschaftspolitik, also in der Gestaltung der Wirtschaftsbeziehungen zwischen der EU und anderen Weltregionen. Die Gestaltung der wirtschaftlichen Globalisierung muss auch ärmeren Gesellschaften die Chance geben, eine funktionierende Wirtschaft aufzubauen, anstatt sie über weitreichende Freihandelsabkommen dauerhaft in einem Abhängigkeitsverhältnis zu halten.

Entmachtung der globalen Finanzmärkte durch Definanzialisierung

Die Schwachen sind gegenüber problematischen Wirkungen der wirtschaftlichen Globalisierung besonders verletzlich. Verglichen mit den Reichen und Hochqualifizierten können sie die Relativierung nationaler Grenzen viel weniger nutzen. Gleichzeitig drohen ihnen neue Risiken. In der Abwesenheit einer sozial verträglichen Regulierung der Globalisierung durch globale Institutionen müssen sie zu ihrem Schutz auf absehbare Zeit auf nationale Institutionen vertrauen. Auch die Europäische Union hat viele negative Auswirkungen der Globalisierung eher intensiviert, anstatt als sozialer Schutzschild gegen diese Kräfte zu wirken.

Nicht alle Formen der Globalisierung sind aus linkspopulärer Perspektive aber gleich riskant. Der Handel mit Gütern lässt sich von Regierungen vergleichsweise gut regulieren, wenn diesen Regierungen nicht durch supranationale Institutionen die Instrumente (wie befristete Schutzzölle sowie Regeln für Umwelt und Gesundheit) aus der Hand geschlagen werden. Die Globalisierung von Arbeitsmärkten ist zwar im Vergleich zum Handel noch weniger ausgeprägt, führt aber bereits zu besonderen Herausforderungen und sollte daher äußerst restriktiv betrieben werden (vgl. Kapitel 7). Die deregulierten Finanzmärkte hingegen sind die wohl gefährlichste Form der Globalisierung, wie zuletzt während der globalen Finanzkrise 2008 deutlich wurde. Viele Millionen Menschen wurden als Arbeitnehmer oder als Empfänger von Finanztransfers in dieser Krise schwer getroffen, ohne jede Verantwortung für deren Verursachung zu tragen.

Noch mehr Wut ist dann durch die Niedrigzinspolitik der EZB entstanden, die zur Rettung des Euros als gemeinsame Währung unvermeidbar war, aber in der Folge noch mehr Ungleichheit erzeugte, weil nur die Reichen von der Steigerung der Immobilienpreise und Aktienkurse profitierten, während die unteren Mittelschichten unter dem Wegfall des Sparzinses litten.

Die Instabilität von Finanzmärkten und Finanzinstitutionen hat nicht nur zu gravierenden wirtschaftlichen Krisen geführt, sondern auch zur politischen Erpressbarkeit der demokratisch gewählten Entscheidungsträger. Diese können unter Verweis auf die potentielle Krisenhaftigkeit der Finanzmärkte immer wieder zu Zugeständnissen gezwungen werden. Aufgrund der inneren Vernetzung und der Komplexität des Finanzsektors müssen selbst mittelgroße Finanzinstitutionen durch den Staat gerettet werden, wenn sie in Schieflage zu geraten drohen. Diese Merkmale tragen auch ganz erheblich zum starken Lobbyeinfluss der Finanzinstitutionen bei Regierungen und internationalen Institutionen bei, indem diese Institutionen immer mit einer Destabilisierung des Finanzsystems drohen können, falls der Staat ihnen nicht entgegen kommt – eine weitere massive Einschränkung der demokratischen Selbstbestimmung.

Die wachsende Rolle des Finanzsektors (auch als »Finanzialisierung« bezeichnet) hat zudem nicht nur dazu beigetragen, dass Unternehmen und Superreiche sich durch eine grenzüberschreitende Verlagerung der Besteuerung entziehen können, sondern auch im nationalen Rahmen ganz erheblich zur Vertiefung der Einkommensungleichheit geführt. Die durchschnittlichen Gehälter im US-Finanzsektor beispielsweise sind im Kontext der Finanzialisierung stark angestiegen und haben sich zwischen 1980 und 2014 nominal fast verfünffacht (Colin Gordon, »Wolves of Wall Street«, Dissent). Die Vergütung von Hedgefonds-Managern wie David Tepper (Appaloosa Management) mit fast zehn Millionen US Dollar pro Tag im Jahr 2014 wird sogar in wirtschaftsfreundlichen Kreisen skandalisiert.

Auch in den Unternehmen außerhalb des Finanzsektors hat der Prozess der Finanzialisierung zu wachsender Ungleichheit geführt. Hier stellen wir eine deutliche Steigerung von Kapitaleinkünften und

Managementvergütungen fest, aufgrund von Instrumenten wie beispielsweise Aktienoptionen, Bonuszahlungen und Aktienrückkaufprogrammen. Gleichzeitig wirkt die Finanzialisierung aber auch in die andere Richtung, zuungunsten der Arbeitnehmer, insofern die Orientierung an international auf den Finanzmärkten erzielbaren Renditen sowie an den Aktienkursen des eigenen Unternehmens Druck auf Lohnstrukturen ausübt. Unternehmen verzichten nun auf Investitionen in die Produktion (und damit Nachfrage nach Arbeitskräften), weil ihnen Finanzinvestitionen profitabler erscheinen. Zudem erodiert dieser Renditedruck auch arbeitnehmerfreundliche Arbeitsmarktinstitutionen wie den Kündigungsschutz und flächendeckende Tarifabkommen.

Sehr problematisch ist schließlich auch die Ausdehnung der Finanzmärkte tief in die Gesellschaft hinein, wie wir sie in Form der kapitalgedeckten Altersversorge und ihrer Auswirkungen auf die soziale Sicherheit erleben. Menschen zu zwingen, an den Finanzmärkten zu spekulieren, anstatt dass sie auf eine sichere Altersvorsorge aus der umlagefinanzierten Rente vertrauen zu können, ist nicht sinnvoll.

Ausgeprägte Finanzialisierung führt zu schweren wirtschaftlichen Krisen, sie beeinträchtigt den demokratischen Entscheidungsprozess und vertieft sozioökonomische Ungleichheit. Aus linkspopulärer Perspektive muss die Macht der Finanzmärkte daher gebrochen werden. Diese Macht ist kein Naturgesetz. Sie ist vielmehr das Ergebnis politischer Weichenstellungen. Dass ein ganz anders gestalteter Finanzsektor auch möglich ist, wird im Vergleich mit der Zeit vor fünfzig Jahren deutlich, etwa in Bezug auf die Liberalisierung der grenzüberschreitenden Kapitalflüsse und der nationalen Finanzsektoren oder in Bezug auf die Ausdehnung der Finanzmärkte auf immer neue Bereiche von Wirtschaft und Gesellschaft.

Das Ausmaß der Liberalisierung der grenzüberschreitenden Kapitalflüsse wird deutlich, wenn man die national fast vollkommen abgeschotteten Kapitalmärkte der Sechzigerjahre mit der heutigen Situation vergleicht, bei der beispielsweise der globale Tagesumsatz an den Devisenmärkten im April 2013 nach Angaben der Deutschen

Bundesbank durchschnittlich bei 5,3 Billionen US-Dollar lag. Im Bretton Woods-System hingegen waren grenzüberschreitende Finanzflüsse durch Kapitalverkehrsbeschränkungen strikt reguliert. Nach zuvor schleichender Erosion wurde das Bretton Woods-System allerdings 1973 aufgegeben und die Industrieländer bauten in der Folgezeit Kapitalverkehrskontrollen ab, was zu einer Explosion der grenzüberschreitenden Kapitalflüsse führte.

Die Kapitalmärkte auf nationaler Ebene waren in der Nachkriegszeit ebenso strikt reglementiert wie die grenzüberschreitenden Kapitalflüsse. Banken waren sowohl Zinssätze als auch die Art von Krediten und von Kreditnehmern vom Staat fest vorgeschrieben, verschiedene Formen von Finanzmärkten wurden in vielen Ländern durch ein Trennbankensystem strikt voneinander abgeschottet. Auch diese Beschränkungen wurden seit den Siebzigerjahren sukzessive aufgehoben, auf eine Regulierung neuer Finanzinstrumente (zum Beispiel Derivate) wurde verzichtet.

Seit den Achtzigerjahren nahm dann auch die Unterordnung weiterer wirtschaftlicher und gesellschaftlicher Bereiche unter die Prämissen der Finanzmärkte zu. Zu den hier typischen politischen Entscheidungen gehören die Öffnung der deutschen Wirtschaft für Finanzinvestoren (Beispiel: Änderung des Körperschaftssteuergesetzes zur Entflechtung der »Deutschland-AG«), Börsengänge von staatlichen Unternehmen (Beispiel: Telekom-»Volksaktie«) und die steuerliche Förderung der privaten Altersvorsorge (Beispiel: »Riester-Rente«).

Die Europäische Union hat bei der Vertiefung der Finanzialisierung in allen drei Dimensionen eine wichtige Rolle gespielt, auch wenn die ursprünglichen Entscheidungen zunächst auf globaler und nationaler Ebene getroffen wurden. So war die Kapitalverkehrsfreiheit bereits Bestandteil der Römischen Verträge, blieb allerdings durch Schutzklauseln in vielen Mitgliedsstaaten bis in die Neunzigerjahre deutlich eingeschränkt. Mit dem Inkrafttreten des Vertrags von Maastricht wurden diese Beschränkungen allerdings untersagt. Die Europäische Union wurde in der Folge zur zentralen Triebkraft der Finanzmarktliberalisierung. Um diesen Prozess zu beschleunigen und nationale Widerstände zu überwinden, wurde sogar von konventionellen Gesetzgebungsprozeduren abgewichen und ein beschleunigtes Verfahren mit reduzierten demokratischen Mitwirkungsrechten installiert.

Auffällig ist, dass die EU auch nach der Finanzkrise darauf verzichtete, einen Schutz gegen die ungebremste finanzielle Globalisierung einzurichten. Sie startete dann zwar mehr als vierzig neue Initiativen zur Regulierung der Finanzmärkte, beschränkte sich aber auf eine Stabilisierung von deren liberalen Regulierungen, ohne in eine grundsätzlich andere Entwicklungsdynamik einzusteigen.

Notwendig wäre aus linkspopulärer Sicht hingegen eine grundlegende Entmachtung der Finanzmärkte, also eine »Definanzialisierung«. Ein erster Ansatzpunkt zur Definanzialisierung wäre ein (zwischen-) staatliches Management grenzüberschreitender Kapitalflüsse, um die schädliche Volatilität dieser Flüsse zu reduzieren, den strukturellen Einfluss von Finanzmarktakteuren auf Wirtschaft, Gesellschaft und Politik zu verringern und Finanzmarktanlagen – und damit große Vermögen – überhaupt einer wirksamen Besteuerung zuzuführen. Traditionell werden für diesen Zweck Kapitalverkehrskontrollen eingesetzt, so wie heute beispielsweise noch von großen Schwellenländern wie Brasilien, China und Indien. Kapitalverkehrskontrollen sind allerdings als Beschränkung der Kapitalverkehrsfreiheit nach EU-Recht grundsätzlich verboten, auch wenn sie in Notsituationen temporär zulässig sind, wie jüngst die Zypernkrise zeigte.

Alternativ wäre eine Finanztransaktionssteuer ein geeignetes Instrument, um Kapitalflüsse zu erfassen und zu steuern (und zudem weitere finanzielle Mittel zur Stärkung des Sozialstaats zu erwirtschaften). In der Tat hat eine Reihe von EU-Mitgliedsstaaten nach der globalen Finanzkrise von 2008 eine Initiative zur Einführung einer Finanztransaktionssteuer auf europäischer Ebene gestartet. Die bisherigen Beratungen zu dieser nur elf Staaten umfassenden Initiative liegen aber weit hinter dem geplanten Zeitrahmen zurück und lassen auch allenfalls eine selektive Erfassung von Finanzströmen erwarten, keinesfalls aber ein umfassendes, europaweites Management dieser Transaktionen. Wenn keine durchgreifende Regelung auf europäischer Ebene möglich ist, muss Deutschland alleine vorangehen, wie schon bei der Energiewende.

Ein weiterer Ansatzpunkt zur Definanzialisierung wäre eine systematische Kontrolle der Finanzmärkte. Sie würde einerseits verhindern, dass nochmals erhebliche Haushaltsmittel für die Rettung von Finanzinstitutionen aufgewendet werden müssten und andererseits die Fähigkeit von Finanzmarktakteuren wie der amerikanischen Fondsgesellschaft Black Rock reduzieren, ihre Vorstellungen zu Renditen und Managemententlohnung dominant in Wirtschaft und Gesellschaft zu verankern. Eine strikte Finanzmarktregulierung kann daher eine doppelte Dividende erbringen, in Form von finanzieller Stabilität einerseits und geringerer Ungleichheit andererseits. Die generelle Maßgabe muss dabei sein, dass den Finanzmärkten nur noch solche Aktivitäten zugestanden werden, die von demokratisch legitimierten Aufsichtsorganen verstanden und kontrolliert werden können. Diese Maßgabe würde eine Refokussierung des Finanzsektors auf die hochgradig stabile Erbringung klassischer Bankaufgaben nahelegen, also das Verbot von Hedgefonds und anderen Schattenbanken, des Hochfrequenztradings sowie einer Vielzahl von Finanzinstrumenten und des Eigenhandels von Banken. Zudem müsste sie Regelungen zur Dekonzentration von großen Banken und zu deren Entflechtung enthalten sowie höhere Eigenkapitalanforderungen. Finanzmarktregulierung muss die Besonderheiten von Sparkassen und Genossenschaftsbanken reflektieren, sie darf diese nicht mit regulatorischen Anforderungen überfordern, die für Großbanken entwickelt wurden.

Auch die Expansion des Finanzsektors in andere Bereiche von Wirtschaft und Gesellschaft muss gestoppt werden, etwa durch das Verbot von Aktienoptionen für Manager oder von Aktienrückkaufprogrammen von Unternehmen, oder auch durch eine auskömmliche umlagefinanzierte Rente, statt der Subventionierung von kapitalmarktbasierten Renten. Der übermäßige politische Einfluss von Finanzmarktakteuren muss durch eine strikte Entflechtung von der Politik reduziert werden, etwa durch ein striktes Verbot von sog.»re-

volving doors«, also der Kombination von Tätigkeiten für Finanz-
marktaufsicht und Finanzmarktunternehmen in einer Karriere. Derzeit sind diese Doppelkarrieren angesichts der Komplexität des
Finanzsektors für eine kompetente Aufsicht kaum vermeidbar, das
gilt jedoch nicht mehr nach einer drastischen Vereinfachung des
Sektors.

Im Prinzip wäre die EU als Ansatzpunkt für Initiativen zur Definanzialisierung am besten geeignet. Eine einheitliche Regelung von
Finanzflüssen und Finanzmärkten auf europäischer Ebene würde
nämlich Ausweichbewegungen von Finanzmarktakteuren minimieren, eines der Hauptprobleme bei einer effektiven Regulierung der
Finanzmärkte. Zudem liegt die Kompetenz zu vielen dieser wirtschaftspolitischen Maßnahmen derzeit auf der EU-Ebene. Aber diese
Perspektive ist in der Praxis völlig unrealistisch, sowohl institutio-
nell-rechtlich, als auch politisch. Bisher zielt die EU nämlich in die
genau entgegengesetzte Richtung, etwa dadurch, im Rahmen der
Eurorettungspolitik den südeuropäischen Krisenstaaten Privatisie-
rungen und damit eine Stärkung der Finanzmärkte vorzuschreiben.
Gleiches gilt für den Ausbau der Kapitalmarktunion, welcher ja gerade darauf abzielt, Finanzialisierung zu vertiefen, nicht zu begrenzen. Solange das so bleibt, müssen die negativen Auswirkungen der
Finanzialisierung auf Demokratie und soziale Gerechtigkeit durch
einzelne Staaten begrenzt werden, durch das unilaterale Einführen
der oben genannten Maßnahmen (wie bei der deutschen Energiewende) oder, vorzugsweise, durch Koalitionen von willigen Staaten.

Europa: gegen den wirtschaftsliberalen Eurosuprastaat, für einen neuen Integrationspfad

Die Europäische Union ist in ihrer derzeitigen Verfassung aus linkspopulärer Perspektive nicht nur bei der Finanzmarktregulierung
eher Teil des Problems als Teil der Lösung. Sie hat bereits seit Jahrzehnten tief in die wirtschaftlichen Gestaltungsmöglichkeiten ihrer

Mitgliedsstaaten eingegriffen, unter dem Leitbild eines neoliberalen Kapitalismusmodells. Die Einführung der gemeinsamen Währung und die Schritte zu deren versuchten Rettung haben nun zu noch problematischeren Konsequenzen geführt. Die Südökonomien haben nach und nach ihre Wettbewerbsfähigkeit verloren. In den ersten Jahren nach der Euroeinführung ist diese Entwicklung dadurch überdeckt worden, dass diese Länder leichter zu Krediten gekommen sind und damit einen Boom entfacht haben. Die drastische Ausweitung der Verschuldung infolge der Finanzkrise ließ diese Ungleichgewichte als nicht mehr akzeptabel erscheinen und führte zu den verhängnisvollen Austeritätsprogrammen der Troika.

Bis in die Siebzigerjahre war der europäische wirtschaftliche Integrationsprozess aus linkspopulärer Perspektive vergleichsweise unproblematisch. Danach aber begann ein Prozess des Zusammensperrens sehr heterogener Wirtschafts- und Sozialsysteme unter liberaler Ägide. Diese Systeme sind nach wie vor sehr unterschiedlich verfasst – wir finden hier das sozialdemokratisch ausgerichtete Skandinavien, die starke Rolle des Staates in den Mittelmeerländern und in Frankreich, das liberale britische Modell, die koordinierten deutschen und österreichischen Modelle oder die Besonderheiten der Transformationsstaaten in Mittelosteuropa. Was für ein System essentiell ist – man denke an die Mitbestimmung und das duale System der Berufsausbildung in Deutschland, den Markt für Unternehmenskontrolle im britischen System oder einen direkten Draht zwischen Staat und wirtschaftlichen Interessengruppen in den Mittelmeerökonomien – kann in einem anderen Modell schädlich sein. Und dass ein liberales Wirtschaftsmodell in Europa für alle Ökonomien alternativlos sei, sollte spätestens seit der Wirtschaftskrise von 2008 als unsinnig entlarvt gelten.

Unglücklicherweise führt aber der bisherige europäische Integrationsprozess genau in diese Richtung. Zunächst wurde der Wettbewerb auf den europäischen Gütermärkten deutlich intensiviert, durch die Rechtsprechung des Europäischen Gerichtshofes und dessen Festschreibung durch die Einheitliche Europäische Akte. Die ersten Fortschritte in Bezug auf einen gemeinsamen europäischen

Markt im Bereich von Gütern waren noch akzeptabel, zumal schwächere Volkswirtschaften durch die europäische Strukturpolitik kompensiert wurden. Problematisch wurde aber die weitere Ausdehnung auf Dienstleistungen, Kapital und Personen, da diese mit tiefen Eingriffen in die nationalen Wirtschafts- und Sozialmodelle einherging. Diese Eingriffe sind aus linkspopulärer Sicht insbesondere dann problematisch, wenn sie sich gegen Arbeitnehmerrechte wenden, etwa die Mitbestimmung oder gewerkschaftliche Streikrechte. Zudem wurden diese Eingriffe von demokratisch allenfalls extrem indirekt legitimierten Institutionen vorangetrieben, der Kommission und dem Europäischen Gerichtshof, unter Berufung auf die in den europäischen Verträgen verankerten Grundfreiheiten, also wirtschaftsliberale Normen. Die Europäische Integration war daher bereits vor der Einführung des Euros auf einem falschen Pfad, was ja auch die negative Politisierung des eigentlich positiven Einigungsprozesses in den Referenden in Frankreich, den Niederlanden und Irland zeigte.

Die Schaffung des Euros hat den Südökonomien dann noch das wichtige Sicherheitsventil einer Währungsabwertung genommen. Die deutsche Wirtschaft konnte nun mithilfe ihres Systems der Lohnkoordination die Wirtschaften Südeuropas durch niedrige Preise auskonkurrieren. Zudem litten diese Wirtschaften nun auch im Außenverhältnis unter einem – verglichen zu einer imaginären Südwährung – starken Euro, der sich aus der Währungsunion mit dem Exportweltmeister Deutschland ergab und sich gerade bei den preissensiblen Exportprodukten Südeuropas – Textilien, Stahl, Keramik, Möbel – und der neuen Konkurrenz aus China und anderen großen Schwellenländern verhängnisvoll auswirkt. Die damit einhergehende Deindustrialisierung konnte für viele Jahre durch eine Ausweitung der Kreditvergabe an private Haushalte und den Staat überkompensiert werden, bis die globale Finanzkrise dieser Kreditausweitung ein Ende machte.

Die Eurorettungsprogramme haben den Weg der europäischen Integration noch weiter in die falsche Richtung geführt. Noch stärker wird Druck auf demokratisch legitimierte Regierungen ausgeübt, wieder unter der Ägide einer sehr wenig demokratisch legitimierten Institution, in diesem Fall der EZB. Auch hier werden wieder sehr unterschiedlich verfasste Wirtschaften in ein einheitliches Korsett geprägt, in diesem Fall entlang der ordoliberalen, exportistischen Vorstellungen der Bundesregierung. Und die Auswirkungen sind noch negativer, für Arbeiternehmer, für die Demokratie und für das friedliche Zusammenleben in Europa.

Eine Fortsetzung des bisherigen Wegs der Eurostabilisierung wäre verhängnisvoll. Dem Süden Europas stünden damit Jahrzehnte der Stagnation bevor, der Jugend bliebe vor allem nur die Auswanderung. Die seit Jahren andauernde Jugendarbeitslosigkeit hat in Ländern wie in Griechenland, Italien und Spanien mit etwa vierzig Prozent Dimensionen angenommen, die die Gesellschaft nachhaltig zu stabilisieren drohen, zumal auch ein Großteil der arbeitenden Jugend unter prekären Arbeitsverhältnissen leidet und daher keine Familien gründen kann. Die Wut der südeuropäischen Jugend auf das politische und ökonomische System hat inzwischen gravierende Ausmaße angenommen, die leicht zu einer Destabilisierung dieses Systems führen kann.

Für den Norden stagnieren nicht nur wichtige Exportmärkte, sondern es droht auch weiterhin das Damoklesschwert eines chaotischen Zusammenbruchs des Eurosystems. Zu erwarten sind daher zunehmende Spannungen zwischen den Regierungen der Eurozone, über die Einhaltung der Programmvorgaben einerseits und kompensierende Transfers (oder Sicherungspakete) andererseits. Leidtragende einer solchen Entwicklung sind nicht nur die Arbeitnehmer und Arbeitslosen in den Defizitstaaten, sondern neben den Steuerzahlern in den Überschussstaaten dort auch alle diejenigen, die von den entsprechenden Transfers mittelbar – etwa als Empfänger steuerfinanzierter Sozialleistungen und damit als Konkurrenten um knappe Haushaltsmittel – betroffen sein werden. Die damit einhergehenden Spannungen zwischen Überschuss- und Defizitstaaten würden den massiven Vertrauensverlust gegenüber der EU noch weiter beschleunigen.

Die offensichtlichen Probleme der bisherigen Eurorettungspolitik nehmen viele sozialdemokratische Beobachter zum Anlass, diese Politik mit einer sozialen Komponente flankieren zu wollen. Dazu gehören nicht nur umfangreiche fiskalische Transfers (etwa im Rahmen eines Eurohaushalts), sondern auch weitgehende Vorschläge zum Ausbau der Integration auf europäischer Ebene, um diese Transfers demokratisch zu legitimieren (Euro-Parlament, Euro-Wirtschafts- und Finanzminister). Aus der hier skizzierten Perspektive sind diese Vorschläge allerdings nicht zielführend, weil sie zunächst weder die Zwangszusammenspannung heterogener Kapitalismusmodelle durch das Eurosystem, noch die Vorgaben des Fiskalpakts grundlegend modifizieren würden. Die sozialen Probleme der südlichen Mitgliedsökonomien würden zwar etwas abgeschwächt werden, aber an deren Wettbewerbsproblem würde sich wenig ändern (es würde sich sogar noch verschärfen), zumal Institutionen wie das deutsche Lohnverhandlungssystem oder auch das System der beruflichen Bildung an besondere soziale Bedingungen geknüpft und daher nicht ohne Weiteres exportierbar sind. Auch das Ausmaß der sozialen Linderung würde beschränkt bleiben, da die politisch in den Nordgesellschaften durchsetzbaren Transfers kaum ausreichen würden, um die Situation in den Südökonomien grundlegend zu verbessern. Schließlich führen ja selbst sehr umfangreiche Transfers nicht unbedingt zu einer Wiedergewinnung echter wirtschaftlicher Dynamik, wie wir in Süditalien und Ostdeutschland beobachten können.

Ein weiterer Integrationssprung hätte zudem selbst in Deutschland, dem derzeit wohl EU-freundlichsten Land, kaum Aussichten auf breite gesellschaftliche Unterstützung, noch viel weniger jedoch in anderen Mitgliedsstaaten, wie z. B. in Frankreich oder Italien. Im Gegenteil, ein weiterer Integrationsschub könnte sogar zur Explosion des europäischen Dampfkessels führen, angesichts der anhaltenden gesellschaftlichen Vertrauenskrise gegenüber der EU. Selbst wenn es bei den politischen Führungsgruppen Europas Ansätze einer Verständigung auf weitere Kompetenzübertragungen geben könnte, gibt es doch erhebliche gesellschaftliche Widerstände gegen einen solchen Schritt, die durch die inzwischen eingetretene negative Politisierung der Union zunehmend stärker ins Gewicht fallen würden.

Insofern könnte ein weiterer Integrationssprung genau die gegenteilige Wirkung haben, als jene, die sich dessen Befürworter versprechen – statt der Herausbildung eines paneuropäischen Staatswesens könnte eine grundlegende Delegitimierung der EU erfolgen, mit der mitgliedsstaatlichen Demokratie als Kollateralschaden. Es ist ja bei weitem nicht ausgemacht, dass der Verlust demokratischer Gestaltungsmöglichkeiten auf nationaler Ebene durch eine funktionsfähige EU-Demokratie ersetzt würde, angesichts der Abwesenheit einer europäischen Öffentlichkeit, der sehr geringen Wahlbeteiligung bei Europawahlen und der strukturellen Restriktionen einer vollständigen Demokratisierung auf dieser Ebene: wären die Bürger Luxemburgs oder Maltas damit einverstanden, dass ihre Stimmen bei Europawahlen in Zukunft nur genauso viel zählen wie jene Deutschlands (Deutschland hat für jeweils gut 800000 Einwohner einen Abgeordneten, Luxemburg für gut 80000 und Malta für gut 60000)?

Ein versuchter Integrationssprung würde auch die zwischenstaatlichen Spannungen intensivieren, die im Gefolge der Eurokrise mehr als deutlich wurden. Während diese Spannungen den europäischen Norden gegen den Süden aufgebracht haben, hat der Versuch, unter deutscher Führung die Integration im Bereich der Flüchtlingspolitik durch eine Mehrheitsabstimmung im Ministerrat voran zu bringen – es ging um die zwangsweise Verteilung von Flüchtlingen auf Mitgliedsstaaten durch Quoten – genau den gegenteiligen Effekt gehabt. Auch hier hat die versuchte Zwangsdurchsetzung liberaler Normen – vor allem kosmopolitischer Natur, ergänzt mit Argumenten zugunsten grenzüberschreitend liberaler Arbeitsmärkte – zu erheblichem Unfrieden in Europa und zu einer negativen Politisierung der EU geführt.

Spätestens der Brexit sollte verdeutlicht haben, dass in absehbarer Zeit eher eine Vergrößerung der (nationalen) demokratischen Gestaltungsspielräume auf dem Plan steht, als der Ausbau eines (supranationalen) Eurostaates, sofern man nicht eine völlige Destabilisierung des europäischen Friedensprojektes riskieren will. Immer mehr Menschen sind vom europäischen Integrationsprozess inzwischen entfremdet, sie empfinden diesen Prozess als technokratische

Veranstaltung zugunsten der politisch und wirtschaftlich Bessergestellten, nicht als den Prozess der Völkerverständigung, als der er ursprünglich annonciert war.

Politisch ungleich populärer, aber auch der Heterogenität der europäischen Kapitalismen und der angespannten politischen Situation viel besser Rechnung tragend, wären Schritte zum selektiven Rückbau der sich radikalisierenden Supranationalisierung und zur Stabilisierung des bisher erreichten Integrationsstandes, etwa im Bereich der Gütermärkte. Gleichzeitig sollte Mitgliedsstaaten die Möglichkeit eingeräumt werden, in Bezug auf Dienstleistungen, grenzüberschreitende Finanzströme und Arbeitskräfte Schutzrechte zu mobilisieren. Zumindest in Frankreich werden nämlich Stimmen im rechten Spektrum immer lauter, die sich nicht nur gegen die in der letzten Dekaden erfolgte Liberalisierung von Dienstleistungen, Finanzmärkten und Niederlassungsfreiheit stellen, sondern gleich die Liberalisierung der Gütermärkte in Frage stellen, also die zweite Phase des europäischen Wirtschaftszusammenschlusses (und damit die ganze EU).

Angesichts der Hürden für eine Vertragsrevision (Einstimmigkeit) wäre nun ein politisches Signal an Kommission und Gerichtshof notwendig, dass eine weitere Radikalisierung der wirtschaftlichen Integration derzeit politisch nicht gewollt ist und essentielle nationale Institutionen unter Bestandsschutz stehen sollen. In einem zweiten Schritt könnte dann die EU grundlegend reformiert werden, etwa entlang des Vorschlags des ehemaligen Verfassungsrichters Grimm, der eine Aufspaltung der europäischen Verträge in Verfassung (Grundrechte, Verhältnis der Institutionen) und einfaches Recht (alles andere) vorsieht – die vier Wirtschaftsfreiheiten wären dann wieder der demokratischen politischen Gestaltung zugänglich, anders als bisher, wo ihnen auf EU-Ebene Verfassungsrang zukommt.

Zudem sollte die EU gegebenenfalls die differenzierte Integration der Mitgliedsstaaten erleichtern, bei der sich kooperationswillige Staaten auf freiwilliger Basis zusammenschließen können, aber auch weniger kooperationswilligen Staaten auf diese Integrationsschritte verzichten können. Sinnvoll wäre dabei allerdings nur eine

variable Geometrie mit unterschiedlichen Staatengruppierungen –
im klaren Gegensatz zu Schäubles Modell eines von Deutschland dominierten Kerneuropas, bei dem Deutschland und seine Satelliten
sich durchgehend enger zusammenschließen, während Süd- und
Osteuropa einen zweitklassigen Status erhalten. Nur dann wäre differenzierte Integration ein Instrument, um den Zwangscharakter
der EU-Supranationalisierung zu überwinden und einen neuen Pfad
zu eröffnen, der auf freiwilliger Kooperation und demokratischer
Selbstbestimmung beruht.

Ungleich drängender sind derzeit aber ohnehin die durch das Eurosystem hervorgerufenen Verwerfungen. Wenn man nicht Dekaden
der ökonomischen, sozialen und politischen Krise in den südlichen
Mitgliedsstaaten in Kauf nehmen will, geht auf dem Weg zur Wiedergewinnung von deren Wettbewerbsfähigkeit wohl kein Weg an
einer Währungsabwertung und Rückgewinnung demokratischer
Zinssetzungsautonomie vorbei. Mit dem Europäischen Währungssystem (EWS) und dem weiterhin existierenden »Wechselkursme-
chanismus II« besteht auch bereits eine Alternative, die verhindern
kann, dass Europa in das Chaos flexibler Wechselkurse zurückfällt.
Im Europäischen Währungssystem waren die Währungen innerhalb
begrenzter Bandbreiten aneinander gekoppelt, mit der Möglichkeit
einer Neufestsetzung nach politischen Verhandlungen. Martin Höp-
ner und Alexander Spielau vom Kölner Max-Planck-Institut für Gesellschaftsforschung haben in ihrem Papier »Diskretionäre Wechsel-
kursregime: Erfahrungen aus dem Europäischen Währungssystem,
1979–1998 gezeigt, dass die ökonomische Bilanz dieses alten EWS
gar nicht so schlecht war.

Mit der Etablierung eines verbesserten EWS könnte auch das in
Südeuropa so verhasste Zwangsregime der Eurorettungspakete abgeschafft werden, eine wichtige Voraussetzung für die Wiedergewinnung von Gestaltungsmöglichkeiten für demokratisch gewählte
Parlamente und für ein friedliches Zusammenleben in Europa. Die
Rückgewinnung essentieller Kompetenzen durch die nationalen No-
tenbanken würde gleichzeitig auch die unglaublich machtvolle Stellung der EZB-Technokratie beenden, deren zweifelhafte Vereinbar-

keit mit demokratischer Politik die Griechenlandkrise mehr als deutlich gemacht hat. Es kann einfach nicht angehen, dass eine demokratisch überhaupt nicht legitimierte Institution wie die EZB jederzeit demokratisch gewählte Regierungen in die Knie zwingen kann. Auch die problematischen Folgen einer für Deutschland zu liberalen Geldpolitik der EZB – etwa stark steigende Immobilienpreise und ein drohender Handelskrieg mit den USA – könnten mit einer wieder eigenständigen Bundesbank vermieden werden.

Da bei einer Umstellung zu einem verbesserten EWS die bisherigen Verbindlichkeiten der Südländer zunächst verbleiben – oder währungsbezogen sogar aufwerten – würden, ist dieser Schritt notwendigerweise mit einer einmaligen Stützungsaktion durch die Überschussökonomien des Nordens verbunden. Ein solcher Schnitt dürfte aber politisch bei Deutschlands Steuerzahler eher durchsetzbar sein, weil damit die Perspektiven auf eine dauerhafte Wiedergewinnung der Wettbewerbsfähigkeit im Süden und der Wegfall des Damoklesschwerts eines EU-Zusammenbruchs sowie von dauerhaft massiven Transfers verbunden sind.

Schließlich hat die Errichtung des Eurosystems aus dieser Perspektive auch ihr Gutes: mit der EZB und dem Europäischen Stabilitätsmechanismus (ESM), dem »Euro-Rettungsschirm«, steht inzwischen der Nukleus eines Europäischen Währungsfonds zur Verfügung, in Analogie zur Rolle des Internationalen Währungsfonds im System von Bretton Woods, als Verhandlungsplattform und zur Bereitstellung von Interventionen zur Stabilisierung von Wechselkursen. Eine Fusion dieser beiden Institutionen unter demokratischen Vorzeichen – anders als bei der derzeitigen Verfassung von ESM und EZB – würde schließlich dazu führen, dass das Hauptproblem des alten EWS, die Dominanz der Deutschen Bundesbank, nun der Geschichte angehört und die europäische Wirtschaftspolitik wieder demokratisch gestaltet werden kann. Wer den europäischen Einigungsprozess und friedliche Verhältnisse zwischen den Gesellschaften Europas erhalten will, muss die Europäische Union auf einen anderen Entwicklungspfad setzen. Eine Fortsetzung des derzeitigen Weges wird Europa zugrunde richten.

Außenwirtschaftspolitik: Respekt für die Vielfalt wirtschaftlicher Modelle

Die Diskussionen über CETA und TTIP haben gezeigt, dass nicht nur die innere Verfassung der Europäischen Union derzeit nicht den Ansprüchen demokratischer, sozialer und kooperativer Politik entspricht, sondern auch deren Außenwirtschaftspolitik. Die intransparenten Aushandlungsprozesse sind mit demokratischer Politik schwerlich vereinbar. Solche Handelsabkommen in Bereich der »tiefen Integration« sind aber nicht nur sehr heikel in Bezug auf Einschränkungen demokratischer Selbstbestimmung, sondern können auch gravierende negative Wirkungen in Bezug auf dritte Parteien ausüben, etwa Entwicklungsländer. Grundsätzlich sollte auch die Außenhandelspolitik der EU so gestaltet sein, dass sie die Vielfalt der wirtschaftlichen Modelle anderer Staaten respektiert, so wie das auch in der Ära des eingebetteten Liberalismus der Nachkriegszeit der Fall war.

Aus linkspopulärer Sicht ist Freihandel nicht so unumstritten positiv besetzt, wie das bei wirtschaftsliberalen Positionen der Fall ist. Ungehemmter Freihandel kann beispielsweise zu Überspezialisierung, Umweltschädigungen und zum fehlenden Ausgleich von Handelsungleichgewichten führen. Volkswirtschaftlich mag Freihandel zwar zum Wirtschaftswachstum beitragen, aber seine Verteilungseffekte können sehr ungleich ausfallen. Gerade in Ländern wie den USA wird der Unmut gegen den Freihandel ja nicht zuletzt damit erklärt, dass die Verlierer der Handelsliberalisierung von den Gewinnern nicht kompensiert werden.

Wir sollten auch nicht vergessen, dass historisch quasi alle Fälle einer erfolgreichen Industrialisierung – einschließlich der heute ganz besonders für den wirtschaftlichen Liberalismus stehenden USA und Großbritannien – zunächst mit einem starken Schutz der eigenen Industrie verbunden waren. Auch China und Deutschland, die sich heute mit Nachdruck für den Freihandel einsetzen, haben einen solchen Hintergrund im Protektionismus, der ja in China in vielen wirtschaftlichen Sektoren weiter eine große Rolle spielt. Es ist aus dieser Perspektive absurd, wenn erfolgreich industrialisierte Staaten Nachzüglern solche Schutzrechte wegnehmen wollen – der Cambridge-Ökonom Ha-Joon Chang fasst das im Titel seines preisgekrönten Buch *Kicking Away the Ladder* sehr treffend zusammen. Andererseits sollten wir aber auch nicht vernachlässigen, dass einige Aspekte der ökonomischen Globalisierung – wie etwa der damit einhergehende Technologietransfer – auch dazu beigetragen hat, Hunderte von Millionen Menschen insbesondere in den großen Schwellenländern Brasilien, China und Indien aus großer Armut zu befreien, selbst wenn die Größe der Binnenmärkte in diesen Ländern für deren Entwicklung noch viel wichtiger war als diese Technologietransfers. Wir müssen also zwischen verschiedenen Formen der außenwirtschaftlichen Liberalisierung unterscheiden, einerseits etwa in den Bereichen Güterhandel, Dienstleistungen und Direktinvestitionen, andererseits in Bezug auf deren Auswirkungen auf Industrie-, Schwellen- und Entwicklungsländer.

Es kann grundsätzlich durchaus erstrebenswert sein, wenn die Zölle im Güterhandel weiter reduziert werden, im Geist des alten Handelsabkommens »General Agreement on Tariffs and Trade« (GATT). Die Abschaffung von Handelshemmnissen kann auch für die ärmeren Bevölkerungsgruppen wohlstandsmehrend sein, etwa durch die Reduktion von überhöhten Produzentenrenten (damit wird die Realisierung von deutlich erhöhten Preisen durch politische Privilegien oder Marktkonzentration bezeichnet). Wie die erste Phase der europäischen Integration gezeigt hat, ist die Schaffung eines gemeinsamen Marktes im Güterhandel zwischen Wirtschaften auf ähnlichem Entwicklungsstand auch vergleichsweise unproblematisch, was die demokratischen Gestaltungsmöglichkeiten der beteiligten Gesellschaften und die Vereinbarkeit mit deren wirtschaftlichen Modellen betrifft.

Aber auch beim Güterhandel muss in Zukunft mehr Rücksicht auf die potentiellen Verlierer von Liberalisierungsmaßnahmen genommen werden, beispielsweise Arbeiter in der Kohleförderung oder Stahlproduktion in westlichen Industrieländern. Wenn absehbar ist, dass Handelsabkommen in bestimmten Sektoren oder Regionen zu einem massiven Stellenabbau führen, muss der Zollabbau langsam vorgenommen und bereits in der parlamentarischen Beschlussfassung zu diesen Abkommen eine entsprechende Kompensationsregelung fixiert werden. Insbesondere das US-Wahlergebnis hat gezeigt, was passieren kann, wenn man auf solche Kompensationsregelungen verzichtet. Gerade ältere Arbeiter leiden sehr unter der Vernichtung ihrer Arbeitsplätze, zumal sie sich nicht ohne weiteres für gut bezahlte neue Jobs umschulen lassen können.

Sehr problematisch ist auch die Liberalisierung des Dienstleistungshandels, wie wir bei den problematischen Auswirkungen der zweiten Phase der europäischen Integration gesehen haben. Bei vielen Dienstleistungen ist der universelle Zugang aller Menschen essentiell, etwa bei Gesundheit, Bildung, Wasser, Verkehr und Energie. Viele Staaten wählen daher für solche Dienstleistungen öffentliche oder gemeinnützige Dienstleister, da private Unternehmen den günstigen und universellen Zugang aufgrund ihrer Gewinnerwartungen nicht unbedingt erbringen. Die Liberalisierung des Dienstleistungshandels ist hier gefährlich, weil sie gemeinnützige Unternehmen schwächen kann. Das gilt etwa in Bezug auf die dann vorgeschriebene Gleichbehandlung inländischer und ausländischer Anbieter, die letzteren Zugang auf staatliche Subventionen ermöglichen kann und damit den Kostenaufwand für die Gemeinnützigen erhöht. Ein Zwang zur Liberalisierung oder gar Privatisierung öffentlicher Dienstleistungen im Rahmen von Handels- und Investitionsabkommen muss daher ausgeschlossen werden.

Ausländische Direktinvestitionen sind aus linkspopulärer Perspektive ebenfalls ein ambivalentes Phänomen, insbesondere aus der Perspektive der Gastländer. Auf der einen Seite ist ein bestimmtes Volumen an Direktinvestitionen hilfreich, da es wichtige Technologien in die Gastländer transferiert, wie etwa China sehr nachhaltig demonstriert hat. Auf der anderen Seite kann ein extrem großes Volumen dieser Investitionen für die Gastländer auch ein gravierendes Problem sein, wie in Mittelosteuropa sehr deutlich wird.

Die mittelosteuropäischen Ökonomien sind in ihrer wirtschaftlichen Entwicklung inzwischen weitgehend abhängig von den Entscheidungen der westlichen Unternehmen. Die ausländischen Mutterfirmen behalten die innovativsten Aktivitäten in der Wertschöpfungskette (Forschung und Entwicklungszentren) zumeist in ihren Hauptquartieren. Der harte Wettbewerb um ausländische Direktinvestitionen erlaubt den Regierungen in Mittelosteuropa nicht, ausreichend hohe Steuern von diesen Unternehmen zu erheben und damit hochklassige Bildung und Forschung im Land zu finanzieren. Damit erschöpft sich langfristig auch das »Startkapital« des hohen Bildungsniveaus in der Region, während steigende Löhne den Vorteil des Billigstandorts erodieren. Gleichzeitig behindert die starke Rolle ausländischer Unternehmen auch die Etablierung einheimischer Konkurrenten, die ein Interesse an einer nachhaltigen Entwicklung des Landes haben könnten. Es ist daher kein Wunder, dass sich in Ländern wie Polen und Ungarn nationalkonservative Regierungen etablieren, deren Wirtschaftspolitik aus linkspopulärer Perspektive mitunter einzelne sinnvolle Ansätze enthält (deren Gesellschaftspolitik dafür aber umso problematischer ausfällt). Zu diesen positiven Ansätzen gehören beispielsweise eine stärkere Besteuerung ausländischer Unternehmen (wie in Ungarn) und die Finanzierung eines massiven öffentlichen Investitionsprogramms (wie in Polen).

Unabhängig von der besonderen Situation der mittelosteuropäischen Ökonomien ist aus linkspopulärer Sicht der Druck, der von den liberalen grenzüberschreitenden Kapitalmärkten ausgeht, problematisch, nicht nur in Bezug auf die zu Beginn dieses Kapitels diskutierten Finanzialisierungsprozesse. Insbesondere Mega-Fusionen wie bei Bayer und Monsanto führen zu einer zu hohen Unternehmenskonzentration. Diese Konzentration verringert den Wettbewerb und führt zu überhöhten Profiten in der Hand weniger Beteiligter, einem geringeren Innovationsdruck und überhöhten Konsumentenpreisen. Die herkömmliche Fusionskontrolle reicht nicht aus, um diese Entwicklungen zu verhindern, zumal bei Abwesenheit einer wirksamen globalen Zusammenarbeit der nationalen Kartellbehörden. Da Unternehmen nicht die Privatsache ihrer Eigentümer sind, muss im Fall von – insbesondere grenzüberschreitenden– Übernahmen durch Großunternehmen daher auf nationaler Ebene ein Genehmigungsverfahren eingerichtet werden, welches sicherstellt, dass die Interessen anderer wichtiger Gruppen (Arbeitnehmer, Kommunen, kleine und mittlere Unternehmen, Konsumenten) bei solchen Entscheidungen ebenfalls einbezogen werden.

Sehr problematisch ist aus linkspopulärer Perspektive auch die Etablierung von Schiedsgerichten, den sogenannten »Investor-State Dispute Settlements«, die die Entscheidungskompetenzen von Parlamenten und Regierungen einschränken, zugunsten multinationaler Unternehmen, die ohnehin schon eine zu starke Stellung genießen. Aus welchen Gründen sollte es diesen Unternehmen, die bereits viele Milliarden Euro einer korrekten Besteuerung entziehen, erlaubt sein, unsere gewählten Repräsentanten auf Schadensersatz zu verklagen, wenn diese ihre demokratischen Rechte wahrnehmen, wie etwa der Bundestag nach dem Reaktorunfall in Fukushima? Schiedsgerichte mögen ihre Berechtigung im Verhältnis mit autokratischen Regierungen haben, die vor willkürlichen Enteignungen nicht zurückschrecken, haben aber in Handelsabkommen zwischen Industrieländern mit gut funktionierenden Justizsystemen keinen legitimen Platz. Die Verhandlungsführer bei zukünftigen Handelsabkommen sollten ihre Energie besser darauf verwenden, diese Abkommen zur Austrocknung von Steuerparadiesen zu verwenden und multinationale Unternehmen systematisch zur Besteuerung heranzuziehen.

Fragen der regulatorischen Harmonisierung, die in den neuen Handelsabkommen im Vordergrund stehen, sind in Bezug auf die demokratische Selbstbestimmung der betroffenen Gesellschaften ganz besonders heikel. Da der Nutzen dieser Harmonisierung begrenzt ist und in erster Linie den Eigentümern großer Unternehmen zufällt, sind diese Initiativen abzulehnen, es sei denn, es gelingt eine umfassende und transparente Einbeziehung der demokratisch gewählten Entscheidungsträger, also insbesondere der nationalen Parlamente. Die bisherigen Geheimverhandlungen, etwa im Rahmen der »Transatlantic Trade and Investment Partnership« (TTIP), entsprechen diesen Anforderungen keinesfalls, zumal gleichzeitig transnational organisierte Interessen einen wesentlich besseren Zugang zu den entsprechenden Entscheidungsträgern genießen als beispielsweise Gewerkschaften oder kleine Gewerbetreibende.

Die Etablierung regulatorischer Standards zwischen den großen Industrieländern ist schließlich auch deswegen problematisch, weil sie sich implizit gegen dritte Parteien, insbesondere Entwicklungs- und Schwellenländer richtet. Dort wo eine weitere Harmonisierung sinnvoll und möglich ist, sollte diese daher im Rahmen globaler multilateraler Organisationen mit weitreichenden Mitbestimmungs- rechten für Entwicklungs- und Schwellenländer stattfinden, also den Handelsrunden der »World Trade Organization« (WTO). Glei- ches gilt für den Handel mit Dienstleistungen, über den derzeit eben nicht in der globalen WTO, sondern im Rahmen der Verhandlungen des geplanten »Trade in Services Agreements« (TiSA) verhandelt wird, mit einer deutlich schwächeren Repräsentation des Globalen Südens unter den nur 23 beteiligten Parteien.

Dem Globalen Süden wirtschaftliche Perspektiven bieten und Fluchtursachen bekämpfen

Es sollte eigentlich selbstverständlich sein, dass die Handelspolitik der Europäischen Union so gestaltet wird, dass sie dem Globalen Süden gute Perspektiven für die weitere wirtschaftliche Entwick- lung bietet. Leider ist das bisher nicht der Fall. Die EU-Handelspolitik orientiert sich eindeutig an den Interessen der europäischen Produ- zenten und nimmt dabei die Zerstörung von Wirtschaftsstrukturen in Partnerländern in Kauf. Wenn aber die bisherigen Appelle an die Solidarität mit den wirtschaftlich Schwächeren nicht ausgereicht haben, hier eine Änderung herbeizuführen, sollte nun spätestens das Anwachsen der globalen Flüchtlingsströme für ausreichende Motivation sorgen.

Falls man die Anreize für globale Massenmigration verringern will, ist die Gestaltung der Außenwirtschaftspolitik der EU ein zen- traler Ansatzpunkt. Dabei geht es nicht nur um die Anhebung der

Hilfsvolumina für Entwicklungs-, Flüchtlings- und Katastrophen-hilfe, sondern auch – und vor allem – um eine Gestaltung der EU-Handelspolitik in einer Art und Weise, die auch den Ländern des Globalen Südens eine wirtschaftliche Entwicklungsperspektive bietet. Im Zweifel ist eine fairer gestaltete Handelspolitik hier auch wesentlich wichtiger als ein Anheben der Hilfevolumina, denn Entwicklungshilfe kann im Einzelfall eher in den Taschen von Eliten der Empfängerländer landen, als die vergleichsweise breit gestreuten Früchte des Handels, zumal wenn es nicht um Rohstoffexporte geht.

Die bisherige EU-Handelspolitik übt einen erheblichen Druck auf die Sozial- und Wirtschaftsmodelle im Globalen Süden aus. Anstatt schwächeren Ökonomien Schutzrechte zuzugestehen, um diese in die Lage zu versetzen, mittel- bis langfristig auch auf liberalisierten globalen Märkten konkurrenzfähig zu sein, werden diese zur vorzeitigen Marktöffnung für europäische Unternehmen und damit in die Deindustrialisierung gezwungen. Gleichzeitig wird den Staaten des Südens erschwert, angemessene Absatzmärkte für die eigene Agrarproduktion zu erhalten, Dank der protektionistischen EU-Agrarpolitik. Die Europäische Union spielt hier ihre Macht aus, insbesondere durch bilaterale und biregionale Abkommen, bei der die Verhandlungsmacht der Entwicklungsländer deutlich geringer ist als bei globalen Verhandlungen. Zudem verhindert die EU mit ihrem System von individuellen Wirtschaftspartnerschaftsabkommen, dass sich in Afrika ein wirksames System der regionalen ökonomischen Integration herausbildet, das für einen kontinentalen Binnenmarkt sorgen könnte – eine wichtige Voraussetzung, damit afrikanische Unternehmen durch Massenmärkte effizient produzieren können.

Problematisch ist dabei unter anderem der starke Schutz intellektueller Eigentumsrechte, bei denen beispielsweise europäische Pharmaunternehmen verhindern, dass Entwicklungsländer Generika entwickeln, die für ihre Bevölkerung bezahlbar sind. Aber auch andere Formen des erzwungenen Marktzugangs für die EU – etwa die Zerstörung der westafrikanischen Geflügelproduktion durch EU-Billigfleischexporte – müssen beendet werden. Es ist ebenso absurd, dass EU-Fischereiflotten die lokale Fischerei vor Westafrikas Küsten ihrer Lebensgrundlage berauben. Und ganz besonders absurd ist es, wenn italienische Tomatenmarkexporte den Tomatenanbau in Staaten wie Ghana ruinieren und die dort freigesetzten Arbeitskräfte dann zu Dumpinglöhnen auf den italienischen Tomatenfeldern schuften müssen.

Ganz abgesehen von dieser zerstörerischen Politik im Interesse von Teilen der eigenen Wirtschaft sollte die EU generell darauf verzichten, in ihrer Außenwirtschaftspolitik gegenüber Entwicklungs- und Schwellenländern letzteren ihr liberales Wirtschaftsmodell aufzudrücken. Die Vielfalt ökonomischer und sozialer Modelle muss respektiert werden. Ländern, die einen staatskapitalistischen Entwicklungsweg verfolgen wollen, um zum Westen aufzuschließen, muss auch das möglich sein. Eine solche souveränitätsschonende Kooperation würde nicht nur zu einer friedlichen Kooperation führen, sondern auch Fluchtursachen verringern, da sich eine stärkere Rolle des Staates bereits in vielen Ländern beim wirtschaftlichen Aufholprozess als sehr nützlich erwiesen hat. Und jene Gesellschaften, in denen der Staat den wirtschaftlichen Entwicklungsprozess beispielsweise durch Korruption und Nepotismus behindert, müssen sich selbst angemessenere wirtschaftliche Strukturen erkämpfen.

Etwas mehr Zurückhaltung der EU bei der Durchsetzung ihrer eigenen wirtschaftlichen Interessen mag kurzfristig der Gewinnmaximierung europäischer Export-Unternehmen entgegenstehen. Sie hilft aber bei der Vermeidung weiterer, eher ökonomisch motivierter Migrationswellen. Und langfristig dürfte sie selbst den meisten europäischen Exporteuren helfen, durch die bei einer besseren wirtschaftlichen Entwicklung entstehende Massenkaufkraft in diesen Ländern. Hier zeigt das Beispiel Chinas, dass selbst bei der Entwicklung einer eigenen leistungsfähigen Wirtschaft in Schwellenländern noch genügend Nachfrage für die europäische Exportwirtschaft übrig bleibt.

7 Innenpolitik und Migration: Unsicherheit an der Wurzel bekämpfen

Dreh- und Angelpunkt einer linkspopulären Position ist, wie bereits erwähnt, die soziale und wirtschaftliche Lage der ärmeren Bevölkerungsgruppen. Deshalb steht die Wirtschafts- und Sozialpolitik zunächst auch im Vordergrund, einschließlich ihrer europäischen und globalen Dimension. Aber das alltägliche Leben der ärmeren Bevölkerungsgruppen wird auch sehr stark durch Fragen der tagtäglichen Sicherheit und des Umgangs zwischen Gruppen mit familiären Wurzeln in anderen Ländern bestimmt. Und die starke Zunahme der Anzahl von Flüchtlingen hat erst dazu geführt, dass diese Bevölkerungsgruppen ihre grundlegende Unzufriedenheit mit dem politischen System artikuliert haben. Fragen der inneren Sicherheit und der Migration gehören daher zu den Kernthemen einer linkspopulären Position.

Innere Sicherheit: mehr Polizisten und Richter einstellen aber auf Symbolpolitik verzichten

2016 hat eine Reihe von Gewalttaten in Deutschland – auch auf Grund einer sensationsorientierten Berichterstattung in vielen Medien – starke öffentliche Aufmerksamkeit gefunden, Ansbach, Berlin und Würzburg mit islamistischem Hintergrund, München mit einem individuellen Amoklauf. Große Teile der Bevölkerung sorgen sich um ihre persönliche Sicherheit. Dabei ist es zunächst unerheblich, dass die statistische Wahrscheinlichkeit, von einem Anschlag betroffen zu werden, weitaus geringer ist als einem Verkehrsunfall zum Opfer zu fallen. Auch wenn der Staat in der Pflicht steht, solche Irrtümer aufzuklären, wird wahrscheinlich der subjektive und daher auch ernstzunehmende Eindruck einer Bedrohung bleiben.

Es geht bei diesem Bedrohungsgefühl auch nicht nur um Leib und Leben, sondern auch um die Sicherheit in den eigenen vier Wänden, die durch den Eindruck einer hohen Zahl nicht aufgeklärter Wohnungseinbrüche und großer Schäden durch diese Einbrüche verstärkt wird. Regelmäßige Umfragen des Allensbach-Instituts für Demoskopie im Auftrag der deutschen Versicherungswirtschaft, beispielsweise die bereits zitierte Studie »Generation Mitte 2016«, zeigen, dass sich die Sorgen der Bevölkerung nirgendwo stärker negativ entwickelt haben als in Bezug auf Gewaltverbrechen sowie Diebstähle und Einbrüche.

In beiden Fällen – Attentate und Einbrüche – sind Menschen aus unteren und mittleren Einkommensschichten besonders betroffen, denn Attentate ereignen sich an Plätzen, wo diese Menschen regelmäßig verkehren (zum Beispiel Innenstädten, Bahnhöfen oder Volksfesten), nicht auf den Golfplätzen der Oberschicht, so wie auch die meisten Einbrüche normale Häuser und Wohnungen betreffen, nicht besonders gesicherte Luxusvillen. Viele linksliberale Beobachter vernachlässigen tendenziell das völlig legitime Bedürfnis der Menschen nach Sicherheit. Und Arme leiden besonders unter Unsicherheit, auch unter der Herausbildung von »Angsträumen« im öffentlichen Raum mit mangelnder Beleuchtung, fehlender Sauberkeit und mit Sachbeschädigungen.

Natürlich bleibt das Gefühl der zunehmenden Unsicherheit nicht ohne Antworten aus der Politik, aber jene gehen weit an den Bedürfnissen der hier im Vordergrund stehenden Bevölkerungsgruppen vorbei. Konservative und Rechtspopulisten setzen auf symbolische »Law and Order«- Maßnahmen, beispielsweise die CDU/CSU auf den Einsatz der Bundeswehr im Inland, der Vorratsdatenspeicherung für die Geheimdienste, deren Zentralisierung oder der Einrichtung neuer Abwehrzentren, beispielsweise für den Cyberraum. Auf der anderen Seite schreien Linksliberale Zeter und Mordio, ob der damit potentiell verbundenen Einschränkung individueller Freiheitsrechte, etwa durch die Vorratsdatenspeicherung von Telefonnummern oder Internetadressen. Beides mag der politischen Profilierung helfen, an den Sicherheitsbedürfnissen des Großteils der Bevölkerung geht beides vorbei.

Viele der konservativen Parolen sind bloß symbolische Politik, ohne substantiellen Lösungsbeitrag. Ein Attentäter wie Anis Amri beispielsweise hätte auf Basis der bereits existierenden Gesetze problemlos verhaftet werden können (und müssen), eine Gesetzesverschärfung ist hier nicht notwendig. Gleiches gilt für Wohnungseinbrüche: Die von der Bundesregierung im Mai 2017 beschlossene Verschärfung von Strafen bei Einbrüchen ist in der Praxis wenig hilfreich, wenn laut der Strafverfolgungsstatistik im Jahr 2015 gerade einmal 25 000 von 167 000 Wohnungseinbrüchen aufgeklärt und nur in gut 3 000 Fällen rechtskräftige Urteile gesprochen wurden. Auch die ebenfalls beschlossene Autorisierung einer flächendeckenden Funkzellenabfrage nach jedem Wohnungseinbruch hilft nur dabei, besonders dumme Einbrecher zu fangen (alle anderen schalten einfach ihr Handy beim Einbruch nicht ein) kann aber dafür sorgen, dass die Daten vieler hunderttausend Mobilfunknutzer dauerhaft gespeichert werden. Linksliberale Sorgen über omnipräsente Überwachung sind hier berechtigt, werden aber gleichzeitig in der generellen Ablehnung jeglicher zusätzlicher Sicherheitsmaßnahmen dem unmittelbaren Bedrohungsgefühl vieler Bürger nicht gerecht. Beide Seiten üben sich vor allem in symbolischer Politik. Gleiches gilt auch für die Rechtspopulisten von der AfD, denen CDU/CSU mit ihren Forderungen Paroli bieten wollen.

Noch schlimmer sind Forderungen nach individuellen Sicherheitsmaßnahmen, wie ein erleichterter Waffenbesitz oder die Bildung von Bürgerwehren. Eine solche Individualisierung würde wieder jene privilegieren, die sich Sicherheit finanziell oder zeitlich »leisten« können. Abgesehen davon demonstriert das Fallbeispiel USA ja sehr erfolgreich, dass sich die Zahl der Straftaten durch leichter zugängliche Schusswaffen eher drastisch erhöht als verringert.

Auch die begrenzte Präventionsfähigkeit des Staates bei der Einbruchkriminalität führt dazu, dass jene Menschen, die es sich leisten können, Türen und Fenster umbauen, Bewegungsmelder und Kameras einbauen, während die weniger gut gestellten Bevölkerungsgruppen weiter mit dem vollen Risiko leben müssen.

Die Ängste vieler Menschen vor Anschlägen und anderen Formen der Bedrohung müssen unbedingt ernst genommen werden, auch wenn ein absoluter Schutz nicht möglich ist. Was kurz- und mittelfristig wohl wirklich helfen würde, ist eine substantielle Aufstockung des Polizei- und des Justizpersonals, um vielen Menschen das Gefühl der alltäglichen Bedrohung etwas zu nehmen und Straftaten zeitnah zu verfolgen, auch wenn absolute Sicherheit nicht möglich ist. Eine solche Aufstockung würde es der Polizei erlauben, mehr Präsenz und Ansprechbarkeit für die Bürger zu zeigen (der gute alte »Dorfpolizist«), schnell und umfassend bei (auch nur vermeintlichen) Sicherheitsbedrohungen zu kommunizieren, konsequent bei Vorkommnissen wie in der Kölner Silvesternacht einzuschreiten und natürlich auch die Aufklärungs- und Verurteilungsquote bei Delikten wie dem Wohnungseinbruch zu erhöhen (etwa durch qualifizierte Kriminaltechniker). Zusätzliches Polizeipersonal hilft gegen das Bedrohungsgefühl zudem auch viel besser als eine zusätzliche Videoüberwachung, die allenfalls nach Verbrechen die Aufklärungsquote erhöht. Grundsätzlich sind aber auch umstrittene Maßnahmen wie Videoüberwachung und Schleierfahndung aus linkspopulärer Sicht geboten, falls sie nachweislich einen substantiellen Beitrag zur Prävention und Aufklärung von Verbrechen leisten (aber auch nur dann).

Forderungen nach einer Aufstockung des Polizeipersonals werden vereinzelt ja auch von anderen Parteien erhoben, zuletzt von den CDU-Innenministern, scheitern bisher aber an der restriktiven Haushaltspolitik derselben Parteien, insbesondere an der Schuldenbremse, die auch aus diesem Grund abzulehnen ist. Besonders grotesk ist die Forderung nach mehr Polizeipersonal bei den Steuersenkungsparteien FDP und AfD. Und selbst die 2016 artikulierten Personalforderungen der CDU-Innenminister würden nicht einmal dazu ausreichen, wenigstens den Polizeibestand von 1998 wieder zu erreichen. Die »Schwarze Null«-Präferenz aller im Bundestag vertretenen Parteien (mit Ausnahme der Linkspartei) macht diese generell ausgesprochen unglaubwürdig in Bezug auf die notwendige Verbesserung der Personalausstattung der Polizei. Deutlichen Aufstockungsbedarf gibt es zudem auch in Bezug auf eine bessere Bezahlung und eine funktionsfähige Ausrüstung der Polizei – und dabei geht es nicht um mehr aufsehenerregende »Langwaffen« (Maschinenpistolen und Maschinengewehre), sondern mehr um praktische Verbesserungen, wie funktionsfähige Funkverbindungen und IT-Systeme im Alltagsgeschäft.

Die Vorkommnisse um den Hamburger G20-Gipfel haben gezeigt, dass auch bei der aus linkspopulärer Sicht grundsätzlich sehr positiv eingeschätzten Polizei nicht alles perfekt läuft. Ganz abgesehen davon, dass es keine gute Idee ist, solche Großveranstaltungen inmitten einer Stadt wie Hamburg abzuhalten, gab es hier Fehler bei der Einsatzplanung und Übergriffe durch Polizisten. Diese Fehlentwicklungen müssen politisch und rechtlich sanktioniert werden, damit auch in Zukunft Grundrechte wie die Versammlungs- und Pressefreiheit gewährleistet sind. Sie sollten uns aber nicht davon abbringen, die Polizei personell merklich zu stärken. Auch in Hamburg hätte mehr Personal dazu beigetragen, Vorkommnisse wie die Verwüstung des Schanzenviertels zu vermeiden. Zudem hätten weniger überlastete Polizisten sich wahrscheinlich auch gelassener gezeigt und damit eine Eskalation vermieden.

Auch die Justiz muss personell in die Lage versetzt werden, ihre Arbeit zügig zu erledigen. Gleiches gilt für Institutionen wie das Bundesamt für Migration und Flüchtlinge. Die besten Gesetze nützen nichts, wenn sie nicht zeitnah durchgesetzt werden können. Die Entstehung rechtsfreier Räume kann nicht im Interesse der Schwächsten sein. Da nicht immer absehbar ist, wann und wo rechtliche Entscheidungsverfahren anfallen können, müssen solche Institutionen auch mit personellen Reserven für Krisensituationen, etwa eine deutlich ansteigende Flüchtlingsbewegung, ausgestattet werden.

Langfristig sollten wir uns vor allem darum bemühen, die Ursachen von terroristischen Anschlägen anzugehen. Dazu gehört vor allem die Verbesserung der Lebensbedingungen in den Ländern, aus denen derzeit viele Terroristen beziehungsweise ihre Vorfahren stammen, derzeit also vor allem dem Nahen und Mittleren Osten. Eine andere Außenwirtschaftspolitik dürfte hier zentral sein (vgl. Kapitel 6), aber auch der Verzicht auf militärische Interventionen und deren direkte oder indirekte Unterstützung. Wenn wir aufhören, uns an Kriegen und der Destabilisierung anderer Gesellschaften zu beteiligen, werden wir damit auch das Risiko verringern, zum Ziel terroristischer Attacken zu werden (vgl. Kapitel 8). Dazu gehört schließlich auch eine bessere Integration der bei uns lebenden Menschen mit einem Hintergrund in diesen Ländern.

Integration: Gesetze einhalten aber keine Einheitskultur erzwingen

Da einige der Anschläge des Jahres 2016 islamistisch motiviert waren, führten sie zu einem Hochkochen der alten Debatte über die Integration von Muslimen in der deutschen Gesellschaft. Zunächst ist es für die Strafverfolgung von Terrorismus irrelevant ob jener islamistisch motiviert ist oder nicht. Anschläge sind in erster Linie eine Frage der individuellen Strafverfolgung. Aber natürlich kann man auch nach dem strukturellen Hintergrund von Terror fragen. Dazu gehören potentiell auch islamistische Ideologien. Auch hier sollte eine linkspopuläre Position auf Solidarität setzen, durch eine Austrocknung des potentiellen Umfeldes von Gewalttaten, insbesondere über materielle Besserstellung und einen respektvollen Umgang.

Da gerade viele Deutsche mit einem Hintergrund in anderen Ländern und Glaubensrichtungen zu den weniger privilegierten Menschen in Deutschland zählen, muss sich eine linkspopuläre Position sich gerade auch für diese Menschen einsetzen. Auch in der Ablehnung jeglicher rassistischer und kulturchauvinistischer Diskrimierung liegt einer der Kernunterschiede linkspopulärer Positionen gegenüber dem Rechtspopulismus à la Le Pen, AfD und Wilders.

Auch wenn viele potentielle Unterstützer linkspopulärer Positionen in Bezug auf den Islam Vorbehalte haben, sollte sie doch zumindest der Hinweis auf die Verbesserung ihrer Sicherheitslage durch einen fairen und respektvollen Umgang mit der islamischen Minorität überzeugen. Ohne Unterstützung durch größere Bevölkerungsgruppen sind Terrorattentate viel schwerer erfolgreich vorzubereiten. Viele Einzeltäter sprechen vor der Tat mit Freunden oder Familie darüber, oder lassen ihre Absicht zumindest implizit erkennen. Um diese Täter vor der Tat zu stoppen, benötigt der Staat dann die Unterstützung ihres gesellschaftlichen Umfeldes. Dieses Umfeld wird seine Unterstützung besonders dann gewähren, wenn es sich in der Gesellschaft akzeptiert sieht und sich mit dieser identifiziert.

Die Rekrutierung einer größeren Zahl von Militanten hängt stark von wirtschaftlichem und sozialem Wohlergehen ab. Menschen, die in gesicherten Verhältnissen leben, ihre soziale Situation grundsätzlich als gerecht erachten und sich respektiert fühlen, engagieren sich selten für eine militante Ablehnung der Gesellschaft, in der sie leben. Eine grundlegende Verbesserung der sozialen und wirtschaftlichen Lage aller bei uns lebenden Menschen ist eine hervorragende Option zur Austrocknung von Milieus wie etwa im Brüsseler Molenbeek, die islamistisch motiviertem Terrorismus potentiell Obhut geben können, genauso wie diese Verbesserungen auch rechtsradikale Attentate auf Asyleinrichtungen reduzieren würden.

Sowohl Rechtspopulisten als auch militante Islamisten setzen auf eine zunehmende Entfremdung zwischen unseren muslimischen Bürgern und der Mehrheitsgesellschaft. Islamistisch motivierte Anschläge und die Verbreitung fremdenfeindlichen Gedankenguts sorgen dafür, dass unsere muslimisch geprägten Bürger unter Generalverdacht geraten und in der Folge Vorurteilen und Repressionen ausgesetzt sind. Letzteres führt dazu, dass diese Menschen sich von der Gesellschaft abwenden und ein verstärktes Interesse an islamistischen Ideen entwickeln. Dieser Teufelskreis muss unbedingt durchbrochen werden.

Auch die Tatsache, dass ein großer Teil der in Deutschland lebenden türkischen Staatsbürger für das Referendum zur Einführung eines Präsidialsystems gestimmt hat, verweist auf die Entfremdung dieser Menschen von der deutschen Gesellschaft. In vielen Analysen dieses Abstimmungsverhaltens wurde deutlich, dass es bei der Stimmabgabe weniger um die Details der neuen Verfassung ging, sondern um das Gefühl, in Deutschland nicht ausreichend respektiert oder sogar explizit diskriminiert zu werden. Dieses Gefühl hat durchaus einen realen Hintergrund. So dokumentierte 2014 eine Studie des Sachverständigenrats deutscher Stiftungen für Integration und Migration (»Diskriminierung am Ausbildungsmarkt«) sehr eindrucksvoll, wie sehr ein türkischer Name – bei ansonsten identischer Qualifikation – die Chancen eines Bewerbers im Vergleich zu einem deutschen Namen reduziert. Eine Stimme für den von der deutschen Gesellschaft angefeindeten Erdogan dient hier vor allem als Trotzreaktion. Es wird nicht leicht sein, diese Entfremdung zu überwinden.

Um die Integration von Bevölkerungsgruppen mit Wurzeln in anderen Ländern zu unterstützen, muss eine Gettobildung unbedingt vermieden werden, auch wenn Zuwanderer gerne dorthin ziehen, wo es Menschen mit ähnlichen nationalen Wurzeln gibt, oder sogar wirtschaftlich und gesellschaftlich dazu gezwungen werden. Integration funktioniert jedoch besser, wenn es vielfältige Reibungsflächen zwischen Alteingesessenen und Zugezogenen gibt, etwa in kleineren Städten oder sehr gemischten Stadtvierteln. Insbesondere die Abschiebung dieser Bevölkerungsgruppen in unwirtliche Siedlungen am Rande der Stadt (wie in Frankreich) sollte unbedingt ausgeschlossen werden. Unabhängig davon ist es für das Einleben von Zuwanderern nicht förderlich, wenn es ganze Stadtviertel gibt, die entsprechende Enklaven bilden, bei allem Verständnis dafür, dass Menschen dorthin gehen wollen, wo man ihre Sprache spricht und ihre Kultur lebt. Aber auch die Abschottung von »ausländerfreien« Mittelklasseviertel ist in einer Einwanderungsgesellschaft nicht sinnvoll und sollte durch gezielte Maßnahmen, etwa im sozialen Wohnungsbau, vermieden werden.

Eine zu starke gegenseitige Abschottung leistet nicht nur der Herausbildung von Vorurteilen Vorschub, sondern verhindert auch die Herausbildung eines Mindestmaßes an gemeinsamer Identität, wie sie für sozialpolitische Solidarität unabdingbar ist (vgl. Kapitel 4). Es ist ja auch kein Wunder, dass die Ablehnung gegenüber Flüchtlingen einerseits gerade in jenen (Bundes-) Ländern besonders ausgeprägt ist, in denen kaum Kontakt mit Menschen mit einer Herkunft in anderen Ländern besteht. Die Ablehnung ist andererseits aber auch dort zu finden, wo Nachbarschaften durch Zuzug extrem belastet sind, etwa in Teilen des Ruhrgebiets. Gesellschaften und ihr Sinn für Solidarität sind fragile Gebilde, man sollte sie nicht überfordern. Eine Wohnsitzauflage für anerkannte Asylbewerber, die Sozialleistungen beziehen – also noch nicht eine Anstellung gefunden haben – ist hier beispielsweise eine sinnvolle Maßnahme, um die Belastungen im Land gleichmäßiger zu verteilen.

Auch im Schulsystem ist eine Trennung in Schulen mit einem extrem hohen Migrationsanteil und Schulen mit einen sehr geringen Anteil unbedingt zu vermeiden. Gute Bildung und ausreichende deutsche Sprachkenntnisse sind häufig ein Kernbestandteil gelingender Integration. Eine Klasse, bei der die Hälfte oder mehr keine Muttersprachler sind, führt dazu, dass andere Eltern ihre Kinder nicht anmelden und damit diese Differenzierung perpetuiert, mit ungünstigen Folgen sowohl für die Muttersprachler als auch jene, die mit einer anderen Sprache aufgewachsen sind. Hier ist ein Verteilungsverfahren notwendig. Wo sich eine solche Differenzierung bereits herausgebildet hat, sollten Schulen mit einem hohen Migrationsanteil besonders unterstützt werden, etwa durch eine überproportional hohe Ausstattung mit Lehrern, um auch Eltern aus anderen Bevölkerungsgruppen einen Anreiz zu geben, ihre Kinder dort anzumelden.

Besonders abstrus ist es hingegen, wenn im Namen der Vorbeugung von Terroranschlägen Integrationsmaßnahmen gefordert werden, die in der Sache nicht helfen, aber dem Bedürfnis konservativer und rechtspopulistischer Kreise zur Abgrenzung vermeintlich Fremder entsprechen. Dazu gehören etwa Forderungen aus der CDU, doppelte Staatsbürgerschaften zurückzunehmen oder die Vollverschleierung (Burka, Niqab) zu verbieten. Bisher ist jedenfalls weder bekannt, wie die Aberkennung einer doppelten Staatsbürgerschaft Terrorattentate verhindert, noch dass jemals in Deutschland unter einer Burka oder einem Niqab ein Sprengstoffgürtel verborgen war, abgesehen davon, dass es gar nicht so einfach ist, in Deutschland Burkaträgerinnen zu finden. Hier vermischt sich bloß symbolische Politik mit latenten Ressentiments gegen Fremde, eine sehr unangenehme Kombination, die nichts zur persönlichen Sicherheit breiter Bevölkerungsgruppen beiträgt. Entscheidend sollte in jedem Fall die Einhaltung der deutschen Gesetze sein. Und wer die deutschen Gesetze nicht einhält, muss rechtlich sanktioniert werden, ganz unabhängig von seinem ethnischen und religiösen Hintergrund. Eine konkurrierende Paralleljustiz jenseits des deutschen Rechtsrahmens, etwa durch Scharia-Gerichte, kann nicht geduldet werden. Die Gesetze sollten aber darauf verzichten, sich ohne Not in die Religionseinübung einzumischen. Manchmal haben die Gesetze Defizite und müssen dann auch angepasst werden. Die Kölner Silvester-Übergriffe haben beispielsweise dafür gesorgt, dass das deutsche Sexualstrafrecht verschärft wird, eine auch unabhängig von diesen Übergriffen sehr sinnvolle Maßnahme, die sich dann auch bei »urdeutschen« Veranstaltungen wie dem Oktoberfest bewähren sollte.

Die Forderung nach Anpassung an eine »deutsche Leitkultur« ignoriert auch, dass viele Einwanderer mit islamischem Hintergrund bereits in der zweiten Generation sozial und wirtschaftlich sehr erfolgreich sind. Zudem überschätzt diese Forderung die Homogenität islamischer Bevölkerungsgruppen, bei denen große Teile Werte teilen, die besser mit jenen der Mehrheitsgesellschaft übereinstimmen (etwa beim Thema Homosexualität), als beispielsweise jene mancher evangelikaler Christen. Pauschale kulturalistische Parolen (»der Islam gehört nicht zu Deutschland«) werden dieser Situation nicht gerecht. Sie sind zudem kontraproduktiv, was das friedliche und respektvolle Zusammenleben angeht, insbesondere in einer Gesellschaft mit mehreren Millionen Menschen türkischer Abstimmung. Diese Menschen werden damit geradezu in die Abgrenzung gezwungen, genau das Gegenteil einer Assimilation. Solange Deutsche islamischen Glaubens sich an die demokratisch beschlossenen Gesetze halten und ihre Religion nicht über diese Regeln stellen, sind sie integriert.

Linkspopuläre Politik kann nicht darauf aus sein, Bevölkerungsgruppen in Deutschland gegeneinander auszuspielen. Im Gegenteil, unser Umgang sollte unbedingt von gegenseitigem Respekt geprägt sein. Integrationsdebatten sind zumeist vom Profilierungsbedürfnis konservativer und rechtspopulistischer Parteien geprägt. Sie gehen aber an den realen Problemen unserer Gesellschaft – sozialer Ungleichheit und sicherheitsbezogener Ängste – vorbei. Zudem irritieren sie große Teile der bei uns lebenden Menschen mit einem Hintergrund in anderen Kulturen und führen damit geradezu zum Gegenteil der angeblich angestrebten Integration. Eine genauere Beschäftigung mit den Ursachen der Ablehnung des Islams in großen Teilen der deutschen Gesellschaft – insbesondere auch in deren weniger privilegierten Teilen – zeigt, dass es hier nicht darum geht, anderen Menschen die Ausübung ihrer Religion zu verbieten, sondern um die Gefahren für die eigenen Sicherheit zu reduzieren, ein vollkommen legitimes Bedürfnis, im Gegensatz zur pauschalen Islamfeindschaft der AfD.

In Bezug auf Integrationsfragen unterscheidet sich eine linkspopuläre von einer rechtspopulistischen Position also sehr deutlich. Politik muss konkrete Verbesserungen in der sozioökonomischen Lage und der alltäglichen Sicherheit für alle und insbesondere für die Ärmsten schaffen – in die Privatsphäre spezieller Bevölkerungsgruppen einzugreifen, Symbolpolitik zu verfolgen, rassistische Ressentiments zu verbreiten und die Anpassung an eine »Leitkultur« zu erzwingen, ist hingegen nicht ihre Aufgabe. Der Aufstieg des Rechtspopulismus hat hier schon zu schlimmen Verwerfungen geführt: sowohl nach dem Brexit als auch nach der Trump-Wahl hatten ethnische und religiöse Minderheiten in England und den USA sogar berechtigte Angst vor realer Gewalt der Rechten.

In der Tat machen sich viele Menschen in Deutschland Sorgen über den Islam, Fragen der Integration werden mitunter leidenschaftlich debattiert, gerade auch in den weniger privilegierten Bevölkerungsschichten. Aber ähnlich wie in der Flüchtlingsdebatte wird hier ein Thema als Symbol aufgeladen, das aber nicht das eigentliche Anliegen ist. Eine grundlegende Verbesserung der sozio-ökonomischen Lage sollte auch hier den Appetit auf Kulturkampf deutlich reduzieren und zu einer Entspannung im Verhältnis zum Islam führen. Schließlich machen Muslime ja weniger als sechs Prozent der deutschen Bevölkerung aus und sind politisch auch kaum im Sinne ihrer Religion aktiv – vor diesem Hintergrund von einer »Islamisierung« Deutschlands zu sprechen, ist bei nüchterner Betrachtung vollkommen absurd.

Es ist aus linkspopulärer Perspektive essentiell, dass die politische Auseinandersetzung sich im Kern um sozio-ökonomische Fragen dreht, nicht um jene sozio-kulturellen Integrationsthemen, die Rechtspopulisten – und auf der anderen Seite auch die Vertreter eines extremen Kosmopolitismus – gerne in den Vordergrund stellen, wie zuletzt etwa bei der Parlamentswahl in den Niederlanden. Dieser »kulturelle Bürgerkrieg« (Norbert Bolz in einem Interview mit Telepolis, 19.3. 2017) lenkt von den entscheidenden Herausforderungen der Verteidigung von Demokratie und Sozialstaat ab.

Migration: Keine offenen Grenzen aber Mitmenschlichkeit auch für Geflüchtete bieten

Linkspopuläre Politik kann allerdings auch nicht bedeuten, sich für grenzenlose Migration einzusetzen, wie das im linksliberalen und im linken Spektrum oft mitschwingt (»no borders«). Die Interessenlage der ärmeren und formal weniger gebildeten Bevölkerungsgruppen sind hier einfach ganz andere als jene der hochqualifizierten Bevölkerungsgruppen, deren Stellen durch weniger qualifizierte Migranten nicht gefährdet sind und für die es im Zweifelsfall kein Problem darstellt, über Grenzen hinweg Arbeitsplätze zu suchen.

Auch die von der Bundesregierung getroffene und später von allen im damaligen Bundestag vertretenen Parteien gestützte Entscheidung, im Sommer 2015 das Dublin-Abkommen unilateral außer Kraft zu setzen und in der Folge mehrere hunderttausend syrische Flüchtlinge zu akzeptieren, ist aus linkspopulärer Perspektive sehr problematisch. Die Bundesregierung und die sie stützende »ganz große Koalition« hat sich hier als human inszeniert, war aber nicht einmal bereit, die Konsequenzen ihrer Entscheidung zu tragen, indem sie wenige Monate später nicht nur das alte Grenzregime wieder in Kraft gesetzt, sondern de facto durch das Türkeiabkommen sogar noch verschärft hat. Zudem gibt es gravierende Anhaltspunkte, dass die Entscheidung der Bundesregierung 2015 gar nicht humanitär motiviert war, sondern den damaligen Forderungen der Wirtschaft nach deutlich höherer Zuwanderung entsprach, so die Analyse von Ralf Hutter auf Telepolis (»Nicht Werte bestimmen Merkels Politik, sondern Interessen«).

Die unilaterale Entscheidung der Bundesregierung hat zudem dem europäischen Integrationsprojekt einen weiteren Stoß versetzt, indem sie ihre Entscheidung ohne Konsultation der Gremien der EU getroffen hat. Eine weitere deutsche Politik offener Grenzen würde die EU an die Grenzen ihrer Belastbarkeit führen, da die meisten anderen Mitgliedsstaaten einer solchen Politik nicht zustimmen, nicht einmal die traditionell in dieser Hinsicht großzügigen skandinavischen Staaten. Die Entscheidung der Bundesregierung hat auch dazu geführt, die für die meisten Menschen wichtigste Errungenschaft der der europäischen Integration, den Wegfall von Passkontrollen an innereuropäischen Grenzen, zumindest teilweise eingeschränkt wurde.

Die deutsche Gesellschaft – insbesondere der aus einer linkspopulären Perspektive im Vordergrund stehenden Teil – hat in den vergangenen Monaten seine mangelnde Bereitschaft zur Aufnahme noch weiter steigender Migrantenzahlen sehr deutlich gemacht. Zudem müssen solche grundsätzlichen Entscheidungen durch Parlamentsbeschlüsse legitimiert werden, anstatt durch einfache Verordnungen oder tagespolitische Entscheidungen – oder gar durch ein unkontrolliertes Laissez-faire ohne jede klare politische Entscheidung.

Eine unkontrollierte Massenmigration wäre auf Dauer sozial unverträglich. Bereits der starke Anstieg der Flüchtlingszahlen im Jahr 2015 hat die entsprechenden Sorgen von Teilen der deutschen Gesellschaft deutlich gezeigt. Dabei geht es aus linkspopulärer Perspektive nicht um prinzipielle Fremdenfeindlichkeit, sondern um die Sorge um den Sozialstaat und andere wichtige Unterstützungsleistungen für die weniger privilegierten Bevölkerungsgruppen, die bereits bei uns leben. Bisher ist die Belastung durch Flüchtlinge in der direkten Lebenswirklichkeit der weniger Privilegierten – durch Konkurrenz um Arbeitsplätze, Sozialleistungen oder bezahlbare Mieten – noch gar nicht so groß. Wenn sich aber solche Migrationsbewegungen regelmäßig wiederholen, würden diese Probleme mehr als deutlich werden.

Eine unkontrollierte Massenmigration wäre auf Dauer nicht vereinbar mit der Aufrechterhaltung eines robusten, auch durch Arbeitnehmerbeiträge finanzierten Sozialsystems – eines Systems, das sich nun um Neue kümmern muss, während es die Alten bereits vernachlässigt. Dieses Problem hat auch mit den Eigenheiten des deutschen Sozialsystems zu tun, das einen vergleichsweise hohen Schutzstandard garantiert, im Gegenzug zu substantiellen Beitragszahlungen. Viele Beitragszahler haben relativ wenig Verständnis, wenn Menschen, die nicht eingezahlt haben, ähnlich hohe Leistungen wie sie erhalten – ein Problem, das allerdings nicht nur Flüchtlinge betrifft, sondern mitunter auch Migranten innerhalb der EU. Ein Sozialsystem liberaler Prägung, das steuerfinanziert wesentlich niedrigere Leistungen zur Verfügung stellt, etwa auf dem Niveau einer besseren Armenfürsorge, wird von Migration hingegen eher weniger unter Druck gesetzt, ist aber für die weniger Privilegierten in der deutschen Gesellschaft nicht wünschenswert.

Zudem würde eine unkontrollierte Massenmigration die Ungleichheit in unserer Gesellschaft verstärken. Während ein Großteil der bürgerlichen Bevölkerung und der Unternehmer kaum negative Folgen zu befürchten hat oder sogar davon profitiert, durch günstige und oft eingeschüchterte Arbeitskräfte, erhöht Migration für die ärmeren Bevölkerungsschichten den Wettbewerb um bezahlbare Wohnungen, um Sozialtransfers und um Jobs mit begrenzten Qualifikationsanforderungen. Sie verschlechtert zumeist die Qualität der Schulen in den stark von Migration betroffenen Vierteln und erschwert damit den potentiellen Aufstieg durch Bildung. Kosten und Nutzen von Migration sind ungleich verteilt – während der Nutzen vor allem Arbeitgebern zufällt, werden die Kosten vor allem von Arbeitnehmern getragen. Starke Migration reduziert insbesondere den Anreiz für Arbeitgeber, auch jene einheimischen Arbeitskräfte einzustellen und zu qualifizieren, die am Arbeitsmarkt nicht so gefragt sind. In der Folge droht für diese Arbeitskräfte eine Verfestigung ihrer Arbeitslosigkeit. Angesichts dieser Verteilungsfolgen sind auch Diskussionen über den – wohl eher fragwürdigen – volkswirtschaftlichen Nettonutzen etwa der Flüchtlingsbewegung von 2015 aus linkspopulärer Sicht kaum relevant, denn die schwächsten Bevölkerungsgruppen werden davon nicht profitieren. Im Gegenteil – da die Integration von Flüchtlingen in den Arbeitsmarkt wesentlich schwieriger ist als von anderen Migranten (so die 2016 veröffentlichte Studie »Wie sind Flüchtlinge in den europäischen Arbeitsmarkt integriert?« von OECD und Europäischer Kommission), werden auch die Aufwendungen des Sozialstaats für diese Gruppe vergleichsweise hoch sein.

Auch die Kriminalität würde durch eine unkontrollierte Massenmigration verstärkt. Der Zuzug von Hunderttausenden von Menschen – zumeist jungen Männern, einer besonderen Risikogruppe für Kriminalität – bleibt nicht ohne Niederschlag in der Kriminalitätsstatistik, ganz abgesehen von der Medienberichterstattung, bei der Fälle von sexueller Gewalt durch Flüchtlinge starke Aufmerksamkeit erhalten. Auch wenn die polizeiliche Kriminalitätsstatistik über längere Zeiträume immer mit Vorsicht zu genießen ist – hier können rechtliche Veränderungen oder auch eine sich wandelnde Anzeigebereitschaft eine erhebliche Rolle spielen – waren die Auswirkungen des großen Flüchtlingszuzugs 2015 nach einer Studie des Bundeskriminalamts (»Kriminalität im Kontext von Zuwanderung: Bundeslagebild 2016«) nicht unerheblich. So hat sich die Anzahl der tatverdächtigen Zuwanderer (ohne ausländerrechtliche

Verstöße) von etwa 115 000 in 2015 auf 175 000 in 2016 erhöht, mit einer besonders hohen Zunahme im Bereich der Straftaten gegen die sexuelle Selbstbestimmung (hier stieg der Anteil der aufgeklärten Fälle mit mindestens einem tatverdächtigen Zuwanderer von 4,6 auf 9,1 Prozent; 2014 lag er noch bei 2,6 Prozent).

Eine unkontrollierte Massenmigration könnte auch das Vertrauen der einheimischen Gesellschaft in die Verlässlichkeit von Politik und Rechtssystem erschüttern. Wenn die Anzahl der Migranten so groß werden würde, dass bestehende Gesetze, etwa zur Überprüfung von Asylgesuchen, nicht mehr zeitnah oder gar nicht mehr umgesetzt werden, kann das weitreichende Folgen für das politische System haben, auch jenseits der Migrationsfrage. Es ist beispielsweise durchaus irritierend, wenn am Verwaltungsgericht Düsseldorf inzwischen mehr als zwei Drittel aller Verfahren Asylverfahren sind und andere Verfahren, die für die Betroffenen ebenfalls wichtige Lebensentscheidungen betreffen (beispielsweise die Baugenehmigung für das Eigenheim) nicht mehr in angemessener Zeit entschieden werden können. Und die geringe Zahl von Abschiebungen trotz abgelehntem Asylgesuch bzw. dem Wegfall anderer Schutzgründe – so verständlich und sinnvoll deren Aussetzung im Einzelfall auch ist – kann auch dazu führen, dass viele Menschen ihr Vertrauen in die Verlässlichkeit staatlicher Entscheidungen verlieren.

Eine unkontrollierte Massenmigration würde zudem die Heimatländer der Migranten durch den damit verbundenen »brain drain« schwächen, ein Thema, das in der deutschen Flüchtlingsdebatte regelmäßig vernachlässigt wird. Wie sollen die betroffenen Länder gesellschaftlich, politisch und wirtschaftlich auf die Füße kommen, wenn die aktivsten und qualifiziertesten Menschen in großer Zahl das Land verlassen? Die Situation mag ja vielleicht noch vertretbar sein, wenn die Flüchtlinge in der Region verbleiben, so dass sie nach Ende eines Bürgerkriegs relativ schnell wieder in ihre Herkunftsländer zurückkehren können. Aber wenn sie stattdessen in großer Zahl nach Deutschland wandern, ist eine Rückkehr deutlich unwahrscheinlicher. Inzwischen lebt nach einer Studie von Alexander Betts und Paul Collier (»Gestrandet«) die Hälfte aller Syrer mit Hochschulabschluss in Europa. Migration hat zwar auch positive Auswirkungen auf die jeweiligen Herkunftsländer, etwa durch Überweisungen an die dort noch lebenden Familienmitglieder (»remittances«) oder durch Rückkehrer, die dort Unternehmen aufbauen. Allerdings drohen die jüngsten Flüchtlingsströme das Ausmaß dieser möglicherweise produktiven Migration weit zu übersteigen. Und wenn Ökonomien in erster Linie von ausländischen remittances abhängig sind, kann das sogar ihren Anreiz zum Aufbau einer produktiven Wirtschaft reduzieren.

Eine unkontrollierte Massenmigration ist zudem gefährlich für die Migranten selbst. Viele Staaten schützen sich gegen starke Wanderungsbewegungen, es bleiben den Flüchtlingen daher nur die gefährlichen Wege, etwa durch das Mittelmeer. Menschen müssen zwingend aus Seenot gerettet werden, aber gleichzeitig müssen alle Maßnahmen unternommen werden, die möglich sind, um zu verhindern, dass sie sich überhaupt in diese Situation begeben. Dazu gehören auch Abkommen mit den – ebenfalls unter der Massenmigration leidenden – Transitländern zur Bekämpfung von Schleppern und zur Aufnahme von Migranten, wenn diese Länder dafür angemessen finanziell entschädigt und den Migranten erträgliche Bedingungen geboten werden.

Eine unkontrollierte Massenmigration, die regelmäßig nicht nur politisch Verfolgte oder vor einem Bürgerkrieg Schutz suchende Menschen umfasst, sondern auch – aus vollkommen verständlichen Gründen – Armutsmigration, kann auch dazu führen, dass denjenigen Flüchtlingen, für die der Schutz des Grundgesetzes und der Genfer Konvention geschaffen wurde, nicht mehr ausreichend geholfen wird, weil sich große Teile der Bevölkerung in den Zielländern pauschal gegen Migranten wenden und in der Folge die Asylgesetzgebung (weiter) verschärft wird. Ein Beispiel wäre die Situation in den USA, in denen der Protest gegen die massive Armutszuwanderung aus Mittelamerika einen nicht geringen Anteil an der Wahl von Präsident Trump hatte – und dieser dann syrischen Flüchtlingen die Einreise völlig verweigerte. Aber auch in Deutschland wird oftmals nicht differenziert zwischen Asylsuchenden und wirtschaftlich motivierten Einwanderern – es heißt dann einfach, dass »zu viele Ausländer da sein«.

Trotz der skeptischen Haltung einer linkspopulären Position gegenüber Massenmigration muss man aber auch die Nöte der Migranten verstehen. Kaum jemand migriert freiwillig und verlässt dafür Freunde und Familie. Die meisten Migranten würden bevorzugen, in ihren Heimatländern zu bleiben, wenn sie dort ein ausreichendes Auskommen hätten. Wir können davon ausgehen, dass die Flucht aus Afrika und dem Nahen oder Mittleren Osten in vielen Fällen von nackter Not angetrieben wird, nicht vom Bedürfnis einer Ausnutzung unserer Wohlfahrtssysteme. Eine Politik der völligen Abschottung ist inhuman und unrealistisch. Die Abschreckung potentieller Migranten durch eine möglichst restriktive Behandlung hier lebender Flüchtlinge und Asylbewerber – etwa durch Leistungsbeschränkungen und administrative Schikanen – kann aus linkspopulärer Perspektive keine Lösung sein. Wenn Menschen trotz aller Maßnahmen zur Vermeidung größerer Migrationsströme zu uns gekommen sind, müssen sie ordentlich behandelt werden.

Auch der Ruf nach einer spezifischen zahlenmäßigen Obergrenze ist nicht sinnvoll: auf den ersten Blick klingt er gut (und dient der politischen Profilierung), da die Anzahl der Deutschland im Jahr 2015 zugewanderten Flüchtlingen nach Auffassung großer Teile der Gesellschaft deutlich zu hoch war und eine vergleichbare Zahl auch aus linkspopulärer Perspektive für Folgejahre vermieden werden muss. Trotzdem macht dieser Ruf keinen Sinn, weil er im Prinzip gegen internationale Verträge und Grundgesetznormen verstößt, etwa gegen das im Grundgesetz verankerte Recht auf Asyl für politisch Verfolgte. Enge Obergrenzen kann man allenfalls für die Aufnahme jener Kontingente von Flüchtlingen setzen, die man eines Tages jenseits dieser Normen freiwillig – beispielsweise im Rahmen europäischer Regelungen – übernehmen will.

Grundpfeiler einer linkspopulären Migrationspolitik

In der Abwägung zwischen den gravierenden Gründen, die aus linkspopulärer Sicht gegen eine ungeregelte Massenmigration nach Deutschland sprechen auf der einen Seite, und der menschlichen Tragik, die Flucht und Migration für die betroffenen Menschen ausmachen, auf der anderen Seite, gibt es keine perfekte Lösung. Klar ist, dass Deutschland sich in der Bewältigung der globalen Migrationsproblematik in Zukunft – insbesondere auch finanziell – wesentlich stärker engagieren muss als früher. Eine reine Abschottungspolitik ist keine Lösung. Der Schwerpunkt der deutschen Bemühungen sollte allerdings möglichst nah an den Heimatregionen der Migranten liegen, nicht in deren vermehrten Aufnahme in Deutschland.

Das im Grundgesetz verankerte Recht auf Asyl für individuell politisch Verfolgte muss aufrechterhalten werden, genauso wie die völkerrechtlichen Verpflichtungen zur (vorübergehenden) Aufnahme von Flüchtlingen. Diese Rechte müssen allerdings in einer Form organisiert werden, in der nicht fast alle Migranten in das entsprechende Anerkennungsverfahren nach Deutschland gezwungen werden, bevor am Ende nach vielen Jahren der Unsicherheit festgestellt wird, dass es sich nicht um politisch Verfolgte oder anerkannte Flüchtlinge handelt und sie allenfalls zeitweise geduldet werden oder es gar zu sehr aufwendigen, schmerzhaften und generell schwer zu realisierenden Abschiebungen kommt. Asylanträge sollten daher möglichst im Heimatland oder in einem Nachbarland gestellt werden, dort müssen geeignete Stellen zu ihrer Bearbeitung eingerichtet werden.

Nach den bisherigen Erfahrungen ist es Augenwischerei, davon auszugehen, dass Abschiebungen ein geeignetes Instrument zur Rückführung größerer Zahlen von Flüchtlingen sind. Gerade bei Menschen, die schon viele Jahre hier leben und nicht gegen unsere Gesetze verstoßen haben, sind diese Abschiebungen nicht sinnvoll. Ihnen sollte ein dauerhaftes Bleiberecht eingeräumt werden, damit sie in der Gesellschaft und auf dem Arbeitsmarkt dauerhaft Fuß fassen können, ohne permanent von Abschiebungen bedroht zu werden. Trotzdem sind Abschiebungen nach entsprechenden Gerichtsbeschlüssen in Einzelfällen unvermeidlich, will man nicht riskieren, dass das Vertrauen der Bevölkerung in das Rechtssystem einen bleibenden Schaden erhält. Die entsprechenden Gerichtsverfahren müssen aber stark beschleunigt werden – Menschen nach sechs oder sieben Jahren in Deutschland noch abzuschieben, ist unzumutbar. Wenn aber jemand nur ein oder zwei Jahre in Deutschland lebt, in seinem Heimatland nicht politisch verfolgt wird und dann hier straffällig wird – und zwar nicht nur beim Verstoß gegen Ausländerrecht, sondern bei schweren Verbrechen – sprechen auch aus linkspopulärer Sicht alle Argumente für eine Abschiebung

Aussichtsreicher als Abschiebungen ist allerdings für die Masse der hier lebenden (nicht anerkannten) Asylsuchenden die Setzung von positiven Anreizen zur Heimreise über eine finanzielle Förderung, wie sie bereits von der Internationalen Organisation für Migration in Zusammenarbeit mit den deutschen Stellen organisiert wird. Bereits jetzt übertrifft die Zahl der damit freiwillig Zurückgereisten jene der Abschiebungen deutlich. Diese Programme sollten aber noch deutlich ausgeweitet und besser finanziert werden, etwa dem Beispiel Großbritanniens oder Norwegens folgend.

Klare, restriktive und durchsetzbare Regelungen sind in der Migrationspolitik generell unverzichtbar. Das gilt vor allem vor dem Hintergrund eines globalen Migrationspotentials, das auch den reichsten Aufnahmestaat überfordern wird. Sehr großzügige Aufnahmeregelungen, diffuse Willkommenssignale oder der Verzicht auf die de facto-Durchsetzung restriktiver Regelungen können in dieser Situation zu einer kaum noch beherrschbaren Sogwirkung führen, die dann nur mit vergleichsweise aggressiven Maßnahmen (Grenzzäune, Auffanglager) wieder eingefangen werden können, wie wir nicht zuletzt im Herbst 2015 gesehen haben.

Deutschland kann sich aber seiner Verantwortung für globale Migrationsströme nicht entziehen. Aus linkspopulärer Perspektive liegt es nahe, dass vergleichsweise reiche Staaten wie Deutschland weniger reiche Staaten bei der Aufnahme von Migrationsströmen finanziell stark unterstützen. Das ist aus Sicht der ärmeren Bevölkerungsschichten immer noch sozial deutlich verträglicher, als weiterhin große Mengen an Flüchtlingen in Deutschland aufzunehmen. Der Fokus sollte dabei auf der Unterstützung von Staaten in der Heimatregion der Geflüchteten liegen, kann aber auch in einer stärkeren Unterstützung von Transitländern liegen. Da es auf absehbare Zeit nicht gelingen wird, sich in der Europäischen Union auf eine Verteilung von Flüchtlingen und Asylbewerbern zwischen den Mitgliedsländern zu einigen – auch eine Spätfolge der Politik der Bundesregierung, sowohl in Bezug auf den unilateralen Beschluss der Grenzöffnung im Sommer 2015 als auch ihrer Hartherzigkeit in der Eurokrise – muss das Dublin-System stabilisiert werden. Eine Zwangsverteilung der Flüchtlinge auf EU-Staaten ist als massiver Eingriff in deren demokratische Souveränität nicht sinnvoll. Stattdessen müssen die ärmeren Staaten an den Grenzen der EU, die überproportional durch die Aufnahme und Registrierung von Flüchtlingen belastet werden (beispielsweise Griechenland und Italien), finanziell durch die reicheren Binnenstaaten wesentlich stärker unterstützt werden als bisher, beim Küsten- und Grenzschutz, aber auch bei der Versorgung der Migranten. Insbesondere Deutschland sowie andere wohlhabende Staaten ohne EU-Außengrenzen nach Osten und Süden sind hier gefragt, da sie massiv von den Dublin-Regeln profitieren.

Mit den außereuropäischen Herkunftsländern von Migranten sollte partnerschaftlich zusammengearbeitet werden, wenn deren innere Verfassung garantiert, dass Rückkehrer nicht verfolgt werden (immerhin gelten einige afrikanische Staaten wie zum Beispiel Botswana und Ghana als konsolidierte Demokratien). Eine solche Zusammenarbeit muss durch bilaterale (besser noch multilaterale) und von den Parlamenten ratifizierte Staatsverträge geregelt werden. Dabei müssen beide Seiten ein Geben und Nehmen praktizieren, auch wenn reiche Länder wie Deutschland in einer solchen Situation mehr geben können und sollen. Herkunftsländer, die bereit sind, nicht anerkannte Flüchtlinge und Asylbewerber wieder zurückzunehmen, können beispielsweise Erleichterungen in Visaverfahren zugestanden oder Praktika und Studienplätze für eine legale temporäre Migration angeboten werden. Rückkehrer können durch Anschubfinanzierungen für Firmengründungen unterstützt werden oder durch Ausbildungshilfen.

In Abstimmung mit den Regierungen der Heimatländer der Migranten können zudem langfristig (quantitativ streng begrenzte) legale Migrationsmöglichkeiten aus wirtschaftlichen Gründen geschaffen werden. Eine solche kontinuierliche und legale Einwanderungsmöglichkeit würde den Anreiz verringern, sich auf gefährliche illegale Migrationsrouten zu begeben oder illegalen Schlepperbanden zu vertrauen. Allerdings darf hier – im Gegensatz zu der bisherigen »Blue Card«-Gesetzgebung oder den SPD-Plänen zu einem Punktesystem à la Kanada – nicht nur eine Anwerbung der besonders Qualifizierten stattfinden; letztere würde die Heimatländer in ihrem wirtschaftlichen Entwicklungsprozess oftmals empfindlich schwächen und zudem die weniger Qualifizierten doch wieder auf die illegale Migration als einzige Option verweisen. Aktuell ist die Etablierung solcher legalen Migrationsmöglichkeiten allerdings keine Option, denn es gibt in Deutschland noch zu viele Menschen, die nach Arbeit suchen.

Migration – oder besser Flucht – wegen Bürgerkriegen muss dadurch begrenzt werden, dass Deutschland benachbarten Staaten in der Heimatregion – also im Falle Syriens beispielsweise dem Libanon oder Jordanien – viel großzügiger hilft als bisher. Die Unterstützung für Bürgerkriegsflüchtlinge kann in dieser Region effektiver stattfinden, als wenn diese Menschen sich auf den gefährlichen Weg nach Deutschland machen. Zudem entstehen mit einer Unterbringung in der Heimatregion weitaus weniger Spannungen zwischen Menschen verschiedener religiöser, sprachlicher und kultureller Hintergründe. Und nach dem Ende der Konflikte fällt eine Wiederbelebung der Wirtschaft in dem betroffenen Land viel leichter, wenn der Großteil der Bevölkerung nur in ein Nachbarland geflohen ist. Wichtig wäre allerdings – wie von Alexander Betts und Paul Collier in der bereits zitierten Studie »Gestrandet« vorgeschlagen – diese Menschen nicht nur mit Nahrung und Obdach in Lagern ruhigzustellen, sondern beispielsweise in Sonderwirtschaftszonen auch Gelegenheit zur Arbeit zu geben.

In der Vernachlässigung der Unterstützung von Flüchtlingen in der Herkunftsregion lag auch der zentrale Fehler der Bunderegierung, die 2014/2015 die Nachbarländer Syriens im Stich gelassen und sich geweigert hat, den Vereinten Nationen dafür zusätzliche Mittel zur Verfügung zu stellen. In der Folge musste das World Food Programme die Essensrationen für syrische Flüchtlinge im Nahen Osten mehrfach drastisch kürzen. Mit nur geringen Aufwendungen hätte die Bundesregierung – deren Jahresbeitrag für diese Operationen 2015 lediglich 27 Millionen Euro betrug – hier die Fluchtbewegung nach Europa drastisch reduzieren können. Es ist daher absolut unverständlich, dass die UN-Flüchtlingsorganisation UNHCR auch 2017 bis Mitte des Jahres nur ein Drittel jener Mittel von 300 Millionen US Dollar erhalten hat, die für die Versorgung der Binnenvertriebenen in Syrien notwendig sind, zumal immer mehr Menschen nach Syrien zurückkehren (so die Mitteilung der Organisation »UNHCR meldet Anstieg bei Rückkehrern nach Syrien«).

Generell ist es – wie ebenfalls von Betts und Collier hervorgehoben – recht absurd, dass sich unsere Politik und Medien nur um jene zehn Prozent der globalen Flüchtlinge kümmert, die bei uns ankommen, während die restlichen neunzig Prozent – dabei die Ärmsten und Schwächsten – ignoriert werden. Deutschland gebe für jeden Flüchtling, der bei uns angekommen ist, über hundertmal mehr aus, als den Vereinten Nationen im Schnitt pro Flüchtling zur Versorgung zur Verfügung steht. Hier ist eine viel umfassendere Unterstützung der Vereinten Nationen weitaus sinnvoller als noch einmal eine große Menge an Flüchtlingen aufzufordern, nach Deutschland zu kommen.

Es ist allerdings auch klar, dass Flüchtlinge, die bereits bei uns angekommen sind, während einer akuten Bürgerkriegssituation nicht abgeschoben werden können und zumindest vorübergehend geduldet werden müssen, unabhängig von ihrem Glauben und ihrer Kultur. Forderungen nach einer Bevorzugung von Flüchtlingen aus dem »christlich-abendländischen Kulturkreis«, wie sie die CSU erhebt, sind angesichts der Zusammensetzung der Flüchtlingsströme nicht praktikabel und zudem äußerst chauvinistisch. Falls die Bürgerkriegssituation mehrere Jahre andauert, muss diesen Menschen – sofern sie nicht gegen unsere Gesetze verstoßen haben – auch eine unbefristete Aufenthaltsgenehmigung ausgestellt und der Familiennachzug ermöglicht werden, damit sie nicht dauerhaft in der Unsicherheit einer möglichen Abschiebung leben müssen. Trotzdem ist fraglich, ob eine dauerhafte Massenmigration wie im Falle des Syrienkonfliktes sowohl für die syrische als auch für die deutsche Gesellschaft hilfreich ist. Nach dem Ende des Bürgerkriegs muss es daher auch hier potentiell attraktiv ausgestattete Förderprogramme für eine Rückkehr geben, so dass auch jene mit einer unbefristeten Aufenthaltsgenehmigung über eine Rückkehr nachdenken können.

Da nicht absehbar ist, wie lange ein Bürgerkrieg wie jener in Syrien andauert, muss zudem den in Deutschland angekommenen Flüchtlingen zwischenzeitlich auch die Chance gegeben werden, sich hier sozial und wirtschaftlich zu integrieren und Qualifikationen zu erwerben, die sie nach ihrer Rückkehr (oder bei ihrem Verbleib) nutzen können. Damit mit diesen Flüchtlingen keine neuen, kaum überwindbaren Integrationsprobleme entstehen, sind hier größere öffentliche Anstrengungen notwendig. Diese Programme werden die Binnennachfrage unterstützen, etwa in der Bauwirtschaft, aber auch bei den sozialen Dienstleistungen. Um die gesellschaftliche Akzeptanz solcher Maßnahmen zu sichern, sollten sie aber nur dann durchgeführt werden, wenn gleichzeitig die Lage der Ärmsten in unserer Gesellschaft deutlich verbessert wird (vgl. Kapitel 5).

Linkspopuläre Positionen unterscheiden sich trotz dieser solidarischen Elemente recht deutlich von der kosmopolitischen Haltung der »ganz großen Koalition« (einschließlich der Linkspartei) in Deutschland. Flüchtlinge, die bei uns angekommen sind, müssen human behandelt werden. Gleichzeitig müssen aber alle Optionen genutzt werden, um in Zukunft größere Migrationsströme zu verhindern, da diese Bewegungen nicht im Interesse der weniger privilegierten Bevölkerung Deutschlands sind, das im Vordergrund linkspopulärer Politik stehen muss. Potentielle Migranten sollten – wenn irgendmöglich – in ihren Heimatländern und -regionen gehalten werden. Trotzdem in Richtung Europa entstehende Migration sollte dort versorgt werden, wo das weniger Kosten und Integrationsprobleme verursacht als in Deutschland, mit unserer finanziellen Unterstützung.

Linkspopuläre Positionen zur Migration unterscheiden sich aber auch sehr deutlich von den rechtspopulistischen Forderungen der AfD, etwa nach der Schließung der deutschen Grenzen oder nach repressiven Maßnahmen gegen Flüchtlinge. Das Wiedererrichten von innereuropäischen Grenzkontrollen ist in vielen Fällen bloß symbolische Politik, die viel Schaden anrichtet, aber niemandem hilft. Frankreich beispielsweise hat sofort nach den Attentaten von Paris im November 2015 Grenzkontrollen eingeführt, aber die Attentäter konnten diese Kontrollen unbehelligt auf dem Rückweg nach Belgien passieren. Repressive Maßnahmen gegenüber Flüchtlingen sind nicht nur inhuman, sondern verschärfen nur soziale Konflikte, etwa in Form einer verstärkten Rekrutierung durch Terroristen.

Wenn die soziale und wirtschaftliche Lage sich einmal deutlich verbessert hat, wird wohl auch die Bereitschaft und Fähigkeit der weniger privilegierten Bevölkerung Deutschlands zur Aufnahme größerer Mengen von Flüchtlingen wieder steigen, falls einmal wieder eine entsprechende Notsituation entsteht. Hoffentlich wird das aber auch nicht so oft notwendig sein. Langfristig muss linkspopuläre Politik in erster Linie darauf aus sein, potentielle Fluchtursachen zu verringern. Dazu gehört unter anderem auch der Verzicht auf Waffenlieferungen und auf militärische Interventionen in Krisengebiete.

8 Außen- und Sicherheitspolitik: Fairness und Respekt statt Militäreinsätzen

Aus der Perspektive der weniger Privilegierten ist die oberste Maßgabe für die Außen- und Sicherheitspolitik die Vermeidung von Kriegen und die Reduktion von Militärausgaben. Andere Ziele der Außenpolitik, etwa die Verbreitung des eigenen Politik,- Wirtschafts- oder Gesellschaftsmodells, die Sicherung des Zugangs zu Rohstoffen und Märkten oder gar die Ausdehnung des eigenen Machtbereichs spielen demgegenüber keine Rolle. Das bedeutet aber nicht, dass eine linkspopuläre Position notwendig eine pazifistische wäre – im Gegenteil, Selbstverteidigung ist legitim und wichtig. Eine linkspopuläre Position bedeutet auch keinen Antiamerikanismus oder eine Abkehr von der NATO, solange das Bündnis sich auf Verteidigung beschränkt und auf Interventionen in andere Weltregionen verzichtet.

Keinesfalls sollte Deutschland in einen Angriffskrieg hineingezogen werden. Der Prozess der Umwandlung der Bundeswehr von einer Verteidigungs- zu einer Interventionsarmee muss daher revidiert werden, genauso wie die Tendenz zur Missachtung der Stellung intergouvernementaler Institutionen. Auch die Idee einer Bekämpfung des Terrorismus durch einen »war on terror« ist absurd. Im Gegenteil, das militärische Engagement des Westens verschlimmert das Phänomen noch.

Aus linkspopulärer Sicht sind die Entwicklungen der letzten Jahre, mit Tendenzen hin zu einer Militarisierung der Außenpolitik und zu Anfängen einer globalen Machtprojektion der Bundeswehr in die völlig falsche Richtung gelaufen. Sie greifen in die legitimen Rechte anderer Staaten ein, erhöhen die Gefahr der Verwicklung Deutschlands in einen Krieg, intensivieren Flüchtlingsströme und lenken von der Kernaufgabe linkspopulärer Politik ab, der Besserstellung der weniger Privilegierten.

Europäische Sicherheitspolitik: strikte Verteidigungsorientierung

In den letzten drei Jahrzehnten hat es einen schleichenden Prozess der Reorientierung der NATO gegeben. Nach dem Wegfall der Bedrohung durch den Warschauer Pakt hat sich die NATO immer mehr von einem Bündnis zur Territorialverteidigung zu einer Interventionsstreitmacht gewandelt, mit der Fähigkeit, militärische Aktivitäten auch außerhalb ihres Bündnisgebietes zu unternehmen, wie etwa dem Kosovo, Afghanistan und Libyen. Gleichzeitig hat die NATO ihr Bündnisgebiet schrittweise nach Osten erweitert, bis an die Grenzen Russlands. Besonders kontrovers waren dabei die Aufnahme von Georgien und der Ukraine als Kandidaten für einen NATO-Beitritt. Jüngst stationiert die NATO sogar dauerhaft Soldaten direkt an Russlands Grenzen, im Rahmen des größten Aufrüstungsprogramms seit dem Ende des Kalten Kriegs. Nach Angaben des »SIPRI Yearbook 2016« waren alleine die amerikanischen Rüstungsausgaben 2016 etwa zehnmal so hoch wie jene Russlands. Hinzu kommen noch jene der europäischen NATO-Partner, bei denen allein Frankreich, Großbritannien und Deutschland zusammen mehr als doppelt so viel für Rüstung ausgegeben haben wie Russland.

Russland sieht diese Aktivitäten aus verständlichen Gründen mit äußerster Skepsis. Insbesondere das Drängen von Teilen der ukrainischen Politik auf eine Westbindung, in Form des Partnerschaftsabkommen mit der EU, wurde von Russland als Konfrontation bewertet und – ähnlich völkerrechtswidrig wie der westliche Irakkrieg und die Abtrennung des Kosovo – mit der Rückführung der Krim sowie der Unterstützung von Rebellen in der Ostukraine beantwortet. Zusätzliche Spannungen sind durch den Aufbau von Raketenabwehrsystemen in Osteuropa entstanden sowie jüngst durch die Ankündigung einer Verlegung von Truppenverbänden in die osteuropäischen NATO-Mitgliedsländer intensiviert worden. Diese Irritationen sind gut nachvollziehbar, wenn etwa 75 Jahre nach Hitlers Überfall auf die Sowjetunion wieder deutsche Truppen direkt an der russischen Grenze stehen und die NATO für die nächsten Jahre eine deutliche Steigerung ihrer Militärausgaben plant, welche schon jetzt die russischen um ein Mehrfaches übertreffen. Es ist vollkommen lächerlich, ein rationales Nachvollziehen solcher russischer Sicherheitsüberlegungen als »Putin-Verstehen« oder gar als »Verrat an den westlichen Werten« zu diskreditieren.

Die unnötige Konfrontation zwischen dem Westen und Russland beschränkt sich im Übrigen nicht auf Osteuropa, noch viel schlimmer ist sie in Syrien. Die westliche Unterstützung von Rebellen gegen den syrischen Präsidenten Assad ist von Russland durch eine militärische Intervention zugunsten des Regimes beantwortet worden, was das Leiden der syrischen Zivilbevölkerung weiter intensiviert hat. Russland hat in Syrien seine einzige Flottenbasis im Mittelmeer. In Syrien hat sich inzwischen – jenseits des ursprünglichen Konflikts – ein Stellvertreterkrieg, unter anderem zwischen einigen westlichen Staaten und Russland entwickelt, mit massiven humanitären Folgen. Zwischenzeitlich drohte sogar eine direkte militärische Konfrontation zwischen den USA und Syrien, falls Hillary Clinton ihre Überlegungen zur Etablierung einer Flugverbotszone über Syrien in die Tat umsetzt hätte. Eine solche Konfrontation könnte rasch außer Kontrolle geraten und siebzig Jahre nach dem Ende des Zweiten Weltkriegs auch wieder zu militärischen Auseinandersetzungen in der Mitte Europas führen.

Aus linkspopulärer Perspektive waren bereits die letzten Schritte zur Ostausdehnung der NATO in Bezug auf die Kandidatur von Georgien und der Ukraine ein Fehler. Diese Länder haben zwar das demokratische Recht, sich für eine Aufnahme in die NATO zu bewerben – aber genauso haben die NATO-Staaten ein demokratisches Recht, diese Aufnahme abzulehnen, wenn sie zu einer militärischen Konfrontation zu führen droht. Die NATO sollte daher erklären, dass sie auf eine weitere Ausdehnung verzichtet, am besten im Rahmen eines Abkommens mit Russland, das darin seinerseits auf eine Ausdehnung seiner Einflusssphäre auf die zwischen der NATO und Russland liegenden neutralen Länder verzichtet.

Eine Abschaffung der NATO ist allerdings trotz dieser Probleme aus linkspopulärer Sicht nicht sinnvoll. Die NATO hat zu mehreren Jahrzehnten von Frieden in Europa beigetragen. Eine Abschaffung oder Herauslösung Deutschlands – ohne generelle Demilitarisierung Europas – könnte zu einer Destabilisierung führen, durch die damit einhergehende Verschiebung von militärischen Kräfteverhältnissen. Ihr intergouvernementaler Charakter, insbesondere der Zwang zur Einstimmigkeit im Nordatlantikrat, dem obersten NATO-Gremium, erlaubt es zudem einzelnen Regierungen, sich wirksam gegen Fehlentwicklungen zu stemmen – auch wenn die letzten Bundesregierungen von dieser Option keinen Gebrauch gemacht haben.

Die NATO sollte wieder den Charakter eines klaren Verteidigungsbündnisses für die USA und die Mitgliedsstaaten der Europäischen Union einnehmen. Mit Russland sollte wieder, wie in der kurzen Phase nach dem Ende des Kalten Krieges, zu einer friedlichen Kooperation gefunden werden, auf der Basis von gegenseitigem Vertrauen und Respekt. Der Aufbau von Systemen zur Raketenabwehr sollte daher gestoppt werden oder zumindest so modifiziert, dass er von anderen Staaten nicht als Bedrohung der eigenen Sicherheit angesehen wird und zu neuen teuren Rüstungswettläufen führt. In Syrien sollten sich beide Seiten darauf verständigen, die inneren Kriegsparteien nicht weiter mit Waffenlieferungen und Bombardierungen zu unterstützen. Die Zivilbevölkerung in Staaten wie Syrien würde durch die damit folgende Reduzierung der militärischen »firepower« weit weniger belastet, auch wenn der Bürgerkrieg nicht automatisch enden würde.

Aus linkspopulärer Sicht ist es geboten, dass die Sicherheitspolitik sich darauf konzentriert, das bisherige NATO-Territorium – einschließlich des Baltikums, aber ohne Ausweitung auf Länder wie Georgien und die Ukraine – wirksam zu verteidigen. Diese Landes- und Bündnisverteidigung kann dann ruhig unmissverständlich, fest und robust sein, um die Sicherheit und Stabilität in Europa zu wahren. Die baltischen Staaten und Polen haben ein legitimes Interesse, gegen Angriffe Russlands geschützt zu sein. Eine Rückkehr zu einer eindeutigen Verteidigungsorientierung und zur Beschränkung auf das bisherige NATO-Territorium würde es aber auch ermöglichen, die Beziehungen zu Russland grundlegend zu entspannen und erhebliche Verteidigungsausgaben zu sparen, anstatt der von der Bundesregierung in ihren Eckpunkten zum Haushalt 2018 beschlossenen Ausweitung dieser Ausgaben in Richtung auf eine Aufwendung von zwei Prozent des Bruttoinlandsproduktes für Verteidigung. Gleichzeitig würde diese Reorientierung für Deutschland die Wahrscheinlichkeit minimieren, in einen Krieg hereingezogen zu werden.

Eine strikte Verteidigungsorientierung bedeutet eine vollkommene Fokussierung auf die Landes- und Bündnisverteidigung. Auch die Ausweitung der Aufgaben der Bundeswehr in Bezug auf die Wahrnehmung der deutschen Wirtschaftsinteressen auf der ganzen Welt (»freie Handelswege und eine gesicherte Rohstoffversorgung«, so die 2011 verabschiedeten »Verteidigungspolitischen Richtlinien der Bundesregierung«), muss revidiert werden.

Der Westen sollte generell darauf verzichten, seine Einflusssphären auszuweiten, gegenüber potentiellen Kontrahenten wie China, Russland oder auch dem Iran. Dazu gehört nicht nur der Verzicht auf militärisch gestützte Regimewechsel, sondern auch auf die direkte oder indirekte Unterstützung von zivilgesellschaftlichen Organisationen in anderen Ländern durch westliche Staaten. Der Konflikt über die Westorientierung der Ukraine wäre beispielsweise nicht so brisant gewesen, wenn es eine rein interne Auseinandersetzung geblieben wäre und die EU und die USA darauf verzichtet hätten, gesellschaftliche Kräfte im Land massiv finanziell und organisatorisch zu unterstützen.

Auch Überlegungen, in der Europäischen Union militärische Kapazitäten aufzubauen, um diese zur robusten Wahrnehmung europäischer Interessen einzusetzen, sind aus linkspopulärer Sicht vollkommen falsch. Sie werden kurzfristig zur Schaffung von Doppelkapazitäten mit der NATO führen und zu einer Erhöhung von Militärausgaben. Langfristig würde sie die Union womöglich in Versuchung militärischer Abenteuer führen.

Eine militärische Ausrichtung der EU wäre ein Rückfall in traditionelle Machtpolitik. Zudem hätte sie wegen der starken Stellung Deutschlands in der EU – insbesondere nach dem Brexit und angesichts der ökonomischen Schwäche Frankreichs – sehr problematische historische Konnotationen. Wenn Deutschland zudem den Wehretat wirklich an der NATO-Zielmarke von zwei Prozent der Wirtschaftsleistung ausrichten und damit seine Militärmacht an seine ökonomische Macht anpassen würde, könnte das in unseren Nachbarländern Ängste auslösen.

Die Etablierung einer »Weltmacht EU« durch militärische »Hard Power« – so die »Entschließung zur Umsetzung der Gemeinsamen Außen- und Sicherheitspolitik« des Europäischen Parlaments vom 14. Dezember 2016 – würde von anderen Weltmächten zudem implizit als Bedrohung angesehen und fordert diese nur zu Gegenmaßnahmen heraus. Die EU sollte sich hingegen wieder auf ihre Anfänge als Europäische Gemeinschaft besinnen und nicht nur intern, sondern auch extern ein Muster für den zivilen, fairen und respektvollen Interessenausgleich zwischen Staaten abgeben. Eine Aufrüstung der EU ist daher der völlig falsche Weg.

Verzicht auf militärische Interventionen zur Verbreitung von Demokratie und Menschenrechten

Deutliche Unterschiede zu kosmopolitischen Positionen, gleich welcher Links-Rechts Zuordnung, existieren aus linkspopulärer Sicht auch in Bezug auf einen Verzicht des forcierten Exports der eigenen Gesellschafts- und Politikmodelle. Auf sogenannte »humanitäre Interventionen« in andere Länder zum Zwecke des Schutzes von Demokratie und Menschenrechte ist in Zukunft bis auf wenige, vom Sicherheitsrat der Vereinten Nationen einstimmig gebilligte Ausnahmen (etwa im Fall eines Genozids), zu verzichten. Der weitgehende Verzicht auf Interventionen hat zwei wesentliche Gründe, einerseits die Rücksichtnahme auf andere Staaten und Gesellschaften, andererseits die Berücksichtigung der Belange der eigenen Bevölkerung.

Linkspopuläre Politik sollte die Souveränität anderer Länder respektieren und von diesen Ländern den Respekt vor der eigenen Souveränität erwarten. Der grundsätzliche Verzicht auf Interventionen und die durchgehende Respektierung nationaler Souveränität würde viele Spannungen in der internationalen Politik – wie etwa die aktuellen Konflikte mit Russland – vermeiden und die Anzahl kriegerischer Auseinandersetzungen vermindern. Außerdem würde der Verzicht auf externe Eingriffe – deren Anzahl sich seit 2001 mehr als verdoppelt hat – die Dynamik existierender Konflikte verändern. Sie würden damit weniger Todesopfer fordern, kürzer andauern und leichter durch Verhandlungslösungen beizulegen sein, so jedenfalls das SIPRI-Jahrbuch 2016.

Zudem wird bei »humanitären Interventionen« regelmäßig mit zweierlei Maß gemessen. Interveniert wird nicht unbedingt aus humanitären Motiven, sondern aus strategischen oder wirtschaftlichen Motiven, im Mittleren und Nahen Osten beispielsweise zur Sicherung des Zugangs zu Öl und Gas sowie zur Schwächung des Irans und Russlands. Diese Motive unterminieren die Legitimität und die Akzeptanz der Interventionen fundamental, zumal hier oftmals regelrecht geheuchelt wird. Der deutschen Bevölkerung wird beispielsweise von den Medien vermittelt, dass Deutschland im Syrienkonflikt zu den »Guten« gehört, ohne zu erwähnen, dass der Staat und seine Verbündeten die islamistischen Dschihadisten massiv mit Waffen versorgen. Dass das Bombardement von Ost-Aleppo ein Kriegsverbrechen, jenes von Mossul aber eine Wohltat ist, ist jedenfalls nicht ohne Weiteres zu vermitteln; über letzteres wird dann am besten gar nicht mehr berichtet. Gleiches gilt für die von Saudi Arabien angeführte und vom Westen unterstützte Intervention im Jemen, die weder der deutschen Regierung, noch den deutschen liberalen Leitmedien eine Entrüstung wert ist, ganz im Gegenteil zur russischen Intervention in der Ukraine.

Die Akzeptanz humanitärer Interventionen wäre sicher deutlich größer, wenn sie nur dann unternommen würden, wenn dahinter ein einstimmiges Votum des UN-Sicherheitsrates stehen würde. Das ist aber regelmäßig nicht der Fall, mit wenigen Ausnahmen. Falls es gelingt, eine vom UN-Sicherheitsrat mandatierte Friedensmission unter ziviler Leitung zu etablieren, wie bei der 2012 beschlossenen MINUSMA in Malis Norden, ist das durchaus sinnvoll. Das in der UN-Charta festgelegte Gewaltmonopol der Vereinten Nationen wird hingegen systematisch unterlaufen, wenn Interventionen durchgeführt werden, ohne dass der Sicherheitsrat dem nach Kapitel VII der UN-Charta zugestimmt hat. Im Gegenteil, westliche Diskurse zum »liberalen Frieden« und zur »responsibility to protect« tragen dazu bei, dass Krieg nicht mehr der absolute Ausnahmezustand ist, sondern zu einem normalen Instrument der westlichen Außenpolitik wird. Sie werden gleichzeitig im Globalen Süden als eine Form spätkolonialer Politik wahrgenommen. Hier ist definitiv eine Kurswende notwendig.

Selbst wenn der Sicherheitsrat ausnahmsweise einer humanitären Intervention zustimmt, ist damit allerdings nicht sichergestellt, dass diese Intervention zu einer Verbesserung der Lage in der betroffenen Gesellschaft führt. Die vom Sicherheitsrat 1992 abgesegnete Intervention in Somalia hat beispielsweise dazu geführt, dass sich der Bürgerkrieg und die Instabilität noch deutlich verschärft haben. Versuche der externen Staatsbildung haben sich zumindest in Somalia regelmäßig als erfolglos erwiesen. Generell müssen sich Gesellschaften daher selbst einen funktionsfähigen Staat erstreiten und demokratisch organisieren. Andere Staaten – oder besser noch internationale Organisationen – sollten sich auf Vermittlungsdienste beschränken. Eine neue Herrschaftsordnung hingegen ist oft inhärent instabil, wenn sie nicht durch eigene Kraft und Überzeugung erkämpft wurde.

Der Verzicht auf Interventionen hat gleichzeitig erhebliche Vorteile für große Bevölkerungsgruppen in Deutschland. Unkontrollierte Massenmigration, die regelmäßig durch misslungene Interventionen entsteht (Afghanistan, Irak, Libyen, Syrien), könnte vermieden werden. Die Intensität der militärischen Auseinandersetzungen – und damit auch das Ausmaß der Flüchtlingswellen – hat sich nach diesen Interventionen immer erhöht, nicht verringert. Wir sollten daher auf unsere Verbündeten – insbesondere die USA – einwirken, in Zukunft auf den gewaltsamen Regimewandel in Nordafrika und dem Nahen Osten zu verzichten. Insbesondere der Syrienkonflikt zeigt die verhängnisvollen Konsequenzen dieser Interventionen. Aber auch in Libyen hat die Intervention des Westens dazu geführt, dass ein stabiler Staat zerschlagen wurde, mit katastrophalen Folgen nicht nur für die dortige Zivilbevölkerung, sondern auch für afrikanische Flüchtlinge, die über Libyen ans Mittelmeer wollen.

Der Verzicht auf eine Interventionsfähigkeit in anderen Weltgegenden erlaubt in Deutschland zudem auch den Rückbau der Bundeswehr zu einer reinen Verteidigungsarmee und damit einer substantiellen Senkung der Militärausgaben für »Krisenreaktionseinsätze«, zugunsten eines Wiederaufbaus des Wohlfahrtsstaates und Investitionen in die öffentliche Infrastruktur. Die aktuellen Pläne der Bundesregierung zu einer substantiellen Erhöhung des Verteidigungetats gehen dagegen in die völlig falsche Richtung. Sie entsprechen der Logik einer Interventionsarmee, bei der Verteidigungsausgaben in der Tat permanent steigen müssen, da die Interventionen regelmäßig länger dauern und weitaus höhere Kosten verursachen als ursprünglich angenommen, zumal sie ja regelmäßig das Problem der »failed states« eher verschärfen als lösen.

Die Einsparungen aus einem Rückbau der Bundeswehr zu einer reinen Verteidigungsarmee sollten langfristig in Form öffentlicher Investitionen in Bildung, Gesundheit und Infrastruktur auch jene wirtschaftlichen Einbußen wettmachen, die sich aus einer vollkommenen Einstellung von Waffenexporten außerhalb des NATO-Gebietes ergeben könnten. Viele Kriege und Bürgerkriege könnten nicht ansatzweise in ihrer Intensivität geführt werden ohne deutsche Rüstungsexporte. Letztere sind aus linkspopulärer Perspektive außerhalb der NATO grundsätzlich abzulehnen, zumal sie auch zur Anheizung von Flüchtlingsströmen dienen. Die deutsche Rüstungsindustrie sollte aber grundsätzlich auch mit der Produktion für die NATO-Territorialverteidigung überlebensfähig sein.

Die ärmeren Bevölkerungsschichten zahlen zudem regelmäßig den Blutzoll einer aggressiven Sicherheitspolitik, wie sie mit dem Einsatz der Bundeswehr in anderen Weltregionen begonnen wurde.

Die in eine Berufsarmee umgewandelte Bundeswehr rekrutiert ihre Mannschaftsgrade überproportional häufig aus den sozialen Gruppen, die im Fokus eines linkspopulären Engagements stehen. Gerade aus der Sicht dieser Bevölkerungsgruppen ist eine Militarisierung der Außenpolitik daher strikt abzulehnen.

Interessanterweise gibt es deutliche Hinweise, dass Präsident Trump seine Wahl nur deshalb gewinnen konnte, weil seine Kontrahentin Hillary Clinton als ehemalige Außenministerin für die hohe Zahl von Kriegsopfern durch Entscheidungen der Obama-Administration verantwortlich gemacht wurde. Die Studie »Battlefield Casualties and Ballot Box Defeat: Did the Bush-Obama Wars Cost Clinton the White House?« von Douglas Kriner und Francis Shen demonstriert nicht nur, dass Trump in Gemeinden mit vielen Kriegstoten mehr Stimmen erhalten hat, sondern auch, dass diese Stimmenunterschiede mit großer Wahrscheinlichkeit in den entscheidenden »Swing States« Pennsylvania, Wisconsin und Michigan – und damit bundesweit – den Ausschlag gegen Hillary Clinton gegeben haben.

In Bezug auf die zukünftige Ausrichtung der Bundeswehr gibt es in Deutschland einen klaren Gegensatz zwischen linkspopulären Positionen und der Koalition von Interventionsbefürwortern in fast allen etablierten Parteien, mit Ausnahme der Linken. Diese Koalition ist ohnehin recht absurd, mit ihrem kosmopolitischen Sendungsbewusstsein in Sachen Demokratie und Menschenrechte einerseits und ihrem konservativen Drang zu einer energischeren Wahrnehmung »deutscher Interessen« andererseits. Sie sollte aber in Bezug auf die Haltbarkeit der Annahmen insbesondere der kosmopolitischen Interventionsbefürworter dringend hinterfragt werden.

Natürlich wäre es im Prinzip sehr erstrebenswert, wenn mehr Gesellschaften in demokratischen politischen Systemen leben und die Menschenrechte global durchgehend respektiert würden. Das kann aber nicht von außen aufgezwungen werden. Jede Gesellschaft muss selbst über ihr politisches System entscheiden und sich gegebenenfalls ihre Demokratie selbst erringen. Im Gegenteil, der Versuch einer externen Einflussnahme bis hin zu einem Regimewechsel kann gerade dazu führen, dass sich die Gesellschaft mit ihrer Führung solidarisiert.

Der Verweis auf äußere Aggressoren führt oft dazu, dass Bevölkerung und Führung wieder enger zusammenrücken, auch wenn zuvor die Regierung eigentlich schon massiv an Legitimität verloren hatte. Auch im Fall des katalanischen Unabhängigkeitsreferendum hat gerade das brutale Vorgehen der spanischen Zentralregierung dazu geführt, dass große Teile der zuvor eher unentschlossenen katalanischen Bevölkerung sich nun mit den separatistischen Bestrebungen solidarisieren, so etwa Irene Baqué im Guardian (»I was Catalan, Spanish and European. But Mariano Rajoy has changed all that«).

Auch wurde dieses Phänomen bei den Konfrontation zwischen Präsident Erdogan und der niederländischen Regierung deutlich, die vor allem der Referendumskampagne zugunsten eines Präsidialsystems in der Türkei (und in den Niederlanden dem Wahlkampf von Ministerpräsident Rutte) nützte – nicht jedoch der parlamentarischen Demokratie und dem guten Einvernehmen mit der türkischstämmigen Minorität in den Niederlanden. Möglicherweise hat gerade die Konfrontation zwischen der niederländischen und der deutschen Regierung einerseits und der türkischen Regierung andererseits dafür gesorgt, dass letztere beim Referendum eine knappe Mehrheit erhielt.

Präsident Erdogan benötigt permanent neue Feinde im Äußeren, um sein Regime im Inneren zu stabilisieren, zumal dieses Regime gerade in den wachsenden städtischen Ballungsräumen zu erodieren droht, wie bei den Referendumsergebnissen deutlich wurde. Wir sollten daher der Versuchung widerstehen, für innerdeutsche Wahlkampfzwecke eine generelle Mobilisierung gegenüber der Türkei zu betreiben, so wie Merkel und Schulz das im TV-Duell in Bezug auf die völlige Einstellung der EU-Beitrittsverhandlungen mit der Türkei getan haben. Auch in Bezug auf Russland hat die aggressive Politik des Westens ja eher zur Etablierung einer autoritären Herrschaft geführt als zu deren Destabilisierung.

Wir sollten grundsätzlich darauf verzichten, anderen Gesellschaften unsere Werte aufzuzwingen, selbst wenn es um ehrenwerte Anliegen wie Demokratie, Menschenrechte, Gleichstellung, soziale Gerechtigkeit oder friedliche Konfliktregelung geht. Für unser eigenes Gesellschafts- und Politikmodell sollten wir eher durch dessen Vorbildlichkeit werben und darauf vertrauen, dass dieses Vorbild sich durch Überzeugung langfristig durchsetzt, wenn es wirklich für alle Menschen so viel erstrebenswerter ist als das anderer Gesellschaften. Eine solche Vorgehensweise sollte langfristig erfolgreicher sein und führt kurzfristig dazu, dass wir mit anders verfassten Staaten friedlich koexistieren können, ohne militärische Konflikte.

Nicht nur militärische Interventionen zur Durchsetzung unseres Gesellschaftsmodells sind abzulehnen, sondern auch die »unblutige« Verhängung von Sanktionen. Oftmals wird vergessen, dass die Massenflucht aus Syrien nicht nur dem Krieg geschuldet ist, sondern auch der bereits zuvor durch westliche Sanktionen erreichten Zerstörung von Nahrungsmittelproduktion, Wasserversorgung und Gesundheitssystem. Eine Studie der Vereinten Nationen (»Humanitarian Impact of Syria-Related Unilateral Measures«) zeigt, wie diese Sanktionen es unmöglich machen, Syrien effektive humanitäre Hilfe zu leisten. Eine umfassende Studie des Londoner Büros der FES zur »Rolle der EU im syrischen Konflikt« macht nicht nur die Nutzlosigkeit der EU-Vorgehensweise deutlich, sondern vor allem auch ihre katastrophalen Auswirkungen auf das Leben der syrischen Zivilbevölkerung.

Auch subtilere Eingriffe zur Verbreitung der eigenen politischen Vorstellungen in der Innenpolitik anderer Staaten sind aus der hier vertretenen Perspektive klar abzulehnen. Das gilt zunächst für die Aktivitäten Russlands bei westlichen Wahlkämpfen, jüngst etwa in den USA und Frankreich. Der berechtigte Ärger über diese Eingriffe sollte uns allerdings nicht vergessen lassen, dass auch der Westen in der Vergangenheit gerne zu solchen Interventionen neigte, etwa bei der Förderung von »orangenen Revolutionen« in Osteuropa durch die USA. Und auch das Abhören der Bundeskanzlerin durch den NSA ist natürlich nicht zulässig genauso wenig wie die Verhaftung von deutschen Staatsbürgern in der Türkei, um damit auf Deutschland politischen Druck auszuüben.

Das Prinzip der Nichtintervention in die inneren politischen Angelegenheiten anderer Staaten gilt aber auch für gesellschaftliche Akteure. Auch transnationale Nichtregierungsorganisationen sollten darauf verzichten, sich aktiv in die Politik anderer Staaten einzumischen, zumal diese Organisationen häufig auf eine zumindest indirekte Form der staatlichen Finanzierung zurückgreifen und insofern als verlängerter Arm auswärtiger Regierungen gesehen werden können. Selbst traditionell hochangesehene und immer sehr auf ihre Unabhängigkeit bedachte Menschenrechtsorganisationen wie Amnesty International haben sich im Syrienkonflikt einseitig instrumentalisieren lassen, so eine Studie von Joachim Guilliard (»Greuelgeschichten über Syrien«) für die Junge Welt.

Generell hat sich im Syrienkonflikt eine sehr unheilvolle Form der Berichterstattung etabliert, bei der westliche Medien sich darin überboten haben, die schlimmsten Vorfälle zu berichten, ohne nähere Prüfung der Quellen. Seit 2013 war es aber – nach mehreren Morden – für Journalisten zu gefährlich, Gebiete wie Ost-Aleppo überhaupt zu betreten, was den lokalen Rebellen ein Monopol in der Berichterstattung ermöglicht hat, so die Recherche (»Who supplies the news?«) von Patrick Cockburn für den »London Review of Books« im Februar 2017. Eine militärische Intervention auf dieser Nachrichtengrundlage erscheint mehr als fragwürdig.

Nichtregierungsorganisationen können und sollen sich in die Politik der eigenen Gesellschaft gerne einmischen. Grenzüberschreitend sollten sie sich aber auf karitative, bildungs-, umwelt- und entwicklungsfördernde Zwecke beschränken. Das gilt aber auch hier in beide Richtungen, also nicht nur in Bezug auf westliche Interventionen in Osten oder Süden, sondern auch anders herum. Auch wir wünschen nicht, dass Organisationen aus dem Ausland, möglicherweise mit Unterstützung ausländischer Regierungen, sich in unsere Politik einmischen. Nicht erlaubt werden sollte daher die Finanzierung oder Leitung von politischen Organisationen, Schulen und Religionseinrichtungen in Deutschland durch fremde Staaten, etwa die Türkei oder Saudi-Arabien, es sei denn diese Initiativen werden zwischen den Staaten explizit zwischenstaatlich vereinbart und kontrolliert. So wie sich Deutschland aus den inneren Angelegenheiten anderer Staaten heraushalten sollte, gilt das auch für jene Staaten in Bezug auf Deutschland.

Keine Lösung des Terrorismusproblems durch den »war on terror«

Ein schwerwiegender Fehler ist und war der »war on terror«, als Antwort auf die terroristischen Anschläge seit dem 9.11. 2001. Die militärische Antwort auf diese Anschläge – anstatt einer Verfolgung durch Polizei, Gerichte und Sicherheitsbehörden – hat Krieg und Elend über viele Länder gebracht, hunderttausende Zivilisten getötet, viele Millionen in Vertreibung gestürzt und das Problem nicht einmal ansatzweise gelöst. Terroristen sind keine fassbaren Gegner und Kriege gegen Länder, aus denen Terroristen (vermeintlich) unterstützt werden, schaffen mehr Probleme als sie lösen, wie die gescheiterten Interventionen in Afghanistan und im Irak deutlich gemacht haben.

Der »war on terror« hat zudem zu einer Dehumanisierung der Kriegsführung geführt, was auf Dauer die Konfrontation mit den betroffenen Gesellschaften noch weiter anheizen wird. Zu dieser Dehumanisierung gehören sowohl anonyme Drohnenangriffe aus der Distanz, wie auch die Darstellung von Gegnern als zutiefst böse Antagonisten, wie jüngst beispielsweise im Falle des Islamischen Staates (IS). Drohnenangriffe führen nicht nur zu einer hochproblematischen »Erleichterung« der Kriegsführung mangels eigener Verluste, sondern auch zu einer Verbitterung der davon als Kollateralschaden getroffenen Bevölkerung. Die absolute Dämonisierung des Gegners, wie sie in fast allen westlichen Medien beim IS inzwischen Standard ist, senkt die Schwellen für massive Militärschläge (z. B. Flächenbombardements) und macht jede Form der Konfliktlösung unmöglich.

Deutlich zu sehen war diese mediale Dämonisierung und ihre katastrophalen Folgen unlängst wieder bei den Bombardements in Syrien und Irak, genauer auf Ost-Aleppo und auf Mossul. Beide Situationen waren grundsätzlich vergleichbar, bombardiert werden islamistische Rebellengruppen auf Wunsch der Regierung des Landes, durch Russland im Falle von Aleppo und durch die USA und ihre Verbündeten im Falle von Mossul. In beiden Fällen halten die Rebellengruppen die Zivilgesellschaft als Geiseln. Doch während das russische Bombardement in unseren Medien wochenlang als humanitäre Katastrophe angeprangert wurde, wurde im Falle Mossuls das Verhalten der IS-Rebellen skandalisiert, während das Bombardement als Befreiung gepriesen wurde (»A Shameful Silence: Where is the Outrage Over the Slaughter of Civilians in Mossul?, Patrick Cockburn auf Counterpunch).

Es wird niemals möglich sein, das Problem des islamistisch motivierten Terrors militärisch zu lösen. Im Gegenteil, jede militärische Intervention schafft sogar mehr potentielle Rekruten für den Terrorismus als zuvor. Der »war on terror« wird damit zu einer sich selbst verstärkenden Prophezeiung. Der islamistische Terror will übertrieben harte Gegenreaktionen des Westens provozieren, um damit eine große Konfrontation zwischen dem Westen und der islamischen Welt zu erzeugen. Ein »Krieg gegen den Terror« erfüllt genau diese Erwartung.

Auch die Sprache eines »Krieges gegen den Terror« kommt den Strategen des IS entgegen, denn sie werden damit zu Kombattanten aufgewertet. Viel angemessener ist es, Terroristen als gewöhnliche Gewaltverbrecher zu verstehen und entsprechend zu sanktionieren. Gleichzeitig sollte der Westen für sein eigenes Gesellschaftsmodell durch Vorbildhaftigkeit werben und damit langfristig die Unterstützung für transnationalen Terrorismus austrocknen.

Zurück zur klassischen zwischenstaatlichen Politik

Das Grundprinzip einer Außen- und Sicherheitspolitik aus linkspopulärer Sicht sollten Fairness und Respekt im Umgang zwischen den Staaten sein. Die Priorität liegt eindeutig auf der friedlichen multilateralen Kooperation und dem fairen Interessenausgleich zwischen den Staaten. Eine supranationale Technokratie ist aus linkspopulärer Sicht genauso skeptisch zu sehen wie eine starke Rolle transnationaler privater Akteure in der internationalen Politik.

Die klassische und bewährte zwischenstaatliche Politik sieht eine Vielzahl von Formaten für die Koordination und die Kompromissfindung zwischen Staaten vor, etwa internationale Regime und internationale Organisationen. Die institutionalisierte Kooperation souveräner Nationalstaaten sollte von Respekt und Reziprozität getragen sein. Entgegen kosmopolitischer Forderungen nach einer »global governance«, wenn nicht sogar einem »global government«, sollte der in den Nachkriegsjahrzehnten bewährte Multilateralismus wieder neubelebt werden. In der Abwesenheit von Wahlen auf globaler Ebene kann nur eine starke Vetorolle gewählter Regierungen und Parlamente zu einem Mindestmaß an demokratischer Legitimität für internationale Politik führen. Im Vordergrund sollte daher das Völkerrecht stehen, die klassische Diplomatie und die Vereinten Nationen als zentrales Forum der Verhandlungsführung. Gerade in der sich herausbildenden multipolaren Machtstruktur können diese Institutionen sehr wirksame Instrumente zur Stabilisierung von Frieden und internationaler Kooperation darstellen.

Der langsame, aber letztlich unabwendbare Niedergang einer von den USA dominierten Weltordnung ist potentiell eine Phase großer Instabilität. Um größere militärische Konflikte zu vermeiden, sollten wir daher nicht nur in Zukunft auf den aggressiven Export unseres Gesellschaftsmodells verzichten, sondern auch aktiv an der Konstruktion einer neuen, multipolaren Ordnung mitwirken. Eine multilaterale Konferenzdiplomatie – etwa nach dem historischen Vorbild des Wiener Kongresses – und der Grundsatz der gegenseitigen Nichteinmischung in die inneren Angelegenheiten können wichtige Elemente zur Etablierung einer dauerhaft stabilen Friedensordnung sein.

Der Westen muss sich unbedingt an die Regeln des Völkerrechts halten. Doppelstandards müssen vermieden werden – die Sezession des Kosovo ist ja genauso völkerrechtswidrig wie jene der Krim, der Staatsstreich des Maidans genauso problematisch wie die Rebellion in der Ostukraine. Die zunehmende Tendenz zu unilateralen Interventionen ohne Billigung durch die Vereinten Nationen muss revidiert werden. Internationale Sicherungsaufgaben müssen wieder auf Blauhelmmissionen und vom Sicherheitsrat nach Kapitel VII der UN-Charta legitimierte Einsätze beschränkt werden. Die vorschnelle Behauptung einer Blockade des Sicherheitsrates darf kein Blankocheck für die Ignorierung dieser Institution und ein unilaterales Vorgehen sein.

Internationale Organisationen wie die Vereinten Nationen und internationale Foren wie die G20 – letztere sind durch die Beteiligung der Schwellenländer ein großer Fortschritt gegenüber der G7 und daher eher die falsche Adresse für linke Proteste gegen die Globalisierung (von der Unsinnigkeit gewaltsamer Aktionen wie in Hamburg mal ganz abgesehen) – sollten der Aushandlung von Kompromissen zwischen Regierungen dienen, mit der Maßgabe einer Billigung durch die nationalen Parlamente. Internationale Organisationen sollten zudem als neutrale Instanzen Informationen sammeln und Staaten auf deren Wunsch unterstützen. Keinesfalls aber ist es akzeptabel, wenn sich internationale Organisationen als globale Technokratie supranationale Kompetenzen anmaßen, so wie es die Weltbank und die Währungsfonds regelmäßig für arme Länder tun. Genauso abzulehnen ist der brutale Druck der EU-Kommission und der Europäischen Zentralbank in Bezug auf die südlichen Staaten der Eurozone und Irland.

Die – zumindest zum Teil erfolgreichen – Proteste gegen die CETA- und TTIP-Abkommen haben gezeigt, dass gerade solche internationalen Institutionen, die tief in den demokratischen politischen Gestaltungsspielraum der betroffenen Nationalstaaten eingreifen, unbedingt einer breiten gesellschaftlichen Diskussion bedürfen. Die Praxis, diese und vergleichbare Abkommen hinter verschlossenen Türen auszuhandeln und den Parlamenten zum Schluss nur noch die Option zu geben, diese Abkommen insgesamt anzunehmen oder abzulehnen, muss beendet werden. Auch wenn Verhandlungen in Zukunft länger dauern und vielleicht nicht immer zu einem erfolgreichen Abschluss führen werden, ist aus linkspopulärer Perspektive eine breitere gesellschaftliche Debatte und umfassendes Beteiligungsrecht nationaler Parlamente unumgänglich.

Auch eine starke Rolle privater transnationaler Organisationen, wie beispielsweise multinationaler Unternehmen, großer Banken und grenzüberschreitend tätiger Nichtregierungsorganisationen, in der internationalen Politik ist aus linkspopulärer Sicht skeptisch zu sehen. Gesellschaftliche Gruppen haben sehr unterschiedliche Fähigkeiten, sich grenzüberschreitend zu vernetzen und politische Macht auszuüben. Die weniger privilegierten Bevölkerungsschichten sind hier regelmäßig deutlich schwächer repräsentiert als die Kapitalseite und die globalen Mittelschichten. Die klassische zwischenstaatliche Kooperation bietet demgegenüber eine wesentlich fairere und demokratisch besser legitimierte Repräsentation gesellschaftlicher Interessen.

Natürlich ist es durchaus möglich, in der internationalen Politik auch zu einer stärker supranationalen Zusammenarbeit überzugehen, so wie das in der Europäischen Union schon länger der Fall ist. Gerade der Fall der EU sollte uns allerdings eine Warnung sein. Dieses Projekt wurde vor allem von den transnationalen ökonomischen, politischen und administrativen Eliten vorwärtsgetrieben, ohne große Rücksicht auf die Folgen für demokratische Selbstbestimmung der jeweiligen Länder und für die weniger privilegierten Bevölkerungsgruppen. Es darf uns deshalb nicht wundern, dass die EU irgendwann in eine existentielle Krise geraten ist, spätestens in dem Zeitpunkt, wo ihr Problemlösungsbeitrag nicht mehr unangefochten ist. Ein Übergang zu supranationaler Kooperation sollte daher immer auf einer breiten gesellschaftlichen Debatte und auf großen parlamentarischen Mehrheiten beruhen, etwa dem Quorum, das für Änderungen des Grundgesetzes verlangt wird. Ein solcher Prozess würde sicher langsamer voranschreiten, wie das von vielen Verfechtern des Kosmopolitismus prophezeit wird, dafür aber stabiler und nachhaltiger sein.

9 Bestehende Parteien und linkspopuläre Positionen

Die hier vorgestellte Position ist nicht nur links, sondern sie sollte auch populär sein, also breite Bevölkerungsgruppen ansprechen. Bedauerlicherweise wird sie derzeit aber durch keine Partei vertreten. Es wäre jedoch wünschenswert, dass eine oder mehrere Parteien sich dieser Agenda annehmen, da Parteien als Institutionen der politischen Meinungsbildung weiterhin unverzichtbar sind. Eine neue Partei zu gründen ist nicht zielführend, denn eine weitere Fragmentierung des Parteiensystems wird es noch schwerer machen, klare politische Alternativen zur Wahl zu stellen. Letzteres wäre aber notwendig, um viele Menschen aus ihrer politischen Apathie zu reißen (vgl. Kapitel 2). Wünschenswert ist daher, dass zumindest eine der etablierten Parteien sich in diese Richtung bewegt, auch wenn das heute noch fern zu liegen scheint.

Nachfolgend werden die Konturen einer linkspopulären Position noch einmal im Kontrast gegen die Programmatik existierender Parteien geschärft und damit verdeutlicht, in welche Richtung sich diese Parteien bewegen müssten, wenn sie die hier skizzierte Agenda (und das entsprechende Potential an Wählern) ansprechen wollen. Zunächst werde ich aber verdeutlichen, warum Parteien wichtig bleiben und nicht von der direkten Demokratie abgelöst werden sollten, wie das viele Rechtspopulisten, aber auch manche Liberale fordern. Ich werde aber auch skizzieren, wie Parteien und ihre Beziehungen zu anderen Akteuren institutionell verändert werden müssen, um zu verhindern, dass sie sich wieder von so großen Gruppen der Gesellschaft entfremden, wie das bei der links-kommunitaristischen Repräsentationslücke der Fall ist.

Parteien bleiben wichtig, müssen sich aber gründlich ändern

Viele Menschen, die sich und ihre Positionen in unserer Politik ausgegrenzt sehen, verknüpfen ihre berechtigte Kritik mit dem Schluss, das Parteiensystem müsste durch ein System direkter Demokratie ersetzt oder zumindest ergänzt werden. Rechtspopulistische Strömungen verstärken diese Vorbehalte. Sie behaupten die Existenz eines »Volkswillens«, den nur sie verkörpern würden. Direkte Demokratie würde zur Ablösung der verhassten Eliten führen. »Das Volk« hätte dann das Sagen. Die Forderung nach einer Ablösung der Parteien als Zentren der politischen Willensbildung ist aber sehr kurzsichtig. Parteien nehmen wichtige Funktionen bei der Politikformulierung und der Personalrekrutierung wahr. Zudem würde eine stärkere Berücksichtigung von Formen direkter Demokratie zu einer noch geringeren Berücksichtigung der Anliegen der sozial schwächeren Bevölkerungsgruppen bei der Politikformulierung führen.

Zwar beteiligen sich die sozial schwächeren Gruppen unserer Bevölkerung zu wenig an Wahlen (vgl. Kapitel 2), aber bei alternativen politischen Beteiligungsformen wie beispielsweise Volksabstimmungen beteiligen sie sich noch viel weniger. Wie unter anderem die Forschung von Wolfgang Merkel (»Volksabstimmungen: Illusion und Realität«) gezeigt hat, verstärken Volksabstimmungen in der Realität die Repräsentanz der mittleren und oberen Schichten unserer Bevölkerung. Eine stärkere Rolle von Volksabstimmungen im politischen System ist schon deswegen klar abzulehnen. Zudem vermitteln Volksabstimmungen den völlig irreführenden Eindruck, Politik wäre einfach – statt langwieriger Verhandlungsprozesse genügen pauschale Parolen und ein »Ja« oder »Nein«. Ein geeignetes Mittel zur besseren Repräsentation der sozial Schwachen im politischen System wäre wohl die Einführung einer Wahlpflicht, wie in Belgien, so der Vorschlag des Osnabrücker Sozialwissenschaftlers Armin Schäfer in seinem Buch Der Verlust politischer Gleichheit. Jüngere Wahlrechtsreformen, die komplexe Systeme zum Kumulieren und Panaschieren von Stimmen eingeführt haben, sind hier hingehen eher kontraproduktiv, weil sie viele Menschen – jenseits der politisch ohnehin schon besonders Interessierten – vom Wahlakt eher abhalten.

Lange Karrieren in politischen Parteien sind wichtige Bewährungsproben für das politische Personal, wie wir immer wieder bei neugegründeten Parteien sehen, bei denen viele Repräsentanten aufgrund von Skandalen nach kurzer Zeit ihre politische Tätigkeit wieder einstellen mussten. Gerade bei rechtspopulistischen Parteien ist dieses Problem sehr ausgeprägt. Deren Forderung nach der Ablösung der »korrupten Eliten« bedeutet aber eigentlich nur, dass sie nun selbst an die Fleischtöpfe wollen, und zwar ganz schnell. Die gute alte »Ochsentour«, die Bewährung in vielfältigen Parteiämtern, hat aber durchaus ihre Berechtigung, sie sorgt dafür, dass potentielle Mandatsträger über viele Jahre ihre Verlässlichkeit bewiesen haben, bevor sie größere Verantwortung übernehmen. Linkspopuläre Positionen sollten sich hier deutlich vom pauschalen Antiparlamentarismus rechtspopulistischer Parteien – und der allgemeinen Politikerverachtung – unterscheiden.

In einem anderen Bereich berühren rechtspopulistische Parteien mit ihrer Elitenskepsis durchaus einen relevanten Punkt: In der Tat gibt es äußerst problematische Verquickungen zwischen politisch-administrativen Funktionsträgern und der Wirtschaft, etwa in den Bereichen der Medien, der Parteispenden, des Lobbyismus oder der Finanzmarktregulierung (»revolving doors«). Diese Verquickungen müssen in Zukunft durch institutionelle Vorkehrungen verhindert werden, also beispielsweise durch eine strikte Trennung der Karrieren in der Finanzaufsicht von jenen in der Finanzindustrie, selbst wenn das die Expertise der Finanzaufsicht schwächen könnte. In Deutschland betrifft diese Problematik insbesondere die Automobilindustrie, wie nicht zuletzt bei der äußerst industriefreundlichen Behandlung des Diesel-Abgasskandals deutlich wird.

Auch die Entfremdung mancher langjähriger Funktionsträger in Brüssel von der sozialen Realität in Deutschland kann nicht geleugnet werden. Aber auch hier wäre es der falsche Weg, den »Brüsselern« pauschal einen schlechten Charakter zu unterstellen. Sinnvoller hingegen wäre es beispielsweise, wenn politische Parteien ihr Personal rotieren ließen und die Dauer von Mandaten – nicht nur in Brüssel – begrenzen würden, um solche Entfremdungen zu vermeiden. Auch die enge Verknüpfung zwischen Politik und Medien ist nicht unproblematisch und sollte insbesondere bei den öffentlichen Rundfunkanstalten deutlich reduziert werden, ohne diese aber grundsätzlich zugunsten privater Anbieter zu schwächen, wie es Rechtspopulisten planen. Generell ist aus linkspopulärer Sicht über die Reform von Parteistrukturen nachzudenken. Dazu gehören beispielsweise sehr niedrige Obergrenzen für individuelle Parteispenden und ein völliges Verbot der Spenden von Unternehmen und Verbänden, um eine Ausrichtung von Parteipositionen an den Interessen der Spender zu vermeiden. Generell ist eine vollständige Transparenz der Finanzierung von Parteien und der Zuwendungen zu Repräsentanten herzustellen. Jeder Kontakt zu Lobbyisten ist offen zu legen. Dass man den Beispielen der PTB, der SP und der Einheitsliste in Dänemark folgen sollte, die Abgeordneten der Partei dazu zu zwingen, alle Einkünfte oberhalb eines durchschnittlichen Facharbeiterlohns an die Partei abzuführen, ist möglicherweise etwas zu radikal, da damit der Kreis potentieller Kandidaten stark eingeengt würde.

Für eine linkspopuläre Position wäre auf jeden Fall eine andere Form der Rekrutierung des politischen Personals in Erwägung zu ziehen, bei der zumindest ein Teil ihrer Repräsentanten – etwa im Rahmen einer Pflichtquote – aus jenen sozialen Gruppen kommen muss, die eine solche Position zu repräsentieren sucht. Die Tendenz der etablierten Parteien, fast nur noch Akademiker in den Deutschen Bundestag zu entsenden, ist jedenfalls sehr problematisch, auch wenn eine genaue Abbildung der Sozialstruktur durch die Abgeordneten weder möglich, noch sinnvoll wäre. Es fehlen heute in allen Parteien Menschen, die ein Ohr für die Anliegen der »kleinen Leute« haben, wie das etwa noch beim Aufstieg von Norbert Blüm vom Werkzeugmacher bei Opel zum Arbeitsminister bei Kohl der Fall war. Ein Kanzlerkandidat Schulz ohne Abitur ist hier ein klarer Fortschritt, auch wenn die langen Jahre in Brüssel zu einer Entfremdung zur früheren sozialen Herkunft geführt haben können. Jenseits dieser Einzelfälle muss jedenfalls die – von Armin Schäfer in seinem Beitrag »Die Akademikerrepublik: Kein Platz für Arbeiter und Geringgebildete im Bundestag?« für das Jahrbuch 2015/16 des Kölner Max-Planck-Instituts dokumentierte – langfristige Entwicklung zur Akademisierung umgekehrt werden. Inzwischen sind über achtzig Prozent der Bundestagsabgeordneten Akademiker, während nur vierzehn Prozent der Bevölkerung über ein abgeschlossenes Hochschulstudium verfügen, so die Befunde von Schäfer.

Mindestens genauso problematisch wie die Überakademisierung des Bundestages ist die informelle Praxis – insbesondere bei CDU/CSU und SPD – von Direktkandidaten in Wahlkreisen zu verlangen, dass diese ihren Wahlkampf aus ihren eigenen privaten Mitteln unterstützen. Eine Befragung von Marion Reiser (Universität Lüneburg) von über hundert Bewerbern für ihr Buch *Innerparteilicher Wettbewerb bei der Kandidatenaufstellung* hat gezeigt, dass etwa neunzig Prozent von ihnen private Mittel für den Wahlkampf eingesetzt haben, mindestens 10 000 Euro, häufig aber auch weit höhere Beträge. Auch diese Praxis führt zu einer problematischen sozialen Auswahl von Kandidaten oder zur Hörigkeit gegenüber Sponsoren aus der Wirtschaft und kann aus linkspopulärer Perspektive nicht akzeptiert werden,

Eine linkspopuläre Position müsste aber auch über alternative Formen der Kontaktaufnahme mit potentiellen Wählern nachdenken, da große Teile ihrer Zielgruppen keine Zeitungen lesen und auch im Fernsehen wohl die Nachrichten und Politiktalkshows eher verschmähen. Generell wird es ein hartes Stück Arbeit sein, jene Gruppen der Bevölkerung, die sich vom politischen Prozess seit langem abgewendet haben, wieder zur Wahlteilnahme zu bewegen. Eine tiefe soziale Vernetzung in der Gesellschaft, etwa über das praktische Engagement für soziale Verbesserungen vor Ort und das Engagement in einer Vielzahl von Vereinen, wäre eine wichtige Voraussetzung für den nachhaltigen Erfolg linkspopulärer Positionen.

Sowohl das Beispiel der niederländischen SP als auch der belgischen PTB zeigen, dass »Kümmererparteien«, die sich neben in ihrer im engeren Sinne politischen Arbeit auch für konkrete Verbesserungen der individuellen Situation der sozial Schwachen einsetzen, etwa durch soziale und kulturelle Einrichtungen oder eine Rechtsberatung, wesentlich erfolgreicher sind als andere linke Parteien.

Die SP legt auch großen Wert darauf, nicht nur in den Parlamenten, sondern auch außerparlamentarisch aktiv zu sein, etwa im Rahmen größerer Kampagnen zu spezifischen Themen wie beispielsweise der Einschränkung öffentlicher Dienstleistungen. Notwendig ist dafür allerdings eine überdurchschnittlich aktive Parteibasis, eine nicht notwendig immer vorliegende Voraussetzung. Zumindest jedoch sollten linkspopuläre Parteien einen aktiven Haustürwahlkampf betreiben und möglichst in den Wohnzimmern der Bürger über deren Anliegen diskutieren, anstatt darauf zu warten, am Wahlstand von politisch interessierten Bürgern angesprochen zu werden.

Aus der Sicht einer linkspopulären Partei wäre in jedem Fall ein zentraler Punkt, einige konkrete wirtschaftliche und soziale Reformvorschläge in den Mittelpunkt ihrer politischen Kampagnen zu stellen, die sich an den Bedürfnissen der sozialen Gruppen orientieren, die sie zu vertreten suchen. Dabei sollten programmatische Erwägungen – wie sie etwa in diesem Buch enthalten sind – nicht alleine die Hauptrolle spielen. Viel wichtiger wäre es für eine linkspopuläre Partei, auf Stimmungen in den weniger privilegierten Teilen des Volks zu achten und zuzuhören, welche Probleme hier besonders deutlich artikuliert werden. Das Beispiel der PTB, die bereits seit Jahren regelmäßig entsprechende Umfragen bei Zehntausenden von Bürgern durchführt, ist dabei durchaus betrachtenswert.

Viele Menschen haben ja durchaus Recht in ihrer Unzufriedenheit mit dem politischen System, mit der mangelnden Relevanz von Wahlakten. Allerdings ist die pauschale Parteienfeindschaft und das Ausweichen auf direkte Demokratie die falsche Alternative. Die begrenzte Relevanz von Wahlakten stammt eher von der zu starken Rolle nichtmajoritärer Institutionen, wie etwas Zentralbanken und Verfassungsgerichten, auf nationaler und europäischer Ebene. Sie stammt auch von der Selbstunterwerfung der Politik unter das Diktat der Finanzmärkte und von der Tendenz zu immer mehr großen Koalitionen, die sich aus dem Aufstieg der AfD ergeben. Und vor allem stammt sie von der Abwesenheit einer linkspopulären Position im deutschen Parteienspektrum, wie nachfolgend noch einmal an einer Gegenüberstellung der hier entworfenen Position mit einigen etablierten deutschen Parteien illustriert werden soll. Der Fokus liegt dabei auf Sozialdemokratie und Linkspartei einerseits und AfD andererseits. Die Unterschiede zu den Grünen – als der am stärksten kosmopolitisch orientierten und zudem immer stärker wirtschaftspolitisch liberal ausgerichteten Partei – und zu CDU/CSU und FDP – als den Verteidigern des wirtschafts- und sozialpolitischen Status Quo – sind so offensichtlich, dass sie hier nicht noch einmal verdeutlicht werden müssen.

Linkspopulär versus Sozialdemokratie

Linkspopuläre Positionen lassen sich auch als »alt-sozialdemokratische« Positionen bezeichnen, die die Sozialdemokratie vor ihrer wirtschaftsliberal-kosmopolitischen Wende – insbesondere unter Kanzler Schröder – eingenommen hatte. Gerade die Verteidigung des Sozialstaats, der demokratischen Selbstbestimmung und einer nichtmilitärischen Außenpolitik gehören zu den traditionellen Kernnormen der Sozialdemokratie, genauso wie der Fokus auf konkrete Verbesserungen der Lebenssituation der weniger Privilegierten (statt auf eine grundlegende Überwindung des aktuellen Gesellschaftsmodells). Eine linkspopuläre Position teilt mit der heutigen Sozialdemokratie zwar immer noch ein grundlegendes Bekenntnis zur Förderung von sozialer Gerechtigkeit (Martin Schulz stellte dieses Motiv ja auch rhetorisch in seiner Wahlkampagne in den Vordergrund), nimmt die Umsetzung dieser Forderung allerdings wesentlich ernster. Es gibt weitere gravierende Unterschiede. Dazu gehört eine andere soziale Zielgruppe, ein kritischeres Verhältnis zur aktuell dominierenden, exportistischen Wirtschaftspolitik, die Skepsis gegenüber einer interventionistischen Sicherheitspolitik und eine weitaus weniger ausgeprägte kosmopolitische Haltung, etwa in Bezug auf die EU und Migration.

Die soziale Distanz zwischen den sozialen Gruppen, die eine linkspopuläre Position zu repräsentieren sucht und den Repräsentanten der SPD wurde vor allem beim Umgang mit gesellschaftlichen Reaktionen auf die Aufnahme einer großen Anzahl von Geflüchteten 2015 deutlich. Wie bereits im ersten Kapitel dokumentiert, haben große Teile des linksliberalen und auch in der SPD engagierten Bürgertums geradezu verächtlich auf jene Menschen reagiert, die sich angesichts dieser Migrationswelle Sorgen über ihre eigene soziale Position machten. Die heutige soziale Basis der SPD-Funktionäre, überwiegend hochqualifiziert und oftmals im öffentlichen Sektor tätig, sieht sich nicht ansatzweise einer solchen sozialen Herausforderung gegenüber und reagiert oftmals mit völligem Unverständnis auf migrationsskeptische Positionen. Berechtigte soziale Fragen, die durch massive Immigration aufgeworfen werden, werden ignoriert oder zumindest durch einen pauschalen Anti-Rassismus-Diskurs in den Hintergrund gedrängt.

Die SPD hat sich in den letzten Jahrzehnten immer stärker in eine Akademiker- und Facharbeiter-Partei verwandelt. Der Fokus dieser Partei liegt auf denen, die in etablierten Verhältnissen arbeiten, und nicht auf jenen, die das aus bestimmten Gründen nicht können und mit staatlichen Disziplinierungsmaßnahmen (Hartz IV) leben müssen. Viele SPD-Vertreter schließen sich der positiven Haltung der Wirtschaft zu verstärkter Migration (billige Arbeitskräfte) an, zumal sie weitaus weniger als die sozial weniger Privilegierten hier in einen Konflikt um knappe Ressourcen (Arbeitsplätze mit geringen Qualifikationsanforderungen, billiger Wohnraum, Sozialleistungen) eintreten.

Die klare Divergenz zwischen linkspopulären und sozialdemokratischen Positionen in der Flüchtlingspolitik zeigt sich aber auch in Bezug auf das Verhältnis zum existierenden Wirtschaftsmodell. Die SPD hat bereits seit langem einen klaren Fokus auf die »Neue Mitte«/«New Labour« und ebenso wie die Grünen vergleichsweise geringe grundlegende Divergenzen mit der CDU in Fragen der Wirtschaftspolitik.

Das existierende (finanzialisiert-exportorientierte) Wirtschaftsmodell wird grundsätzlich für richtig erachtet, auch wenn hier und da technokratisch an kleineren Stellschrauben gedreht werden muss. Grundlegende wirtschaftliche Verteilungs- oder gar Systemfragen werden nicht mehr gestellt, allenfalls ein paar Rentenpunkte für langjährige Facharbeiter (SPD) gegen jene für Mütter (CDU/CSU) kontrovers gestellt. Auch in der Außen- und Sicherheitspolitik trägt die SPD-Führung den generellen Kurs einer Umwandlung der Bundeswehr von einer strikten Verteidigungsstreitmacht zur Interventionsfähigkeit außerhalb des NATO-Gebietes mit – ein Kurs, den ja auch gerade die Schröder-Regierungen erst salonfähig gemacht haben.

Deutliche Unterschiede zwischen linkspopulären und gängigen sozialdemokratischen Positionen existieren schließlich auch in Bezug auf die Europäische Union. Ähnlich der Grünen positionieren sich Sozialdemokraten als ganz besonders vehemente Verteidiger der EU, während linkspopuläre Positionen hier den Nationalstaat als derzeit noch am besten geeigneten Hort der Demokratie favorisieren, vor allem angesichts der wirtschaftsliberalen Schlagseite der Europäischen Union. Diese Divergenzen werden – ähnlich wie jene in der Flüchtlingspolitik – ganz besonders aggressiv ausgetragen, wenn etwa linkspopuläre Positionen als »rückwärtsgewandter linker Nationalismus« oder »Souveränismus« abqualifiziert werden (Martin Krupa, »Die Linken entdecken den Nationalismus«, Zeit Online). Die Schärfe dieser Abgrenzung verweist allerdings eher darauf, dass hier eine größere Nähe linkspopulärer Positionen zu alten Werten der Sozialdemokratie vorliegt, als vielen Repräsentanten der modernen »Third Way«-Sozialdemokratie lieb ist.

Linkspopulär versus Die Linke

Eigentlich müsste Die Linke angesichts der im ersten Kapitel skizzierten sozialen Krise mächtig im Aufwind sein. Mindestens ein Fünftel der deutschen Bevölkerung müsste sie eigentlich wählen, etwa angesichts ihrer klaren Positionen gegen den Sozialabbau, gegen die Dominanz der Finanzmärkte und gegen eine aggressive Außenpolitik – Positionen, die von keiner anderen Partei auch nur im Ansatz vertreten werden.

Selbst wenn man einbezieht, dass die Linkspartei insbesondere für viele Westdeutsche nach wie vor wegen ihrer SED-Vergangenheit – insbesondere in Kombination mit ihrer Forderung nach Auflösung der NATO und ihrer Russlandfreundlichen Positionierung – nicht wählbar erscheint, sind die Wahlergebnisse der Linkspartei deutlich bescheidener als eigentlich zu erwarten ist. Große Teile des von ihr potentiell vertretenen Spektrums der unteren und mittleren Bevölkerungsgruppen wählt AfD oder gar nicht.

Das linkspopuläre Wählerpotential wird von der Linkspartei nicht ansatzweise erschlossen. Sie ist inzwischen ja eindeutig im kosmopolitischen Lager verankert. Euro-Skeptiker und Menschen mit Sorgen über unkontrollierte Massenmigration werden von ihr nicht vertreten. Ihre mangelnde wirtschaftspolitische Profilierung – die durch das Ausscheiden ihres finanzpolitischen Sprechers Axel Troost aus dem Bundestag noch weiter verwischt werden dürfte – erlaubt zudem nicht nur der SPD, im neoliberalen Mainstream zu verbleiben, sondern begrenzt auch die Attraktivität der Partei für jene Menschen, die ihre sozio-ökonomische Situation nicht nur durch die Ausweitung von Sozialleistungen verbessern wollen. Generell fehlt der Linkspartei eine nicht-exportistische Wirtschaftsstrategie – im Gegenteil, der Ko-Parteivorsitzende Bernd Riexinger lehnt Alternativen zum Euro ja gerade mit Hinweis auf die Konsequenzen für die exportorientierte deutsche Wirtschaft ab.

Zudem gibt es deutliche Divergenzen zwischen linkspopulären Positionen und der Linkspartei in Bezug auf ihre starke Fokussierung auf politische Themen, die an den alltäglichen Sorgen der weniger privilegierten Bevölkerungsgruppen oft vorbeigehen. Ein großer Teil der politischen Energie der Linkspartei, insbesondere ihres marxistischen Flügels, geht nicht in die Entwicklung konkreter Problemlösungen für die sozial weniger privilegierten Bevölkerungsgruppen, sondern eher in eine intellektuelle, häufig mit einiger Schärfe vorgetragene, terminologisch oft hermetische und mitunter auch etwas selbstgerechte Gesellschaftskritik. Hier geht es dann beispielsweise um die Veränderung der Eigentumsverhältnisse und eine grundlegende Demokratisierung der Wirtschaft, oder auch um eine Abkehr von der Westbindung mit dem US-»Imperium«. Dazu gehören auch ganz zentral Forderungen nach einem ganz anderen Wirtschaftsmodell, das sich vom Fetisch des Wachstums löst (»degrowth«).

Nun ist gegen eine solche Kritik und entsprechende Reformvorschläge grundsätzlich nichts einzuwenden, zumal insbesondere Fragen der Wirtschaftsdemokratie (Genossenschaften und ähnliches) in langfristiger Perspektive von einiger Relevanz sind. Allerdings sollte man sich im Klaren sein, dass diese Überlegungen aus der Sicht der weniger Privilegierten kurzfristig doch ein relativer Luxus sind, angesichts deren alltäglicher Sorgen, die von einem kräftigen Wirtschaftswachstum und der damit einhergehenden Schaffung von Arbeitsplätzen durchaus zum Teil gelindert werden könnten. Das linksliberale Bürgertum hingegen kann – und soll – sich gerne einen postmateriellen, nachhaltigen und dekolonialen Lebensstil leisten. Akademiker und Studierende sind dann wohl auch der eigentliche Adressat dieser moralisierenden Gesellschaftskritik, nicht die hier im Vordergrund stehenden sozialen Gruppen.

Anknüpfend an ihre grundlegende Gesellschaftskritik ist auch das Engagement für benachteiligte Minderheiten ein zentrales – und in den letzten Jahren an Relevanz weiter zunehmendes – Thema der Linkspartei, hier oft Hand-in-Hand mit den Grünen und Teilen der Sozialdemokratie sowie der FDP (und früher der Piratenpartei). Hier geht es vor allem um Nichtdiskriminierung, Toleranz und die Maximierung von Freiheitsrechten, etwa in Bezug auf Datenschutz, Religion oder sexuelle Identität. Auch diese im Kern urliberalen Anliegen sind aller Ehren wert und es ist gut, dass sich Parteien dafür einsetzen. Ein weiter intensiviertes Engagement würde sicher dann wichtig, wenn die Forderungen der AfD, die Uhr diesbezüglich fünfzig Jahre zurückzustellen, breitere gesellschaftliche und politische Unterstützung finden sollten. Bisher jedoch scheinen die Errungenschaften der letzten Jahrzehnte – insbesondere auch der rot-grünen Regierung – recht gefestigt. Die politische Energie, die die Linkspartei – ähnlich wie die Grünen – in diese liberalen Anliegen steckt, fehlt ihr dann leider oftmals für die ur-linke Beschäftigung mit der Ökonomie.

In ihren Kulturkämpfen bewegt sich die Linkspartei oftmals sehr weit entfernt von den alltäglichen Sorgen der sozioökonomisch Schwächsten in unserer Gesellschaft. Diese interessieren sich vor allem dafür, wo am Ende des Monats das Geld für Essen herkommt. Auch aus linkspopulärer Sicht ist das Engagement für einzelne benachteiligte Gruppen sehr wichtig, aber vor allem dann, wenn es mit sozialen Fragen und einem Engagement für die ökonomisch Schwachen verknüpft ist. Essentiell ist dann beispielsweise der Kampf gegen die Diskriminierung von Frauen im Berufsleben. Ungleiche Bezahlung und deutlich schlechtere Karrierechancen für Frauen sind auch aus linkspopulärer Perspektive vollkommen inakzeptabel und trotz einiger Fortschritte bei weitem noch nicht ausgemerzt. Und gerade alleinerziehende Frauen gehören zu den Bevölkerungsgruppen mit der höchsten Armutsgefährdung und insofern zu dem wichtigsten Klientel einer linkspopulären Position. Es geht ihr dabei aber in erster Linie um materielle Besserstellung, weniger um kulturelle oder identitätspolitische Symboldebatten.

Die aus linkspopulärer Sicht problematischen Parallelen der Linkspartei zu den zunehmend verbürgerlichten Grünen zeigen sich aber vor allem bei ihrer ausgesprochen kosmopolitischen Haltung – mit Ausnahme der extremen Minderheitenposition um Sahra Wagenknecht und Oskar Lafontaine. Zwar steht die Führung der Linkspartei der »real existierenden EU« durchaus kritisch gegenüber, doch werden Überlegungen zur Überwindung des Eurosystems regelmäßig strikt abgelehnt, mit ähnlicher Schärfe wie in der Sozialdemokratie. Motiviert wird diese Ablehnung durch die linke Leitnorm des Internationalismus, auch wenn sich fragen lässt, ob die EU – selbst in einer reformierten Form – wirklich dieser Norm entsprechen kann, zumal sie ja seit einiger Zeit die Völker Europas eher auseinandertreibt als zusammenbringt. In Bezug auf die Geflüchteten überbieten

Teile der Linkspartei den Kosmopolitismus der Grünen mitunter sogar noch – hier heißt es oft genug »offene Grenzen für alle Menschen« (Erfurter Programm, 2011), ohne Rücksicht auf die Konsequenzen einer solchen Haltung für den Sozialstaat und die Lage der sozial Schwachen in unserer Gesellschaft.

Da sich die Grünen sozial- und wirtschaftspolitisch immer mehr in die Mitte des politischen Spektrums bewegen, ist die aktuelle Strategie der Linkspartei durchaus nachvollziehbar, sich um jene jungen und gebildeten linksliberalen Gruppen zu bemühen, die früher auch das Kernklientel der Grünen darstellten. Sie passt auch gut zur bildungsbürgerlichen sozialen Zusammensetzung der Linkspartei, die nach den Grünen von allen im Bundestag vertretenen Parteien die höchste Akademikerquote hat. Sie ist allerdings inkompatibel mit der Repräsentation der sozial schwächsten und der abstiegsbedrohten Gruppen in unserer Gesellschaft, die sich weder für grundsätzliche akademische Gesellschaftskritik, noch für Identitätspolitik interessieren, sondern für die konkrete Verbesserung ihrer Lebenssituation und eine Perspektive für den wirtschaftlichen Aufschwung. Und sie treibt jene Menschen, die einer kosmopolitischen Position in Bezug auf Themen wie die EU und auf Migration skeptisch gegenüber stehen, zunehmend zu einer anderen Partei, um die es im Folgenden geht.

Linkspopulär versus AfD

Neben der imaginären Partei der Nichtwähler ist die AfD der wesentliche Profiteur der streng kosmopolitischen Ausrichtung der linken und linksliberalen Parteien. Menschen, die sich über starke Migration Sorgen machen und der Europäischen Union im Allgemeinen sowie dem Euro im Besonderen skeptisch gegenüber stehen, haben im aktuellen Parteienspektrum bisher kaum eine Alternative. Allerdings ist die Zuwendung jener Bevölkerungsgruppen, die sich von Armut und sozioökonomischem Abstieg bedroht sehen, zur AfD einigermaßen absurd, angesichts deren neoliberalem Programm, das bei einer Verwirklichung die Reichen noch reicher und die Armen noch ärmer machen würde. AfD und linkspopuläre Positionen unterscheiden sich auf der Links-Rechts-Achse des Parteienspektrums fundamental, denn die AfD ist hier sehr weit rechts einzuordnen. Ähnlich radikal sind die Differenzen in Bezug auf die Versuche der AfD, die gesellschaftliche Modernisierung der letzten fünfzig Jahre (zum Beispiel Gleichberechtigung von Frau und Mann, Besserstellung von gleichgeschlechtlichen Partnerschaften) zurückzudrehen. Aber es gibt hier noch weitere gravierende Unterschiede. Dazu gehören zum einen die wesentlich extremere kommunitaristische Position der AfD und zum anderen deren Populismus.

Linkspopuläre Positionen und AfD eint zwar der Fokus auf einer Verteidigung der demokratischen Selbstbestimmung – derzeit auch aus linkspopulärer Ebene am besten auf nationaler Ebene gewährleistet – und die Skepsis gegenüber den »Wohltaten« von sehr starker Migration. Aber da endet auch schon die Gemeinsamkeit der kommunitaristischen Ausrichtung beider Perspektiven. Linkspopuläre Positionen interessieren sich nicht für die AfD-Kategorien von Nation, Volk oder gar Rasse und deren verquere Auslegungen, sondern verteidigen den Nationalstaat nur deshalb, weil bisher nur auf dieser Ebene am ehesten ein demokratisches Gemeinwesen und ein funktionierender Sozialstaat existieren.

Aus linkspopulärer Perspektive ist die Diffamierung von Menschen mit Wurzeln in anderen Ländern absolut unangebracht, auch wenn eine unkontrollierte Massenmigration von ihr ebenfalls abgelehnt wird – aber nicht weil damit die kulturelle Homogenität des deutschen Gemeinwesens in Frage gestellt wird, sondern wegen der negativen Auswirkungen auf die bereits jetzt bei uns schon weniger privilegierten Bevölkerungsgruppen. Auch in Bezug auf die Ablehnung des Islams unterscheiden sich AfD und linkspopuläre Positionen diametral, zumal aus linkspopulärer Sicht viele türkisch- und arabischstämmige Migranten, die seit Jahrzehnten in Deutschland leben, aufgrund ihrer schwierigen sozioökonomischen Situation ja gerade zu den eigenen Kernklientelen gehören.

Verbunden mit dieser Differenzierung in der kommunitaristischen Orientierung von AfD und linkspopulären Positionen ist auch die Unterscheidung von (links-) populär und (rechts-) populistisch. Einer populären Position geht es um die politische Durchsetzung konkreter Problemlösungen, einer populistischen Position um Parolen (»Grenzen zu!«) und das Schüren von Ressentiments, um so für das eigene Personal die politische Macht erringen zu können. Ähnlich wie der Verzicht auf nationalen Chauvinismus wird der Verzicht auf Ressentiments allerdings die kurzfristige Mobilisierungsfähigkeit linkspopulärer Positionen begrenzen. Emotionen, die Mobilisierung von latentem Rassismus sowie von Freund-Feind-Denken (»das Volk« versus »die korrupten Eliten«) sind ein wichtiger Faktor für die aktuellen Siegeszüge des Rechtspopulismus, von AfD, Trump und anderen. Langfristig wird sich aber die Problemlösungskompetenz linkspopulärer Positionen trotzdem bei jenen Wählern rechtspopulistischer Parteien durchsetzen können, die letztere nicht in erster Linie wegen deren fremdenfeindlichen Haltung unterstützen, immerhin die große Mehrheit dieser Wähler. Den Wählern wird dann auch klar sein, dass die rechtspopulistische Mobilisierung gegen »die Eliten« nur dazu dient, selbst an die Fleischtröge zu kommen, während die aus linkspopulärer Perspektive vorgeschlagenen Vorkehrungen gegen eine Verquickung politischer, ökonomischer und journalistischer Funktionsträger langfristig dafür sorgt, dass sich diese nicht wieder so von den weniger Privilegierten entfremden wie es aktuell der Fall ist.

Perspektiven für linkspopuläre Positionen

Trotz aller dieser fundamentalen Unterschiede zwischen Rechtspopulismus und linkspopulären Positionen müssen die Vertreter der letzteren damit rechnen, mit dem ersteren in einen Topf geworfen zu werden, wie im Rahmen der absurden Querfront-Saga (vgl. Kapitel 3) bereits geschehen. Aus der Sicht vieler Vertreter des Medien-

Mainstreams ist jede Abweichung von multikultureller Liberalität und wirtschaftsliberaler Globalisierung bereits des Rechtspopulismus zu verdächtigen. Und innerhalb der linken Parteien gibt es keine effektivere (und bequemere) Option zur Desavouierung alternativer progressiver Strömungen, als diese in die Nähe des Rechtspopulismus zu rücken.

Bisher vertritt auch aus diesen Gründen keine Partei und auch keine größere Parteiströmung die hier skizzierten linkspopulären Positionen. Das ist sehr bedauerlich, angesichts der massiven sozialen Krise von Teilen der deutschen Bevölkerung und der Sorgen weiterer Teile, in Zukunft ebenfalls in eine solche Krise zu geraten. Auch für die Zukunft des politischen Systems ist die Abwesenheit solcher Positionen in der deutschen Parteienlandschaft ein großes Problem, angesichts der grassierenden Wahlenthaltung oder Hinwendung zum Rechtspopulismus. Gerade aus progressiver Perspektive sind diese Entwicklungen sehr besorgniserregend, denn mit dem Aufstieg der AfD geht nicht nur ein Rechtsruck der deutschen Politik einher, sondern auch die weitere Verbreitung großer Koalitionen, mit ihrem technokratischen und apolitischen Regierungsstil. Spätestens die Wahl von Präsident Trump sollte deutlich gemacht haben, dass eine solche Situation der ideale Nährboden zum weiteren Aufstieg des Rechtspopulismus ist.

Kurzfristig ist keine Verbesserung dieser Situation zu erwarten. Realistisch sind Veränderungen wohl allenfalls nach einer Bundestagswahl, bei der sich diese Krisenerscheinungen weiter intensivieren, etwa durch einen weiteren Niedergang der »Third Way«-Sozialdemokratie oder der zunehmend kosmopolitischen Linkspartei. Dann könnten sich auch in Deutschland erfolgreich Positionen wie in den Nachbarländern etablieren, wie sie von der holländischen SP, der belgischen PTB oder der dänischen Enhedsliste repräsentiert werden. Ob das in einer neuen Partei sein wird, oder im Rahmen einer Reorientierung einer der existierenden Parteien des linken Spektrums stattfindet, bleibt abzuwarten. Letzteres wäre deutlich vorzuziehen, denn die Etablierung einer neuen Partei zieht immer Jahre der Konsolidierung nach sich, in der solche Parteien eher mit sich selbst beschäftigt sind, als mit dem Schmieden von Koalitionen für konkrete Problemlösungen mit Realisierungspotential. Zudem wird das progressive Lager in Bezug auf eine realistische Mehrheitsperspektive ja bereits jetzt schon durch die Spannungen zwischen der Sozialdemokratie und ihren abtrünnigen Ex-Mitgliedern in der Linkspartei arg behindert. Eine weitere Fragmentierung wäre kaum sinnvoll, zumal progressive Politik für die Mobilisierung ihrer – häufig in Bezug auf den Politikbetrieb recht desillusionierten – potentiellen Unterstützer auf eine klare Reform- und Machtalternative angewiesen ist.

Vorsichtige Andeutungen zur Herausbildung linkspopulärer Positionen in Deutschland wurden bisher allerdings immer mit großer Aggressivität in den Medien und in den konkurrierenden Strömungen der Parteiführungen konterkariert. Deutlich wurde das etwa 2016 bei Sigmar Gabriels öffentlichen – und folgenlosen – Überlegungen, Unterstützung für Flüchtlinge mit einer ebensolchen Unterstützung für die armen Bevölkerungsgruppen in Deutschland zu verknüpfen (»doppelte Integration«). Auch die allenfalls halbherzige Hinwendung von Martin Schulz zum Motto der sozialen Gerechtigkeit sorgte bereits in CDU/CSU und manchen Medien für Hysterie. Und ganz besonders deutlich wird das bei den Attacken, mit denen Sahra Wagenknecht regelmäßig in den Medien überzogen wird. Die Aggressivität dieser Attacken verweist aber schließlich auch darauf, dass sich die Verantwortlichen sehr wohl darüber bewusst sind, welches politische Potential die feste Etablierung einer linkspopulären Position in der deutschen Parteienlandschaft hätte. Und nach Brexit und Trump ist mehr als deutlich, dass der Status Quo keine Chance mehr hat.